Medical Law
ブリッジブック 医事法
〔第2版〕
Bridgebook

甲斐克則 編
Katsunori Kai

信山社
Shinzansha

第 2 版へのはしがき

　本書の初版が 2008 年に刊行されて丁度 10 年になる。この間，医事法を取り巻く状況は大きく変わり，法整備・法改正・指針改定が相次ぎ，また，重要な判例がいくつも出された。それに伴い，本書を大学等での授業や演習で教科書として使用している方々やその受講生たちから，第 2 版を望む声が聞かれた。第 2 版を刊行するタイミングを見計らっていたが，医事法をめぐる問題状況の速さに鑑みると，このままでは時機を逸すると判断し，今回，第 2 版を刊行することにした。本書の趣旨は初版と変わっていないが，第 2 版では，新たな立法，大きな法改正や指針改定，重要な最新判例を盛り込み，医事法を学修するうえで不可欠な情報提供と思考力を培う工夫をした。本書が，引き続き多くの読者を得て，医事法に関心を抱く人が増えることを期待したい。また，近々信山社から刊行される『医事法辞典』と併せて本書を学修に活用していただければ幸いである。

　最後に，ご多忙な中，ご協力いただいた執筆者の方々に厚く御礼申し上げたい。

　2018 年 1 月

　　　　　　　　　　　　　　　　　　　甲 斐 克 則

はしがき

　人間が生きていくうえで，医療を抜きにしては語れない時代になっている。しかし，医療と法に関する学である医事法学は，新しい学問であり，体系も学習方法も決まったものがあるわけではない。本書は，「ブリッジブック」シリーズを貫く基本的スタンスである「学部レベルの入門的な書」を目指した医事法の入門テキストであるが，学びやすさを考えた結果，スタイルとして事例方式を思い切って採用した。医事法を学ぶ人々は，法学部生だけではない。他の学部でも，名称はともかくとして，教養的教育科目として取り入れられている大学も増えつつある。医学系ないし看護系の大学（場合によっては専門学校）にも最近は，医事法ないしそれに類する科目が設置されつつある。医療現場で，あるいは独学で医事法を学びたい人々も増えている。

　以上のように広く読者のニーズに応えるための工夫として，各講で具体例（CASE）を設定して，学説や重要判例を嚙み砕いて取り入れつつ問題点を分かりやすくかつ正確に整理して，どのように考えていけばよいか，その「考え方の道しるべ」を示し，さらに深く学びたい読者のために，諸外国の動向も視野に入れて「今後の展望」や「ステップ・アップ」を用意している。扱うべき基本問題は大体取り上げているが，入門書としての性格上，割愛した項目もある。また，読みやすくするために小項目を多用するなど，随所に工夫を凝らした。いずれにせよ，医事法をはじめて学ぶ人々が通常の講義

はしがき

で活用できるのみならず，演習書としても，あるいは自習書としても活用されることを期待している。

　各執筆者は，いずれも編者と親交があり，医事法の研究・教育をしている気鋭の若手・中堅の学者であるが，いろいろと注文を付けたにもかかわらず，多忙のなか快く執筆をしていただき，企画後1年余りで刊行できたことに対して厚く御礼を申し上げる。本書に見るべきものがあるとすれば，これら執筆者の方々のご協力の賜物であり，また不十分な点があるとすれば，それは偏に編者の責任である。今後，多くの読者に読まれることにより，さらに版を重ねて，より良い書物にしていきたいと思う。

　最後に，本書の企画を5年前にいただいた信山社の袖山貴社長には，軌道に乗るまでの3年間のご辛抱をしていただき，また，企画後は編者の意向を十分に尊重して下さり，思うとおりの書物になるよう全面的にご協力いただいた。さらに，編集部の今井守氏には，数度の編集会議をはじめ，何度となく実務的に適切なアドバイスをしていただいた。同じく，稲葉文子氏には，読者の視点からきめ細かなアドバイスをしていただいた。この3名の方々との議論のなかでスタイルが徐々に洗練されて，ようやく本書が日の目を見ることができることは，感慨ひとしおであり，ここに謝意を表する次第である。

　2007年9月

残暑の残る秋空を眺めつつ

甲 斐 克 則

ブリッジブック医事法〔第2版〕Bridgebook

目　次

第*1*講　**医事法の意義と基本原理** ――――――――――― *1*

1　医療行為と法と倫理の関係………………………………………*2*
　　✐医療行為と法のかかわり (*2*) ／ ✐CASE の問題点 (*3*)

2　考え方の道しるべ…………………………………………………*3*
　　✐医事法・医事法学の意義(*3*) ／ ✐医事法の基本的視点
　　(*4*)
　　(CASE へのアプローチ) (*10*)

3　医師と患者の関係：診療契約の性質は何か
　　―― 今後の展望………………………………………………*11*

4　ステップ・アップ………………………………………………*12*

第*2*講　**医療制度と行政規制** ――――――――――――― *14*

1　国はどのように医師を監督しているか…………………………*15*
　　✐医療の担い手である者の責務 (*15*) ／ ✐国の監督 (*15*)

2　考え方の道しるべ…………………………………………………*16*
　　✐行政処分の意義(*16*) ／ ✐行政処分の適正な手続き
　　(*17*) ／ ✐裁量範囲 ―― 処分基準 (*17*)
　　(CASE へのアプローチ) (*20*)

vii

目　次

  3　医療の担い手と受けるものとの信頼関係の構築を
　　—— 今後の展望 ………………………………………………… *21*

  4　ステップ・アップ ………………………………………………… *22*

第*3*講　医療行為と刑事規制 —————————————— *23*

  1　刑事規制の対象となる主体・行為とは ……………………… *23*
　　医師と医業（24）/ 医師以外の医療従事者と医行為（24）

  2　考え方の道しるべ ………………………………………………… *25*
　　医療従事者の身分・業務等に対する規制 —— 医療関係法規（25）/ 医薬品や薬物等に対する規制 —— 薬事関係法規（26）/ 人の生命・身体等を保護する一般的な規定 —— 刑法典上の罪（26）
　　（CASE へのアプローチ）*(27)*

  3　医療行為に対する規制の限界と課題 —— 今後の展望 ……… *28*

  4　ステップ・アップ ………………………………………………… *29*

第*4*講　インフォームド・コンセント ———————— *31*

  1　インフォームド・コンセントの定義とその位置 …………… *32*

  2　考え方の道しるべ ………………………………………………… *32*
　　I.C. の構造 —— "説明" と "承諾" というふたつの要素（32）/ 承諾原則（33）/ 説明原則（36）
　　（CASE へのアプローチ）*(40)*

viii

目　次

3　インフォームド・コンセントの行き詰まり，
それとも限界？──今後の展望……………………………*41*

4　ステップ・アップ………………………………………*42*

第*5*講　医療情報 ─────────────────── *43*

1　保護と利用のせめぎあい…………………………………*44*

2　考え方の道しるべ…………………………………………*45*
　*◾*医療情報の意義 (*45*) ／ *◾*医療情報保護の法的根拠
(*45*) ／ *◾*患者の黙示の同意（承諾）の位置づけ (*48*) ／
*◾*医療情報の第三者提供 (*49*) ／ *◾*医療情報の第三者
提供の正当化 (*49*) ／ *◾*正当とされる第三者提供の3
つのタイプ (*49*)
　(CASEへのアプローチ) (*51*)

3　黙示の同意の広がりと限界──今後の展望………………*53*

4　ステップ・アップ…………………………………………*54*
　*◾*死者の医療情報 (*54*) ／ *◾*遺伝情報をめぐる問題 (*55*)

第*6*講　治療行為 ─────────────────── *57*

1　医師・患者にとって最良の治療とは……………………*57*

2　考え方の道しるべ…………………………………………*58*
　*◾*治療行為の意義と法的問題 (*58*) ／ *◾*治療行為の適法
化要件 (*59*)
　(CASEへのアプローチ) (*61*)

3　求められる自己規律──今後の展望……………………*62*

ix

目　次

　　　　　刑事司法介入のあり方(62) / *求められる自己規律*(63)

　4　ステップ・アップ………………………………………………63

第7講　**人体実験・臨床研究・臨床試験**───────65

　1　人体実験・臨床研究・臨床試験にはどのような意義と問題があるか………………………………………………66
　　　　　歴史的意義(66) / *世界のルール*(66) / *CASEの問題点*(67)

　2　考え方の道しるべ………………………………………………67
　　　　　軍事的・政策的人体実験(67) / *研究本位的人体実験・臨床研究*(68) / *治療的実験・臨床試験*(69) / *判例の動向*(69) / *人体実験・臨床研究・臨床試験の適法化要件とその限界*(73) / *医薬品の臨床試験*(75) / *プラセボの問題*(77)
　　　　(CASEへのアプローチ) (77)

　3　倫理委員会の整備・被験者補償の充実へ──今後の展望……78

　4　ステップ・アップ………………………………………………78
　　　　　薬剤の種類(78) / *院内製剤の問題点*(79)

第8講　**医療事故と医療過誤（民事）**───────82

　1　医療事故・医療過誤と民事責任に関する問題点……………83
　　　　　医療事故と医療過誤(83) / *医療紛争と医療訴訟*(83) / *2つの法的構成*(84) / *民事責任における「損害の公平な分担」*(84) / *医療上の民事責任の要*

x

目　次

件 (*85*)

2　考え方の道しるべ……………………………………………86

ポイント①：過失＝注意義務違反について (*86*)／

ポイント②：因果関係について (*88*)／ ポイント

③：損害＝被侵害利益について (*90*)

(CASE へのアプローチ) (*93*)

3　民事責任と法益論の進展について ── 今後の展望…………94

4　ステップ・アップ………………………………………………95

第 *9* 講　医療事故と医療過誤（刑事）──────── 97

1　誰が，なぜ，どのような刑事責任を負うのか………………98

刑法で処罰される医療過誤 (*98*)

2　考え方の道しるべ………………………………………………99

業務上過失致死傷罪の成立要件 (*99*)／ チーム医

療における刑事過失責任 (*100*)

(CASE へのアプローチ) (*105*)

3　医療の安全と刑事責任── 今後の展望……………………106

ヒューマンエラーの刑事処分 (*106*)／ 医療事故へ

の刑事介入のあり方 (*107*)

4　ステップ・アップ……………………………………………107

「過失の競合」か「過失共同正犯」か (*107*)

第 *10* 講　医療事故と届出義務・被害者救済 ────── 109

1　誰が，いつ，どこに，どこまで，どのように届け出るのか…110

xi

目　次

　　　　　医療事故の届出義務 (110)

　2　考え方の道しるべ……………………………………………*111*
　　　　　医師法 21 条の意義 (111) /　*憲法 38 条 1 項との関係 (111)* /　*届出義務の課題 (113)*
　　　　(CASE へのアプローチ)(116)

　3　医療事故防止と被害者救済 ── 今後の展望……………………*116*

　4　ステップ・アップ………………………………………………*118*

第 *11* 講　薬　　　害 ─────────────────── *120*

　1　薬害事件と法的責任………………………………………*120*
　　　　　薬害事件 (120) /　*何が問題になるか (121)*

　2　考え方の道しるべ……………………………………………*121*
　　　　　医薬品の暴露と副作用の発生との間の因果関係 (121) /　*製薬会社の責任 (122)* /　*国の責任 (123)* /　*医師の責任 (124)* /　*刑事責任 (125)*
　　　　(CASE へのアプローチ)(127)

　3　薬害根絶に向けて ── 今後の展望…………………………*129*
　　　　　薬害の構造上の問題と私たちの役目 (130)

　4　ステップ・アップ………………………………………………*131*

第 *12* 講　安　楽　死 ─────────────────── *133*

　1　生命はどんなときでも最優先か……………………………*134*

　2　考え方の道しるべ……………………………………………*135*
　　　　　安楽死の分類 (135) /　*安楽死の可罰性 (136)* /　*安*

xii

楽死許容要件のまとめ (*143*)

(CASE へのアプローチ) (*144*)

3 患者の真の幸福を実現するために —— 今後の展望……………*146*
　　安楽死法の立法と諸外国の制度 (*146*) ／　患者の推
　　定的意思 (*147*)

4 ステップ・アップ……………………………………………………*149*

第*13*講　尊　厳　死 ——————————————————— *151*

1 延命医療技術発展の功罪………………………………………*152*
　　延命治療の中止事件 (*152*) ／　何が問題になるか
　　(*152*) ／　CASE の分析と問題点 (*153*)

2 考え方の道しるべ………………………………………………*154*
　　参考になる裁判例 (*154*) ／　学説における議論 (*156*)

(CASE へのアプローチ) (*157*)

3 模索される終末期医療のあり方 —— 今後の展望……………*158*
　　日本学術会議「死と医療特別委員会報告」(*159*) ／
　　厚生労働省「終末期医療に関する意識調査等検討
　　会報告書」「人生の最終段階における医療に関する意
　　識調査報告書」(*160*) ／　厚生労働省「人生の最終段階
　　における医療の決定プロセスに関するガイドライン」
　　(*160*) ／　わが国における終末期医療ルールのあり方と
　　は (*161*)

4 ステップ・アップ………………………………………………*162*
　　アメリカの状況 (*162*) ／　イギリスの状況 (*163*)

xiii

目　次

第 *14* 講　**臓 器 移 植** ─────────── *166*

1　臓器摘出の術前措置に本人の承諾は必要か…………*167*
　　遺族意思優先主義から本人意思優先主義へ (*167*) /
　　術前措置に対する承諾権 (*167*)

2　考え方の道しるべ…………………………………*169*
　　脳死選択権を認めた旧臓器移植法 (*169*) / 脳死は
　　生物学的な人の死である (*170*) / 脳死＝蘇生限界点
　　と認めたシドニー宣言 (*170*)
　　（CASE へのアプローチ）(*172*)

3　改正臓器移植法の課題──今後の展望………………*173*
　　法律学上の死と医学上の死との不一致による矛盾
　　(*173*) / 医師にもたらされたジレンマ (*175*) / 適正
　　な脳死判定 (*175*)

4　ステップ・アップ…………………………………*176*
　　死後の身体に対する処分権の所在：本人主義か遺族主
　　義か (*176*)

第 *15* 講　**人工妊娠中絶** ─────────── *179*

1　人工妊娠中絶はどのような場合に認められるのか………*179*
　　刑法上の「堕胎の罪」(*180*) / 母体保護法上の適
　　応事由 (*180*) / 胎児に障害がある場合 (*180*)

2　考え方の道しるべ…………………………………*181*
　　母体保護法 2 条 2 項・14 条 1 項 1 号 (*181*) / 診療
　　契約上の医師の説明義務および検査義務 (*182*) / 損
　　害賠償の範囲 (*182*)

xiv

目　次

　　(CASE へのアプローチ) (*184*)

3　生命の選択という問題 —— 今後の展望…………………………*185*
　　障害者の差別か (*185*) / *法律に代わる基準* (*186*) /
　　望ましい自己決定のために (*186*)

4　ステップ・アップ………………………………………………………*187*

第 *16* 講　**生殖補助医療** ——————————————————— *189*

1　生殖補助医療技術の発展により生じる難問…………………*190*

2　考え方の道しるべ……………………………………………………*191*
　　法律上の母子関係成立に関する民法の考え方 (*191*)
　　/ *代理懐胎における母子関係* (*192*)
　　(CASE ①へのアプローチ) (*195*)
　　/ *法律上の父子関係成立に関する民法の原則* (*195*)
　　/ *死後生殖の場合の父子関係* (*196*)
　　(CASE ②へのアプローチ) (*198*)

3　遅れる立法化とその動向 —— 今後の展望……………………*199*

4　ステップ・アップ………………………………………………………*200*

第 *17* 講　**再 生 医 療** ——————————————————— *203*

1　再生医療の現状と法的枠組………………………………………*203*
　　一般法 (*203*) / *再生医療関係3法* (*204*)

2　クローン技術で人を誕生させることは許されるか………*205*
　　ヒト・クローン技術等規制法誕生の経緯 (*205*) /
　　ヒト・クローン技術等規制法の目的・意義・構造

xv

(205) / ◢CASE の問題点 (208)

3 考え方の道しるべ‥‥‥‥‥‥‥‥‥‥‥‥‥‥‥‥‥‥‥‥‥208

　◢処罰根拠と保護法益 (208) / ◢人間の尊厳 (209)

　(CASE へのアプローチ) (210)

4 クローン技術と再生医療 ── 今後の展望‥‥‥‥‥‥‥‥211

5 ステップ・アップ‥‥‥‥‥‥‥‥‥‥‥‥‥‥‥‥‥‥‥‥‥212

第18講　遺伝をめぐる医療 ──────────── 213

1 遺伝情報は誰のものか ──「個」の論理から「集団」の論理へ？‥‥214

　◢遺伝学研究の発展と新たな問題 (214) / ◢基本原理
　の揺らぎ (214) / ◢基本原理の再認識 (215) / ◢「個人」
　から「家族全体」へ？ (217)

2 考え方の道しるべ‥‥‥‥‥‥‥‥‥‥‥‥‥‥‥‥‥‥‥‥‥217

　◢遺伝子例外主義 (genetic exceptionalism) (217) / ◢ア
　メリカの裁判例・学説 (219)

　(CASE へのアプローチ) (221)

3 日本の類似事案から ── 今後の展望‥‥‥‥‥‥‥‥‥‥‥222

4 ステップ・アップ‥‥‥‥‥‥‥‥‥‥‥‥‥‥‥‥‥‥‥‥‥223

第19講　ヒト由来物質の利用 ──────────── 225

1 ヒト由来物質はどのように使われているか‥‥‥‥‥‥‥‥‥225

　◢医学研究におけるヒト由来物質の利用と社会的な
　規制の必要性 (225) / ◢ヒト由来物質に関する規制：そ
　の1 ── 古典的な対処 ── (226) / ◢ヒト由来物質に関

目　次

する規制：その2 ── 新しい規制 ── (227)

2　考え方の道しるべ……………………………………229

　 ヒト由来物質の性質 (229) ／ ヒト由来物質をめぐ
る当事者の関係 (230)

　CASEへのアプローチ (231)

3　あるべき議論の方向性 ── 今後の展望………………234

4　ステップ・アップ………………………………………235

第20講　小児医療 ──────────────── 238

1　子どもの同意能力と父母の親権…………………………238

2　考え方の道しるべ……………………………………239

　 子どもの医療に対する同意能力 (239) ／ 親の子ど
もへの医療の同意拒否と児童虐待 (241) ／ 親の子ど
もへの医療の同意と親権 (242) ／ 医療ネグレクトへ
の法的対応 (242)

　CASEへのアプローチ (246)

3　望まれる法整備 ── 今後の展望………………………247

4　ステップ・アップ………………………………………247

第21講　精神科医療の基本原理と関連法制度 ─────── 249

1　精神科医療は特殊なものか………………………………250

　 精神科医療法制の歴史 (250)

2　考え方の道しるべ……………………………………251

　 精神科医療制度の特徴 (251)

xvii

目　次

（CASE へのアプローチ）(253)

3　二重三重の患者の権利保護の仕組み —— 今後の展望‥‥‥‥255

　🝰患者の権利を擁護する仕組み（256）

4　ステップ・アップ‥‥‥‥‥‥‥‥‥‥‥‥‥‥‥‥‥‥‥257

第 **22** 講　**精神科医療と損害賠償**————————— 260

1　精神科医療における医療事故‥‥‥‥‥‥‥‥‥‥‥‥‥260

2　考え方の道しるべ‥‥‥‥‥‥‥‥‥‥‥‥‥‥‥‥‥‥261

　🝰精神障害者の自傷・他害事故と医療側の責任（261）

　／🝰精神障害者の他害事故と家族等の責任（265）

（CASE へのアプローチ）(267)

3　精神障害者の他害事故 —— 今後の展望‥‥‥‥‥‥‥‥267

　🝰医療者側が他害事故の被害者となる場合（267）

4　ステップ・アップ‥‥‥‥‥‥‥‥‥‥‥‥‥‥‥‥‥‥268

事項索引（巻末）

xviii

略語一覧

〈法　規〉

医　医師法

医療　医療法

家審規　家事審判規則

感染症　感染症の予防及び感染症の患者に対する医療に関する法律

行訴　行政事件訴訟法

行手　行政手続法

刑　刑法

刑訴　刑事訴訟法

憲　日本国憲法

個人情報　個人情報の保護に関する法律

児童虐待　児童虐待の防止等に関する法律

児福　児童福祉法

人訴　人事訴訟法

精神　精神保健及び精神障害者福祉に関する法律

臓器移植　臓器の移植に関する法律

保助看　保健師助産師看護師法

民　民法

民訴　民事訴訟法

薬　医薬品,医療機器等の品質,有効性及び安全性の確保等に関する法律

〈通知・通達〉

衛発　各都道府県あて厚生労働省衛生局長通知

厚告　厚生省（厚生労働省）告示

文告　文部省（文部科学省）告示

〈判　決〉

大判(決)　大審院判決（決定）

最判(決)　最高裁判所判決（決定）

高判(決)　高等裁判所判決（決定）

地判(決)　地方裁判所判決（決定）

〈判例集等〉

民録　大審院民事判決録

刑録　大審院刑事判決録

民集　大審院,最高裁判所民事判例集

刑集　大審院,最高裁判所刑事判例集

高刑集　高等裁判所刑事判例集

下民集　下級裁判所民事裁判例集

下刑集　下級裁判所刑事裁判例集

裁時　裁判所時報

家月　家庭裁判月報

判時　判例時報

判タ　判例タイムズ

ジュリ　ジュリスト

法教　法学教室

法時　法律時報

xix

略 語 一 覧

〈文　献〉

医療過誤百選　唄孝一＝宇都木伸＝平林勝政編『医療過誤判例百選（第2
　　　　　　　　版）』（有斐閣，1996）

医事法百選　宇都木伸＝町野朔＝平林勝政＝甲斐克則編『医事法判例百選』
　　　　　　　（有斐閣，2006）

医事法百選（第2版）　甲斐克則＝手嶋豊編『医事法判例百選（第2版）』
　　　　　　　　　　　　（有斐閣，2014）

甲斐・医事刑法Ⅰ　甲斐克則『医事刑法への旅Ⅰ（新版）』（イウス出版，
　　　　　　　　　　2006）

〈略語の取扱いについて〉

①「**昭63厚告130**」は，「昭和63年厚生省告示130号」を示す。

②「**医事法百選〔1〕**」は，「医事法判例百選　第1事件」を示す。

③「**最判平12・2・29民集54・2・582**」は，「最高裁判所平成12年2月
　　29日判決最高裁判所民事判例集54巻2号582頁以下」を示す。

執筆者紹介

(執筆順)

甲斐　克則（かい・かつのり）：編者——《第1講, 第7講, 第10講, 第17講》

1982年　九州大学大学院法学研究科博士課程単位取得
現　在　早稲田大学大学院法務研究科教授，広島大学名誉教授。博士（法学）

〔主要著作〕『海上交通犯罪の研究』（成文堂，2001年）／『安楽死と刑法』（成文堂，2003年）／『尊厳死と刑法』（成文堂，2004年）／『被験者保護と刑法』（成文堂，2005年）／『責任原理と過失犯論』（成文堂，2005年）／『医事刑法への旅Ⅰ（新版）』（イウス出版，2006年）／『生殖医療と刑法』（成文堂，2010年）／『医療事故と刑法』（成文堂，2012年）／『臓器移植と刑法』（成文堂，2016年）／『終末期医療と刑法』（成文堂，2017年）／『企業犯罪と刑事コンプライアンス——「企業刑法」構築に向けて』（成文堂，2018年）

柳井　圭子（やない・けいこ）——《第2講》

1999年　西南学院大学大学院法学研究科博士後期課程修了，博士（法学）
現　在　日本赤十字九州国際看護大学教授

〔主要著作〕『看護のための法学（第4版）』（共著，ミネルヴァ書房，2016年）／「患者の個人情報の保護と提供——イギリスにおける匿名化された患者情報の使用に関する議論状況」『情報社会の公法学——川上宏二郎先生古稀記念論文集』（信山社，2002年）／「医療の場における内部告発者の保護——イギリスの公益開示法を素材として」年報医事法学19号（1996年）／『看護師の法的側面（第4版）』（共訳，ミネルヴァ書房，2006年）

澁谷　洋平（しぶや・ようへい）——《第3講》

2004年　広島大学大学院社会科学研究科博士課程後期中退
現　在　熊本大学法学部准教授

〔主要著作〕「イギリスにおける未遂法の現状と課題について——法律委員会による立法提案とその議論を中心として（1）（2・完）」熊本法学119号・121号（2010年）／「輸血と過失」中山研一＝甲斐克則編『新版 医療事故の刑事判例』（成文堂，2010年）／「家庭裁判所から精神鑑定を命じられた医師が，ジャーナリストに対し，供述調書等を閲覧させるなどした行為について，秘密漏示罪が成立すると判断された事例」年報医事法学25号（2010年）／「秘密漏示罪の成立要件」判例セレクト2012（2012年）／「イギリスにおける未遂論」刑法雑誌52巻2号（2013年）／「医師としての知識，経験に基づく診断を含む医学的判断を内容とする鑑定を命じられた医師がその過程で知り得た人の秘密を正当な理由なく漏らす行為と，秘密漏示罪の成否」年報医事法学28号（2013年）／「異型輸血過誤事件」甲斐克則＝手嶋豊編『医事法判例百選（第2版）』（有斐閣，2014年）

小西　知世（こにし・ともよ）——《第4講》

2002年　明治大学大学院博士後期課程法学研究科民事法学専攻単位取得満期退学
現　在　明治大学法学部准教授

xxi

執筆者紹介

〔主要著作〕「がん患者本人に対する告知方法および告知後の対応等に医師の配慮義務違反が認められないとされた事例」年報医事法学21号（2006年）／「癌患者本人への医師の病名告知義務（1）〜（4・完）」明治大学大学院法学研究論集13号〜16号（2000〜2002年）／「医療制度改革と看護のゆくえ（第1回）〜（第3回・最終回）」看護学雑誌70巻10号〜12号（2006年）／「契約による福祉と事業者の応諾義務──医師の応招義務を類比して」新井誠ほか編『福祉契約と利用者の権利擁護』（日本加除出版，2006年）／「福祉契約の法的関係と医療契約」社会保障法19号（2004年）／「医療と法の潮流を読む⑪ 残された課題──意思決定を中心に」病院77巻4号（2018年）

村山　淳子（むらやま・じゅんこ）──《第5講》

2004年　早稲田大学大学院博士後期課程単位取得退学，博士（法学）
現　在　西南学院大学法学部教授

〔主要著作〕『医療契約論──その典型的なるもの』（日本評論社，2015年）／『専門訴訟講座5　医療訴訟』（共著，民事法研究会，2010年）／『ユダヤ出自のドイツ法律家』（共訳，中央大学出版部，2012年）／「ライフ・スタイルと医療過誤」『早稲田民法学の現在（浦川道太郎先生・内田勝一先生・鎌田薫先生古稀記念論文集）』（成文堂，2017年）／「自由診療における消費者問題──多面的な状況に依存する特殊な消費者をどう保護するか」消費者法研究4号（2017年）／「美容整形における身体処分──医療の限界領域における，身体の自己処分をめぐる衡量判断と適正手続」『変革期における法学・政治学のフロンティア』（日本評論社，2017年）／「講演『ドイツの患者の権利法』（患者の権利宣言30周年記念シンポジウム）──立法における価値判断という問題意識」西南学院大学法学論集47巻2-3合併号（2015年）／「消費者契約法と労働契約法」早稲田法学91巻3号（2016年）

加藤　摩耶（かとう・まや）──《第6講》

2004年　広島大学大学院社会科学研究科博士課程後期単位取得退学
現　在　岡山商科大学法学部准教授

〔主要著作〕「刑法における自己決定の意義と射程──『共生』を視点に入れた序論的考察」広島法学26巻3号（2003年）／杉森正子ほか編『わかりやすい関係法規』（共著，ヌーヴェルヒロカワ，2003年）

山口　斉昭（やまぐち・なりあき）──《第8講》

1997年　早稲田大学大学院法学研究科博士後期課程単位取得退学
現　在　早稲田大学法学学術院教授

〔主要著作〕『医事事故紛争の予防・対応の実務──リスク管理から補償システムまで』（共著）（新日本法規出版，2005年）／『賠償科学概説──医学と法学の融合（改訂版）』日本賠償科学会編（共著）（民事法研究会，2013年）／「医薬品副作用被害救済制度が医療事故補償制度の構想に与える示唆について」日本法学80巻3号（2015年）／「持続可能社会への転換と法・法律学」（共著）早稲田大学比較法叢書43号（2016年）／『プロセス講義民法Ⅴ債権2』（共著）（信山社、2016年）

xxii

執筆者紹介

日山　恵美（ひやま・えみ）── 《第 9 講》

2005年　広島大学大学院社会科学研究科博士課程後期単位取得退学
現　在　広島大学大学院法務研究科教授

〔主要著作〕「埼玉医大抗がん剤過剰投与事件」甲斐克則＝手嶋豊編『医事法判例百選
（第 2 版）』（有斐閣，2014 年）／「医療事故と刑事過失責任 ── イギリスにおける
刑事医療過誤の動向を参考にして」甲斐克則編『医療事故と医事法』（信山社，
2012 年）／「看護上の過失」中山研一＝甲斐克則編『新版 医療事故の刑事判例』
（成文堂，2010 年）／「『医療安全とプロフェッション』刑事法の立場から」年報
医事法学 26 号（2011 年）／「医療の安全確保における刑事過失論の限界 ── 刑事
医療過誤判決の分析から」年報医事法学 23 号（2008 年）

増成　直美（ますなり・なおみ）── 《第 11 講》

2002年　広島大学大学院社会科学研究科博士課程後期(法律学専攻) 修了，博士（法学）
2008年　広島大学大学院医歯薬学研究科博士課程後期(薬学専攻) 修了，博士（薬学）
現　在　山口県立大学看護栄養学部栄養学科公衆衛生学研究室教授

〔主要著作〕『診療情報の法的保護の研究』（成文堂，2004 年）／「医療における患者
の個人情報保護システムの法理論的検討 ── ドイツがん登録法を素材として」ホ
セ・ヨンパルトほか編『法の理論 24』（成文堂，2005 年）／ Masunari N, Fujiwara
S, Nakata Y, Nakashima E and Nakamura T. Historical height loss, vertebral
deformity, and health-related quality of life in Hiroshima cohort study.
Osteoporosis Int. 2007; 18(11): 1493-1499 ／ Masunari N, Fujiwara S, Kasagi F,
Takahashi I, Yamada M, Nakamura T. Height loss starting in middle age predicts
increased mortality in elderly. (Selected Articles) J Bone Miner Res. 2012;
27(1):138-145.

武藤　眞朗（むとう・まさあき）── 《第 12 講》

1991年　早稲田大学大学院法学研究科博士後期課程満期退学
現　在　東洋大学法学部教授

〔主要著作〕「生命維持装置の取り外し ── わが国の学説の分析」『西原春夫先生古稀
祝賀論文集 第 1 巻』（成文堂，1998 年）／「承諾に基づく傷害の許容範囲」『宮澤
浩一先生古稀祝賀論文集 第 3 巻』（成文堂，2000 年）／「正当防衛・緊急避難に
おける被救助者の意思」西原春夫ほか編『刑事法の理論と実践（佐々木史朗先生喜
寿祝賀）』（第一法規，2002 年）／「人工的栄養補給の停止と患者の意思」東洋法
学 49 巻 1 号（2005 年）／「医師の説明義務と患者の承諾 ──『仮定的承諾』序説」
東洋法学 49 巻 2 号（2006 年）／「ひき逃げにみる遺棄の概念」曽根威彦編『交通
刑事法の現代的課題（岡野光雄先生古稀記念）』（成文堂，2007 年）／「日本にお
ける積極的安楽死」甲斐克則ほか編『安楽死・尊厳死（シリーズ生命倫理学第 5
巻）』（丸善出版，2012 年）／「ドイツにおける治療中止 ── ドイツにおける世話
法改正と連邦通常裁判所判例をめぐって」甲斐克則編『終末期医療と医事法（医事
法講座第 4 巻）』（信山社，2013 年）／「犯罪論における『被害者の意思』の意義」
高橋則夫ほか編『曽根威彦先生・田口守一先生古稀祝賀論文集［上巻］』（成文堂，
2014 年）／「法益関係的錯誤説と法益の要保護性」高橋則夫ほか編『野村稔先生
古稀祝賀論文集』（成文堂，2015 年）

執筆者紹介

千葉　華月（ちば・かづき）――《第 13 講》

2003年　横浜国立大学大学院国際社会科学研究科博士課程修了，博士（法学）
現　在　北海学園大学法学部教授

〔主要著作〕「スウェーデンにおける高齢者をめぐる法制度」法律時報 1061 号（2013年）／「スウェーデンにおける生殖医療と法的ルール」（共著）甲斐克則編『生殖医療と医事法（医事法講座第 5 巻）』（信山社，2014 年）／「離婚後の子の共同監護に関する考察：スウェーデン法からの示唆」（共著）滝沢昌彦＝工藤祐厳＝松尾弘ほか編『民事責任の法理　円谷峻先生古稀祝賀論文集』（成文堂，2015 年）

秋葉　悦子（あきば・えつこ）――《第 14 講》

1991年　上智大学大学院法学研究科博士後期課程修了
現　在　富山大学経済学部教授

〔主要著作〕エリオ・スグレッチャ『人格主義生命倫理学総論』（翻訳，知泉書館，2015 年）／『人格主義生命倫理学』（創文社，2014 年）／『人間の尊厳と生命倫理・生命法』（共著，成文堂，2006 年）／『ヴァチカン・アカデミーの生命倫理 ―― ヒト胚の尊厳をめぐって』（知泉書館，2005 年）／『脳死と臓器移植：資料・生命倫理と法 I（第 3 版）』（共編著，信山社，1999 年）

伊佐　智子（いさ・ともこ）――《第 15 講》

2003年　九州大学法学研究科博士後期課程修了
現　在　久留米大学法学部非常勤講師

〔主要著作〕葛生栄二郎・河見誠・伊佐智子『新・いのちの法と倫理』（法律文化社，2009 年）／「第Ⅲ部第 1 章　出生前診断に関わる法状況とその議論」丸山英二編『出生前診断の法律問題』（尚学社，2009 年）／＊「ドイツ人工妊娠中絶法における胎児条項をめぐる問題」ホセ・ヨンパルトほか編『法の理論 19』（成文堂，2000年）／＊「妊娠中絶における女性と胎児（序論）権利衝突という視点を超えて」ホセ・ヨンパルトほか編『法の理論 21』（成文堂，2001 年）／「生命倫理と権利概念」山崎喜代子編『生命の倫理　その規範となるもの』（共著，九州大学出版会，2004 年）／＊「多胎減数手術を検討する」西日本生命倫理研究会編『生命倫理の再生に向けて ―― 展望と課題』（青弓社，2004 年）（＊旧姓，松尾智子にて著作）

永水　裕子（ながみず・ゆうこ）――《第 16 講》

2004年　上智大学大学院法学研究科法律学専攻博士後期課程単位取得退学
現　在　桃山学院大学法学部教授

〔主要著作〕「子どもの医療に対する親の決定権限とその限界（1）（2・完）―― アメリカのメディカル・ネグレクトを素材として」上智法学論集 47 巻 1 号，2 号（2003 年）／「成熟した未成年者の人工妊娠中絶について決定する権利とアメリカ法（1）（2・完）」上智法学論集 48 巻 1 号（2004 年），2 号（2005 年）／「ヒト受精胚からのＥＳ細胞樹立に関するアメリカ合衆国の政策」上智大学法学論集 48巻 3 ＝ 4 号（2005 年）／田村正徳ほか編『新生児医療現場の生命倫理』（共著，メディカ出版，2005 年）／甲斐克則編『遺伝情報と法政策』（共著，成文堂，2007年）／甲斐克則編『インフォームド・コンセントと医事法』（共著，信山社，2010年）／玉井真理子＝永水裕子＝横野恵編著『子どもの医療と生命倫理（第 2 版）』

（共編著，法政大学出版局，2012 年）／小山剛＝玉井真理子編『子どもの医療と法（第 2 版）』（共著，尚学社，2012 年）／甲斐克則編『生殖医療と医事法』（信山社，2014 年）／甲斐克則編『小児医療と医事法』（共著，信山社，2016 年）／山口直也編『子どもの法定年齢の比較法研究』（共著，成文堂，2017 年）

山本　龍彦（やまもと・たつひこ）──《第 18 講》

2005 年　慶應義塾大学大学院法学研究科後期博士課程単位取得退学
現　在　慶應義塾大学大学院法務研究科教授。博士（法学）

〔主要著作〕『遺伝情報の法理論』（尚学社、2008 年）／『憲法学のゆくえ』共編著（日本評論社、2016 年）／『憲法判例からみる日本』共編著（日本評論社、2016年）／『プライバシーの権利を考える』（信山社、2017 年）

佐藤　雄一郎（さとう・ゆういちろう）──《第 19 講》

2000年　東海大学大学院法学研究科博士課程後期単位満了退学
現　在　東京学芸大学教育学部准教授

〔主要著作〕宇都木伸ほか編『現代医療のスペクトル』（共著，尚学社，2001 年）／佐藤雄一郎ほか編『医と法の邂逅 第 1 集』（共著，尚学社，2014 年）／甲斐克則編『臓器移植と医事法（医事法講座第 6 巻）』（共著，信山社，2015 年）／甲斐克則編『再生医療と医事法（医事法講座第 8 巻）』（共著，信山社，2017 年）／「医療機器の治験におけるプロトコル違反の民事法上の効果」年報医事法学 30 号（2015年）／「中絶胎児を『廃棄物』として処理した事例」甲斐克則＝手嶋豊編『医事法判例百選（第 2 版）』（有斐閣，2014 年）／「女性同性カップルへ精子を提供した男性のこどもに会う権利」東京学芸大学紀要　人文社会科学系 II 65（2014 年）／「医師の助けを受けて死ぬ権利（PAS）」樋口範雄ほか編『アメリカ法判例百選』（有斐閣，2012 年）

久藤（沖本）　克子（ひさふじ（おきもと）・かつこ）──《第 20 講》

2004年　広島大学大学院社会科学研究科博士課程後期修了，博士（法学）
現　在　岡山県立大学保健福祉学部教授

〔主要著作〕「重症障害新生児の生命維持治療放棄・中断と刑法（1）（2・完）」広島法学 22 巻 2 号（1998 年），3 号（1999 年）／「アメリカにおけるメディカルネグレクトの医事法的考察」年報医事法学 17 号（2002年）／「未成年者の医療に関する自己決定権 ── 信仰に基づいた輸血拒否事例を素材として」広島法学 26 巻 4 号（2003 年）／「小児看護と医事法の問題 ── 看護の専門性の視点から」甲斐克則編『小児医療と医事法（医事法講座第 7 巻）』（信山社，2016 年）

横藤田　誠（よこふじた・まこと）──《第 21 講》

1989年　広島大学大学院社会科学研究科法律学専攻博士後期課程単位取得退学
現　在　広島大学大学院社会科学研究科教授

〔主要著作〕『法廷のなかの精神疾患 ── アメリカの経験』（日本評論社，2002 年）／『人権入門 ── 憲法／人権／マイノリティ（第 3 版）』（共著，法律文化社，2017 年）／「精神医療における自己決定と代行決定」年報医事法学 15 号（2000 年）／「強制治療システムの正当化根拠 ── アメリカの憲法判例を中心に」町野朔編『精神医療と心神喪失者等医療観察法』（有斐閣，2004 年）／「医療保護入院の要件」甲斐

克則 = 手嶋豊編『医事法判例百選（第 2 版）』（有斐閣，2014 年）／「小児医療と子どもの権利」甲斐克則編『小児医療と医事法（医事法講座第 7 巻）』（信山社，2016 年）

長谷川　義仁（はせがわ・よしひと）──《第 22 講》

2002年　広島大学大学院社会科学研究科博士課程修了，博士（法学）

現　在　近畿大学法学部教授

〔主要著作〕「患者の自己決定と損害賠償額」年報医事法学 17 号（2002 年）／「ネグリジェンスによる精神疾患についての損害賠償責任の範囲」近畿大学法学 55 巻 2 号（2007 年）／『損害賠償調整の法的構造 ── 請求者の行為と過失相殺理論の再構成のために』（日本評論社，2011 年）／「損害賠償調整の法的構造 ── 過失相殺における『損害軽減義務』概念の導入に関する一考察」私法 74 号（2012 年）

Bridgebook

第 *I* 講

医事法の意義と基本原理

医療行為と法と倫理の関係

CASE A女は，左右の乳房内部に「しこり」があると感じたので，X病院のY医師（A女の主治医）の診察を受けた。病理検査の結果，右乳房が乳腺がんであることが判明した。Y医師は，外科部長Zとともに，A女に対して，検査の結果，右乳房の腫瘍は乳がんであり，乳房全部およびリンパ腺を切り取る必要がある旨を述べたところ，A女はこれに同意し，ただちにX病院に入院した。そして，Z医師の執刀により，右乳房については，皮膚および乳首を残して乳腺全部が摘出され，また，腋の下および鎖骨下のリンパ腺のリンパ節がすべて切除された。その後，左乳房に腫瘍が見つかり，一部を切り取り，ただちに病理検査を依頼したところ，迅速法による検査により，左乳房の腫瘍は乳腺症であることが判明した。ところが，Y医師とZ医師は，左乳房も将来がんになるおそれがあると判断して，A女の同意がないまま左乳房についても皮膚および乳首を残して乳腺全部を切除した。術後，麻酔から醒めたA女は，自己の身体の変貌（予定していなかった左乳房の切除）に驚いてYとZに説明を求めたが，十分な事後説明がなかったので，法的手段に訴えようと考えた。この場合，X，Y，Zにどのような法的責任が生じるか。

第1講　医事法の意義と基本原理

1　医療行為と法と倫理の関係

　私たちは，生涯を通じて医療にお世話になることのほうが多い。それだけに医療というものは，私的なものにとどまらず，社会的なものでもあるといえよう。

医療行為と法のかかわり

　医療関係者のなかには，「法律は嫌いだ」，「法律は難解だ」，「なぜ法律家が医療に口出しするのか」，などと言う人もときおりいる。たしかに，医療技術の「進歩」は，これまで不治とされてきた疾患を治癒したり早期に発見したりすることを可能にし，人類に多大な恩恵をもたらした。しかし反面で，歴史が示すように，その用い方を誤ると，重大な人権侵害をもたらす可能性をつねに秘めている（⇒特に**第7講**参照）。もちろん，医療現場に捜査当局・司法当局がいつも土足で入り込んでいたのでは，萎縮医療になり，かえってマイナスになるであろう。かりにルールをつくるとしても，本来は，せいぜい「医の倫理」を自主規制という形式（ガイドライン方式）で規定すれば足りるかもしれない。現にこの種のものは，日本でもかなりある。しかし，医療が人間の生命・身体・健康に深くかかわるものであり，場合によっては人権侵害を伴いうるものである以上，国民の人権を守る「最後の砦」として法律が関与せざるをえない。倫理規範と異なり，法律は強制力をもった規範であり，医療関係者といえども，最後は法律に従わざるをえないのである。その意味で，法律は，強制力をもって「医の倫理」ないし「生命倫理」を補完するものである。

　もちろん，だからといって，法律は，医療者側に厳しい目ばかりを向けているというわけではなく，逆にみれば，適正な医療が行わ

れているかぎり医療関係者を保護してくれる優しい眼差しも向けている。つまり，医療者側の人権も保護されているのである。結局，医療と法と倫理が相互にうまくかみあって作用すれば，患者は安心して医療を受けられるし，医療者側も安心して職務に専念することができる。逆に，それぞれが暴走すれば，不幸な結果を招き，場合によっては患者の人権が侵害されることになるであろう。「医療も法も倫理も国民のためにある」ことを，医事法を学ぶ最初に十分に自覚しておく必要がある。

CASE の問題点

CASE で問われているのは，患者の同意がないまま予定外の左乳房を切除された点が，医事法上いかなる法的責任と結びつくか，である。問題の中心は，インフォームド・コンセント違反であるが，後述のように，実は医事法は範囲が広く，憲法，民事法，刑事法，行政関係法規（医療関係法規, 薬事関係法規等を含む）等が関係してくる。インフォームド・コンセントについては，**第4講**でも扱うので，本講では，CASE を素材として，医療行為と法がどのように関わるかを概略的に理解することに主眼を置く。

2　考え方の道しるべ

医事法・医事法学の意義

そもそも医事法とは，どのようなものであろうか。「医事法」というまとまった法典があるわけではないので，その定義は難しい。実際上は，憲法，刑法および民法といった基本的な法律を中心に，医療法，医師法，歯科医師法，薬剤師法，保健師助産師看護師法等の医療関係法規ないし医薬品，医療機器等の品質，有効性及び安全

3

性の確保等に関する法律（薬機法）等の薬事関係法規，さらには精神保健福祉法等が関係してくる。そして，とりわけ日本国憲法13条が保障する国民の生命・自由・幸福追求権および25条が保障する生存権は，その根底に置かれるべきものである。それらの周辺に医療倫理ないし生命倫理がある。それらを総称して，医事法ということができる。

　さらに，あえて定義をすれば，医事法学とは，国民の生命・健康を保障するための法の分析・検討を行い，かつ一定の立法ないし政策の提言を行う学問であるといえる。それを一般化して医事法学と総称する。それらが有機的に統合されて医事法学となる（ドイツのアルビン・エーザー博士が提唱する統合的医事法学について，後掲参考文献⑤31頁以下所収の同「医事（刑）法のパースペクティブ」（甲斐克則・福山好典訳）参照）。しかし，日本の医事法学の歴史は，50年近くになり，未成熟な部分もあるが，相当に深化しつつあり，現在では法学部の一部や法科大学院の半数以上（中には医療系の大学）で医事法関連の講義が開講されており，また医事法の判例の集積も進んでいる（甲斐克則「日本の医事法学──回顧と展望」後掲参考文献⑤5頁以下参照）。今後もこの傾向は続くであろう。さらに，医事法では，外国の判例や法制度も相当に参考になるので，比較法的研究にも目配りが必要である。

医事法の基本的視点

　医事法の基本的視点として，次の5つが考えられる（参考文献③参照）。

　(i)「人格（権）の尊重」と「人間の尊厳」　医事法規範が守ろうとする法益は，憲法13条の「人格（権）の尊重」からして，当然ながら国民の生命・身体・健康である。そこから，「患者の権利」も必然的に導かれる。今日，欧米諸国では，一般的に「患者の権利」

が実定法上も認められている国が増えている。日本でも，その動きは加速している（医療基本法会議『医療基本法 —— 患者の権利を見据えた医療制度へ』（エイデル出版，2017））。

　しかし，たとえば，人体実験・臨床研究のなかの一定の問題や生殖補助医療の延長線上にある体細胞を用いたクローン技術の人個体への応用や再生医療の一定の範疇のもの（⇒**第17講**），ゲノム編集技術を用いた生殖系細胞への臨床応用，さらにはキメラやハイブリッドの形成といったような問題の場合，個人レベルを超越したところに本質的問題がある。これらの問題は，人類に共通の社会問題として捉えるべきものであり，その根底には「**人間の尊厳**」という本質的問題が横たわっているように思われる。これは，個人の「人格（権）の尊重」とは同列に論じきれないレベルの問題といえる。

　ドイツ憲法のように「人間の尊厳」の文言が明文で盛り込まれていない日本国憲法下にあっても，人間の本質に変わりはない。もちろん，この「概念」をいたずらに振り回して抽象論を展開するだけでは問題であり，場合によっては弊害ともなりうる。しかし，「人間の尊厳」は，人間に本来備わっている，人間を人間たらしめている「人間存在」それ自体の本質的な部分の尊重を意味し，また，本質的でありながら日常的な具体性を持った実在的なものである。それは，人間として譲ることのできないもの，放棄することのできないものを中核部分に内包している。したがって，「人間を手段としてのみ用いてはならない」という哲学者カントの命題が医事法においてもあてはまる。要するに，「患者を単なる客体としてのみ利用してはならない」のである。

　(ⅱ)「法によるチェック」と「法に対するチェック」　第2に，医学と法学の関係について，「法によるチェック」と「法に対する

チェック」を考えておく必要がある。これは，もともと医事法の碩学である唄孝一博士が提唱されたものである（唄孝一「医と法の対話：医と法の出会い」法教127号50頁）。医学と法学は，古くより人間社会の根底を支えてきた「社会の両輪」であり，今後もこれが変わることはないであろう。それゆえに，これを担う者には，伝統的に，ある種の「特権」めいたものが付きまとう。そのためか，両者とも原点を忘れて「暴走」ないし「独走」することがある。

①「法によるチェック」　本来，医学の独走をチェックするのは，自律した医プロフェッションによる自主規制ないし医の倫理であるべきだ，と思われる。しかし，それらが社会に対して責任を貫徹しうるほどに確固たるものであるためには，医プロフェッションの強力な自律意識と責任意識があり，しかも社会がそれに対して相当の信頼を置いているという前提がなければならない。しかし，現状は，それを期待するのがなお困難な状況にある。そうだとすれば，人権侵害を最終的にチェックするのは，まさに強制力を持った法の役割であるし，国民もそれを期待している。もちろん，その場合でも，とりわけ刑法の出番は，民法，そして行政法の後，すなわち最後でなければならない。刑法の謙抑性ないし最終手段性は，基本的に維持されなければならない。

②「法に対するチェック」　他方，法が医学的根拠を欠くまま医療問題のあらゆる場合に前面に出すぎてしまうのも危険である。合理的な医学的根拠があるのに，それを無視して，「法律の世界では，こうなっている」などと断言して医療関係者や国民に不合理なことを強要してはならない。さもなくば，かえって悲劇となるであろう。悪名高き「らい予防法」（1996年に廃止）がそうであったし，第2次世界大戦後の日本国憲法下での（旧）優生保護法に基づく強制不妊手

術（断種）がそうであった。このような事態は，何としても避けなければならない。この意味で，「法に対するチェック」も必要である。

　③　**医と法の相互対話**　　結局，医と法の相互対話を通じて，双方が謙虚に耳を傾けつつ，さればといって馴れ合いにならず，適度の緊張関係の中で解決を模索する方向が妥当である。そうすれば，医と法は架橋でき，医と法の両輪は，スムーズに前に進んでいくのではなかろうか。たとえば，医療過誤における注意義務の認定や精神科医療の分野などでも，そのことは重要であるように思われる。

　(ⅲ)　患者の自己決定権とメディカル・パターナリズムの調和

　第3に，患者の自己決定権とメディカル・パターナリズムの調和があげられる。人体実験・臨床研究・臨床試験等に代表されるように，近代医療において患者が単なる医療の客体にされてきた歴史的反省から，ドイツやアメリカを中心に，医療における患者の主体性を確立するために患者の自己決定権が強調されるようになった。それは，日本にも当然に波及しており，しかも，その内容は変遷している。つまり，当初は，患者の承諾のない治療行為（専断的治療行為）は違法であるという内容が主流であり，とりわけ民事裁判では CASE のもとになった乳腺摘出手術事件判決（東京地判昭46・5・19下民集22・5＝6・626）や舌がん手術事件判決（秋田地大曲支判昭48・3・27判時718・98）に代表されるように，それは損害賠償の対象となった（町野朔『患者の自己決定権と法』（東京大学出版会，1986）1頁以下参照）。その後，単なる承諾にとどまらず，宗教上の信念に基づく輸血拒否のケース（たとえば，最判平12・2・29民集54・2・582）でも最高裁が輸血拒否の意思を「人格権の一内容」として認めるなど，患者に十分な情報を提供したうえで承諾を得るのでなければなお違法とするインフォームド・コンセ

ント（さらには患者が主体的に選択するというインフォームド・チョイス）の法理が定着しつつある。CASE の問題も，これと関係する。

① **自己決定権の射程範囲**　　問題は，自己決定権の射程範囲である。自己決定権を振りかざせば，すべて問題が解決するわけではない。医療現場で，患者の意思がすべてを決するのであれば，およそ医療専門家は存在意義がなくなるであろう。「医療」という以上，ある程度，選択肢が限られてくることは認めざるをえない。とくに刑法では，同意殺人罪の規定（202条）が示しているように，とりわけ生命に関しては，少なくとも他者処分という形での自己決定権を完全に認めてはいない。したがって，医療においても，本来の権利としての自己決定権が及ぶ範囲（正当化可能な範囲）を見きわめなければならない。安楽死などでは，これが問題となる。**自己決定権は重要であるが，万能ではない。**人間である以上，自己決定の前提となる自律という点で絶対的自律ということはありえず，むしろ相対的自律の中で可能なかぎり自己決定を尊重するという姿勢が基本的に妥当である。生命に関する諸問題は，とくにそれがいえる。生命の発生の周辺でも，自己決定（権）の過剰なまでの強調がみられ，新たな優生思想を形成しつつある観があり，やはり問題を含んでいるように思われる。

なお，医療情報ないし診療情報の分野でも，従来のプライバシー権から「患者の自己情報コントロール権」という形に議論が移行しつつある。これも自己決定権の投影であろう。しかし，遺伝情報になると個人を超える部分もあり，慎重な配慮が必要である。

② **パターナリズム**　　他方，自己決定権の制約原理として，しばしばパターナリズムが持ち出される。国家が判断能力ある成人たる国民本人の判断・決定に対して，「あなたの判断・決定は間違って

いる。あなた自身のために，こうした方がよい」，として介入する
のが，パターナリズムである。少年や判断能力の低下した人に関し
ては，大方の賛同があるが，判断能力ある成人に関しては，抵抗が
強い。しかし，パターナリズムの内容は多様であり，内在的制約原
理と区別して慎重に用いれば有益な場合もあり，一律に排斥すべき
ではないように思われる（中村直美『パターナリズム』（成文堂，2007））。と
くに医療においては，高度に専門的な内容と判断をその場で求めら
れることもあり，患者の自己決定権を尊重しつつも，ある程度，医
プロフェッションの裁量（メディカル・パターナリズム）に委ねざるをえ
ない場合もある。したがって，自己決定権とメディカル・パターナ
リズムの調和が模索されなければならない。

　(iv) 疑わしきは生命の利益に　　第4に，医療問題は，しばしば
優生思想の濫用と結びつくことは，歴史の示すところである（米本
昌平ほか『優生学と人間社会』（講談社，2000））。この点を忘れると，「生存
の価値なき生命の毀滅」を容認することになるし，事前にそのよう
な生命の排除が政策として実践されかねない。これを防止するには，
憲法の保障する生存権とその平等原則をつねに根底におかなければ
ならない。判断が難しい場合には，「疑わしきは生命の利益に」判
断する必要がある。とりわけ，生命の発生の周辺の問題や，終末期
医療の問題，さらには人体実験の問題において，この点は十分自覚
しておく必要がある。

　(v) メディカル・デュープロセス　　第5に，医療の適正手続と
専門家の責任の問題として，「メディカル・デュープロセスの法
理」を提唱しておきたい。「メディカル・デュープロセスの法理」
とは，医療，とりわけ人体実験・臨床研究・臨床試験のようなもの
については，社会的観点も加味して，適正手続による保障がなけれ

ば，当該医療行為は違法である，とする法理である。具体的には，実験段階から個々の被験者・患者に対するインフォームド・コンセントはもとより，その前段階として彼らに熟考期間（カウンセリングも含む）があったか，リスクとベネフィットの衡量を踏まえた安全性等について倫理委員会（これも独立した審査機関であることが望ましい）の適正な審査を受けているか，人類に多大な影響を与えうるもの（たとえば，先端医療技術の新規なものや遺伝子関係のもの）については，プライバシー権を侵害しない必要な範囲で情報公開をし，社会的合意・承認を得ているか等をチェックして，そのいずれかでも欠けていれば，当該医療行為は違法であり，そのようにして得られたデータにもとづく学術論文の公表を禁止したり，それ以後の研究費を凍結する等の行政処分をし，悪質なものについては民事責任，場合によっては刑事責任を負わせようとするものである。被験者に生じる被害についての迅速な補償制度も，これに含まれる。これによって，専門家の責任を社会に対して担保することができるように思われる。

CASE への
アプローチ

CASE では，Y医師とZ医師は，A女が右乳房については切除に同意したのでその切除については問題ないが，左乳房については切除に同意していないにもかかわらず切除した点で，民事法上は診療契約以外の侵襲を加えており，A女は，不法行為にもとづく損害賠償責任（民709条）をYとZに請求できる。何よりも，A女に対して左乳房の切除に関する説明をしておらず（説明義務違反），上述の患者の自己決定権が侵害されているといえる。加えて，YとZの所属するX病院に対しても，使用者責任（民715条）について損害賠償を請求できる。もっとも，がんの告知をめぐる固有の問題もあるので，YとZは，A女のためを思って左乳房を切除したのだという観点（メディカル・パターナリズム）から争う

かもしれない。この点を**第4講**で学習すると，さらに理解が深まるであろう。

　また，刑事法上，患者の同意がない侵襲行為は専断的治療行為と呼ばれており，傷害罪（刑204条）に該当するか，それとも医師の行為は一般の傷害行為とは異なるとしてそれ以外の自由に対する罪に該当するか，争いがある。後者の場合，現行法では専断的治療行為の罪はないので，せいぜい強要罪（刑223条1項）が考えられるが，CASEのような場合，本人は麻酔により意識がない状態だと，強要罪は適用しにくい。むしろ前者の立場が妥当であろうが（YとZは傷害罪の共同正犯），しかし，わが国で治療行為が傷害罪に問われた例はない（⇒**第6講**）。

　さらに，もし刑事事件で罰金以上の有罪ともなれば，医師法上，YおよびZは，医師の資格を失うことがある（医4条2号）。

3　医師と患者の関係：診療契約の性質は何か —— 今後の展望

　医師と患者の関係は，法的にどのように理解すればよいであろうか。診療契約ないし医療契約という用語はあるが，その法的性質については理解が分かれる。つまり，通常の契約と異なり，「私の身体を元どおりに治してください」と依頼されても，元に治る保証はない（医療の不確実性）。一般に，「今日，診療契約は準委任に分類され，不履行責任の有無は，結果獲得のために医師が努力したと評価できるかについて，実施された治療行為を医療水準に照らして判断するのが通説・判例である」と理解されている（参考文献①）が，他方，医師−患者を契約的に捉えず，むしろ信認関係だと理解する見解も根強い（年報医事法学21号（2006）の「シンポジウム／医療契約を考える」を参照）。

この点について，一定の信認関係を認めつつも契約性を認める余地もあるように思われる。

　なお，医療問題を訴訟形態で解決する以外に，裁判外紛争解決（ADR）として扱う傾向も高まりつつある。それは，今後，民事事件としてのみならず，刑事事件として考えた場合でも，修復的司法の一環として応用可能であろう。

4　ステップ・アップ

　医事法のさらなる役割は，現行法の解釈ではどうにもならないか，現状に不十分な点があれば，立法提言や法改正を積極的に行う点にも求められる。医療制度ないし医事法制度が現実に追いつかない問題も多々あるからである。たとえば，生殖補助医療の領域では，人工授精や体外受精の技術の発達により，代理出産に代表されるように，親子関係さえも不明確な状態が続いている（⇒**第16講**）。ヒト受精胚＝体外受精卵の法的地位も不明確である。商業主義も介在してくる懸念がある。それらの問題を克服するには，立法措置で乗り切るほかないように思われる。そのための提言をしていくことも，医事法の重要な任務である。本書でそれらは随所で扱われているので，ともに考えていただきたい。

　〈参考文献〉
　① 手嶋豊『医事法入門（第4版）』（有斐閣，2015）
　② 植木哲『医療の法律学（第3版）』（有斐閣，2007）
　③ 甲斐・医事刑法Ⅰ
　④ 医事法百選（第2版）
　⑤ 甲斐克則編『ポストゲノム社会と医事法（医事法講座第1巻）』（信

山社, 2009)

⑥ 米村滋人『医事法講義』（日本評論社, 2016)

Bridgebook

第2講

医療制度と行政規制

国はどのように医師を監督しているか

CASE 　医師Xは，右の顎の下にしこりのあるAの担当医として，数種の抗がん剤を用いるVAC療法を試みようと，プロトコールを入手した。投薬計画を作成したXは，Xの上司B医師らの了承の下，硫酸ビンクリスチン2mgを12日間連日投与しようとした。Aは，投与開始翌日から苦痛を訴え，日を追うごとに状態が悪化，1週間で治療中止となったが，その4日後，多臓器不全によって死亡した。Xは，Aの死亡前日になって，他の医師の指摘により薬剤投与頻度の週単位の記載を日単位と誤認していたことに気づいた。医師Yは，文献を調べ，拮抗剤を入手するよう努めた。Xは強心剤を投与するなど行ったが，救命措置については経験不足であった。刑事処分として，Xは禁錮2年，Bは禁錮1年6月（共に執行猶予3年）に処せられた。行政処分として，Xは3年6月の，Yは2年の，医業停止処分となった。この行政処分の判断理由として，Xは刑事罰を受けたことと医事に関する不正があったことという2つの事由があげられている。Xは，当該処分は重いと感じている。この場合，Xは自身の主張をどうすべきか。Xの主張は認められるか。

1 国はどのように医師を監督しているか

医療の担い手である者の責務

　医療は，医療の担い手と医療を受ける者との信頼関係に基づいて行われるものであり，医療の担い手は，医療を受ける者に対し良質かつ適切な医療を行うよう努めるべき責務がある（医療1条の4）。医療の担い手の中で，医師（歯科医師を含む）は名称独占と業務独占という特権を有する者であり，他の医療職者を統括する立場にある。そのため，医師法に定められた厳しい要件を満たした者だけが，厚生労働大臣（以下「大臣」という）より医師免許証を付与され，医業に就くことが許される。

国の監督

　そのような医師に対し，大臣は，監督庁として，医師として不適格な事由が生じたことを理由に免許を取り消すことや期間を定めて業務を停止するよう命ずることができる。これが医師の行政処分である。医療過誤・医療事故の公表や発覚により，国民の信頼を著しく損なうような言動を発する者，ミスを繰り返す者に対して，行政処分を厳しく行うようにという要請が高まっていた。平成19（2007）年には，厚生労働省は，過去最多66人の医師（歯科医師を含む）の行政処分を発表した（2007年3月1日読売新聞）。決定された処分に納得のいかない医師もいよう。処分の違法性を訴える医師に対し，裁判所はどのように判断を下すのか。このことは，公正かつ公平な行政処分はどうあるべきかを考えることでもある。

　CASEでは，Xは，処分のどの点に違法性があると主張できるのか，裁判所は，行政処分をどのように判断するのか，という点が問題となる。

第 2 講　医療制度と行政規制

2　考え方の道しるべ

行政処分の意義

　医師として不適格な事由とは何か。免許取消等については，明文上の根拠が定められており，医師法 7 条 2 項によると，医師法 4 条各号に該当する場合，すなわち，① 心身の障害により医師の業務を適正に行うことができない者として厚生労働省令で定めるもの，② 麻薬，大麻またはあへんの中毒者，③ 罰金以上の刑に処せられた者，④ 前号に該当する者を除くほか，医事に関し犯罪または不正の行為のあつた者（医 4 条 1・2・3・4 号），または医師としての品位を損するような行為があった場合，である。

　医師の行政処分は，いったん瑕疵のない行政行為によって適法に成立した法律関係を変更するものであり，講学上は「撤回」である。行政行為の撤回は，瑕疵なく成立した受益的行政行為であっても後発的な瑕疵が発生した場合には，法律の根拠がなくともできると解されている（通説）。判例上も，明文の規定が存しないにもかかわらず(旧)優生保護法（現母体保護法）による指定医の指定を取り消されたことに対する処分取消等請求事件において，最高裁はこれを支持した（最判昭 63・6・17 判時 1289・39）。ところが，医療過誤・医療事故の発覚等により，行政処分の本来の意義が果たされているかという批判がなされてきた。平成 18（2006）年に，「良質な医療を提供する体制の確立を図るための医療法等の一部を改正する法律」によって医師法の一部改正がなされた。行政処分に関する内容としては，①「戒告」処分を設けること，② 監督庁の調査権を認めること，③ 再免許のための研修の義務付け，④ 医師氏名等の公表（厚生労働省ホームページ上で医師の氏名，性別，医籍が登録された年月日，行政処分の内容等を掲載）

16

等である。

行政処分の適正な手続き

　医師が撤回によって不利益を被る行政処分については，適正な手続に則って公正，公平に行われなければならない。以下，その手続の概略である。大臣が処分をなすにあたっては，「あらかじめ，医道審議会の意見を聴かなければならない」(医7条4号)。医道審議会とは，医道審議会令にもとづき社団法人日本医師会の長を含めた学識経験者を委員とする大臣の諮問委員会である。刑事判決を受けた報告を受け都道府県知事は，大臣に報告する。大臣の指示により予定処分の対象者に処分の根拠条項・内容につき事前に通知 (行手15条準用) し，主宰者の指名 (行手19条準用)，文書の閲覧の許可 (行手18条準用)，関係人の参加 (行手17条1項)，補佐人の出頭許可 (行手20条3項準用) 等を経て意見聴取 (業務停止の場合弁明の聴取) を行う (医7条6号)。その結果について，再度医道審議会がこれを審査・答申をし，大臣より行政処分がなされる (医7条10項)。このような行政手続きを経ない決定は，違法な処分として異議申し立てまた取消訴訟の対象となる。意見聴取方法については，他の事由も考えられる事実内容に対し1つの事由のみ通知・意見聴取がなされたことは違法であるとした事件において，最高裁は，同一事実について，各事由が重複して処分の理由とされることは医師法7条2項・4条各号の規定の趣旨から見てありえないとしたものがある (最判昭63・7・1判時1342・68)。

裁量範囲──処分基準

　上述の最高裁判決は，罰金刑に処せられたことにより行政処分を受けた医師が，処分の取消しを求めた事件であり，処分の違法の有無について，裁判所がはじめてその判断を示したものである。監督庁の裁量処分については，裁量権の範囲の逸脱または濫用があれば，

裁判所はその処分を取り消すことができる（行訴30条）。裁量の違法性の有無については，「社会観念上著しく妥当を欠いて裁量権を付与した目的を逸脱し，これを濫用したと認められる場合でない限り，その裁量権の範囲内にあるもの」（最判昭52・12・20民集31・7・101他）という一般判断基準によって判断されている。もっとも，無用な紛争を避けるため透明性のある処分となるよう，一定基準は明らかにされておくのが望ましい。平成14（2002）年，医道審議会は，医師の行政処分に関する指針となるものを示した（平成14年12月13日「医師及び歯科医師に対する行政処分の考え方について」(http://www.mhlw.go.jp/shingi/2002/12/s1213-6.html) 以下，「行政処分の考え方」という)。そのガイドラインには，処分に関する一定の基準が示されている。

　(i) 刑事処分と行政処分　　処分対象者の多くは，刑事罰を受けた者である。平成16（2004）年2月以降，法務省に刑事事件に問われた医師の情報提供について協力を依頼することにより，医道審議会の審査件数は増大した。行政処分はその目的からして，刑事処分の軽重や執行猶予の有無だけで決定されるわけではない。先の最高裁判決では，行政処分は，「当該刑事罰の対象となった行為の種類，性質，違法性の程度，動機，目的，影響のほか，当該医師の性格，処分歴，反省の程度等，諸般の事情を考慮して，同法7条2項の規定の趣旨に照らして判断すべき」であるとされる。医道審議会は，刑事裁判における判決内容を参考にすることを基本としたうえで医師の職業倫理の観点から，事案別に「重い処分」，「重めの処分」，「戒告（行政指導）」等の軽重を含めて処分する，としている。上述，平成18年の医師法改正により，従来の処分に加え，行政指導型の戒告ではなく「戒告」処分が新設されることとなった（医7条2項1号）。また，医業停止期間は3年以内と定められた（同条2項2号）。こ

れは医業停止期間を短縮したわけではなく，3年を超えるような医業停止は免許取消と同等の処分である，ということである。

(ⅱ) 医事に関する不正　　刑事処分以外の要件であるのが，医事に関する不正である (医4条4号)。相当する事案が診療報酬の不正請求である。そもそも診療報酬の不正請求により保険医等の登録の取消処分を受けた医師は，当該健康保険法に基づく行政処分がなされることになるため，実質的には免許剥奪と同程度の損害を被るため，行政指導 (戒告) にとどめられていた。しかし，これも行政処分の対象となった。「行政処分の考え方」によると診療報酬の不正請求は，医師に求められる「職業倫理の基本を軽視し，国民の信頼を裏切り，国民の財産を不当に取得」する行為であり，「医事に関する不正」に該当しうるとして，不正の額の多寡に関わらず一定の処分をなすとする。

　さらに，刑事事件とならなかった医療過誤についても処分の対象になりうる。すでに，医療過誤関連において過失のあった医師に行政処分が下されている。対象事案は，医療を提供する体制や行為時点における医療水準などに照らして明白な注意義務違反が認められる場合等であり，医師として通常求められる注意義務が欠けている事案については，当該医師を「重めの処分」とするとされている。処分の程度については，病院の管理体制，医療体制，他の医療従事者における注意義務の程度や生涯学習に努めていたか等が考慮されることになる。その具体的な運用方法やその改善方策については，今後早急に検討を加えるとされている。その方策としてなされたのが，平成18年の医師法改正により導入された再教育 (研修の義務化) である。処分を受けた医師は，過ちを繰り返さないよう，過失を犯した医療行為について医療機関で再学習する「技能研修」，医師の

あるべき姿や医療制度について学ぶ「倫理研修」等の再教育を受けなければならない（医7条の2）。医療過誤の情報把握について，監督庁は，カルテの閲覧や医療機関への立入調査（拒否する医師は50万円以下の罰金）等の権限が認められた（医7条の3）。

CASEへのアプローチ　Xの処分は，業務停止3年6月であり，平成18年の医師法改正による新たな処分では，取消処分に相当する重たいものである。Xは，行政処分の取消しを求めて，手続的瑕疵を主張できるのか。Xは，事前通知および意見聴取を受けており，手続的瑕疵を理由とすることはできない。Xは刑事処分に加え，刑事処分においては対象にならなかった過剰投与判明後のXの医師として適切な行為を怠ったことにより医事に関し不正な行為のあったことも処分の理由とされていた。そこで，Xは，過剰投与判明時においてAの救命可能性はなく，医事に関し不正の行為と評されることは妥当でなく，処分は大臣の裁量範囲の逸脱・濫用によってなされたと主張した。

　過剰投与判明時およびその後において，Xには明白な過誤はなかったかもしれない。しかし，CASEにおいて監督庁が問題とするのは，Aの死亡という深刻かつ重大な結果を生じさせたのは，Xの基本的な注意義務の懈怠，また過剰投与判明後に担当医としてAの救命に努力する姿勢がみられなかったことである。CASEのもとになった事件（東京地判平18・2・24判時1950・49）で裁判所は，「「医師として通常求められる行為を行わず，あるいは医師として通常行わざるべき行為を行なった場合」を医事に関し不正の行為があるということができる」と判示した。本件医療事故が「Xの無責任かつ不誠実な治療態度を背景として生じて」おり，本件処分は「社会観念上著しく妥当を欠くものとは到底認められ」ないとして，裁量権の濫

用を主張する原告医師の訴えを退けている（控訴）。

3 医療の担い手と受けるものとの信頼関係の構築を —— 今後の展望

　2015（平成27）年，ある病院で発覚した他の医師が診察してまとめた症例レポートを使い回して精神保健指定医の審査を受け，不正に資格を取得していたという事件が発覚した。この事案をきっかけに厚労省は全国調査を行なった。その結果，2016年には，89人の医師が指定医の取り消し処分と行政処分の対象となった（http://www.mhlw.go.jp/file/05-Shingikai-12201000-Shakaiengokyokushougaihokenfukushibu-Kikakuka/0000138403_1.pdf#search=%27精神保健指定医＋取り消し%27）。このことは，精神科医療への信頼を揺るがす事態として大きく報じられることとなった。多くの精神科医が業務をできない状況になることは地域医療への影響も懸念される。国（厚労省）は，再発防止に向けた取り組みを検討するとしている。

　医師の行政処分のあり方について医道審議会は，社会情勢・通念等による変化を考慮し「行政処分の考え方」の見直しを行っている（平成24年3月4日；平成27年9月30日（http://www.mhlw.go.jp/file/05-Shingikai-10803000-Iseikyoku-Ijika/0000099469.pdf））。改正医師法の施行により，行政処分の対象は増加し，処分も医師に求められる倫理に反する行為には厳しく判断するとしている。もっとも免許取消は免許剥奪（登録抹消）ではなく，当該医師が医療の場に復帰することを前提としており，そのための研修も整えている（参照「行政処分を受けた医師に対する再教育に関する検討会」平成17年4月（http://www.mhlw.go.jp/shingi/2005/08/dl/s0811_2n2a.pdf））。処分を重くすることにより，医療事故・医療過誤がなくなるわけではないが，医療の中心存在である医師の行為は，国

民の医療に対する信頼に直接関わるものである。処分事案をケーススタディとして処分内容や理由に留意することは，医師として求められる品位や適格性を確認することにもなる。

4 ステップ・アップ

他国や日本弁護士会のように，医師が自律性のある専門家であるならば，医師の業務に関する処分については，医師自らが行うべきだという意見があるが，このことについても考えてみよう。

〈参考文献〉
① 樋口範雄「医師の資格と処分 ── 医師になるために，医師であるために」法学教室 311 号（有斐閣，2006）
② 田中舘照橘「医師法違反を理由とする医業停止処分と裁量権の範囲 ── 菊田医師業務停止処分取消等請求事件上告審判決」法令解説資料総覧 104 号
③ 小幡純子「業務停止処分取消訴訟」医事法百選〔5〕
④ 野田寛「いわゆる『実子あっせん行為』と医業停止処分の可否」民商法雑誌 100 巻 3 号（1999）
⑤ 阿部泰隆「優生保護法による優性保護医指定取消の適法性」民商法雑誌 99 巻 6 号（1999）
⑥ 勝又純俊「業務停止処分取消訴訟」医事法百選（第 2 版）〔3〕

Bridgebook

第 **3** 講

医療行為と刑事規制

刑事規制の対象となる主体・行為とは

CASE　Xは，医師免許取得後，A産婦人科病院院長として，同病院の医療業務を統括していた。

　Xは，医療従事者としての資格を有していない理事長Yと共謀し，①Yに，患者134名に対して超音波検査を実施させ，②撮影した写真の余白に患者の状態や妊娠の有無などに関する所見・病名を記入させたうえ，患者66名に対して，子宮筋腫等の疾病と手術の必要性を独自に診断・告知させた。

　また，Xは，医療従事者としての資格を有していない秘書Zと共謀し，③Zに，患者41名に対して，開腹手術の創部を縫合する際，医師の助手として筋膜の縫合糸を結ぶ作業（結紮（けっさつ））を行わせ，④患者13名に対して心電図検査を実施させた。

　この場合，X・YおよびZは，どのような刑事責任を負うであろうか。

1　刑事規制の対象となる主体・行為とは

　医療行為（医行為）は人の生命・身体を対象とするものであり，その安全な実施には医学上の専門知識・技術が不可欠である。そのため，医療行為に対してはさまざまな法規制が設けられており，その中には刑罰規定も多数存在する。

23

第3講　医療行為と刑事規制

医師と医業

　医療行為の主体は，医師である。無資格者の医療による患者の保健衛生上の危険を防止するため，医師法17条は「医師でなければ，医業をなしてはならない」と規定し，罰則を設けている（31条1項1号〔3年以下の懲役もしくは100万円以下の罰金またはその併科〕）。本条にいう「医業」とは「業として医行為をすること」であり，具体的には，「反復・継続する意思」をもって（最決昭28・11・20刑集7・11・2249），患者の診察・診断や手術のほか，採血，薬剤注射など「医師が行うのでなければ保健衛生上危害を生ずるおそれのある行為」をすることである（最決平9・9・30刑集51・8・671〔医事法百選〔1〕参照〕）。

医師以外の医療従事者と医行為

　こうして，医師は医業を独占（業務独占）しているが，医行為は，その危険性の程度に応じて，医師のみがなしうる行為（絶対的医行為）と，看護師などの医師以外の医療従事者が医師の指示を受けてなしうる行為（相対的医行為）に区別される。たとえば，保健師助産師看護師法は，看護師の業務を「傷病者若しくはじよく婦に対する療養上の世話又は診療の補助」としたうえで（5条），「看護師でない者は，第5条に規定する業をしてはならない」（31条本文）とし，これに違反した者を処罰している（43条1項1号〔2年以下の懲役もしくは50万円以下の罰金またはその併科〕）。こうして，看護師は，固有の業務である「療養上の世話」に加えて，医師の指示のもとで「診療の補助」を行うことができる（37条）。

　また，医師や看護師などの資格を有する医療従事者には，専門的な知識・技術を有しているという社会的信頼が与えられる。そこで，無資格者がそれらの名称を使用することも禁止されている（医18条・31条2項〔3年以下の懲役もしくは200万円以下の罰金またはその併科〕・33条の

2第1号〔50万円以下の罰金〕，保助看42条の3第3項・43条2項〔2年以下の懲役もしくは100万円以下の罰金またはその併科〕・45条の2第1項〔30万円以下の罰金〕など）。

このように，医療行為をなしうる主体やその業務の範囲，名称の使用など，医療に関する基本的なことがらが刑事規制の対象となっているのである。

CASEでは，無資格者YおよびZの①～④の行為が医師法17条にいう「医行為」，または保助看法31条にいう「診療の補助」に該当するか，および無資格者Y・Zと共謀して①～④の行為をさせた医師Xがいかなる刑事責任を問われるかという点が問題となる。

そこで，本講では，医師・看護師を中心として，医療行為に対する刑事規制の現状と課題について概観することにしよう。

2　考え方の道しるべ

医療従事者の身分・業務等に対する規制 —— 医療関係法規

　我が国の医療に関する法規制は，医療体制の適正な配置・提供の確保等を目的とする「医療機関規制」(たとえば医療法)と，医師をはじめとする医療従事者の職域に対応する形で，業務上の義務や違反行為に対する罰則などを設ける「医療従事者規制」に区別できる。本講では，後者の法規制に焦点を当てる。

　医師法には，先にみた無資格医業(31条1項1号)のほか，医師による無診察治療(20条・33条の2第1号〔50万円以下の罰金〕，千葉地判平12・6・30判時1741・113〔医事法百選〔104〕参照〕)や異状死体の届出義務違反(21条・33条の2第1号〔50万円以下の罰金〕，最判平16・4・13刑集58・4・247〔医事法百選〔2〕参照〕⇒第10講)などの罪が規定されている。

25

第3講　医療行為と刑事規制

　また，保助看法には，医師の指示にもとづかない看護師による医療行為（44条の2第2号〔6月以下の懲役もしくは50万円以下の罰金またはその併科〕），**守秘義務違反**（44条の3〔6月以下の懲役もしくは10万円以下の罰金〕），助産師による届出義務違反（45条〔50万円以下の罰金〕）などの罪が規定されている。

　この守秘義務は，診療放射線技師法29条・35条や救急救命士法47条・54条など，その他の医療従事者に対しても個々の法律で広く課され，その違反に対して罰則が設けられている。

医薬品や薬物等に対する規制 ── 薬事関係法規

　医療には，医薬品や医療機器が不可欠である。そこで，薬事法は，医薬品等の品質・安全性の確保，研究開発の促進に必要な措置を講ずることで保健衛生の向上を図ることを目的として（1条），薬局の無許可開設や医薬品・医療機器の無許可製造販売（4条・12条1項・23条の2第1項・84条1号・2号・4号〔3年以下の懲役もしくは300万円以下の罰金またはその併科〕），医薬品等の効果・性能に関する虚偽・誇大広告（66条1項・85条4号〔2年以下の懲役もしくは200万円以下の罰金またはその併科〕）などの罪を規定している。

　その他，医療目的以外での使用を取り締まるため，麻薬及び向精神薬取締法や覚せい剤取締法，大麻取締法など，特定薬物の輸出・入，製造，所持・販売などに対して厳しい刑罰を科す法規も存在する。

人の生命・身体等を保護する一般的な規定 ── 刑法典上の罪

　医療行為は，その性質上，時として患者の生命の短縮や身体に対する侵襲を伴う場合があるため，同意殺人罪（刑202条〔6月以上7年以下の懲役〕）や傷害罪（刑204条〔15年以下の懲役または50万円以下の罰金〕）などの刑法典上の罪とも関係を有することがありうる。

たとえば，安楽死（⇒第12講）のように生命侵害が患者の同意にも
とづく場合には同意殺人罪の成否が問題となるし（なお，横浜地判平
7・3・28判時1530・28〔医事法百選〔93〕参照〕），通常の治療行為（身体の侵襲
を伴う医療行為〔医的侵襲行為〕）が傷害罪とならない理由やその要件も問
題となる（⇒第6講）。不注意（過失）によって患者を死傷させた場合
には，業務上過失致死傷罪（刑211条前段〔5年以下の懲役もしくは禁錮または
100万円以下の罰金〕）に問われる可能性もある。本罪は，医療過誤（⇒第
9講）との関係から，医療の場面において適用頻度が高い犯罪類型
である（最判昭28・12・22刑集7・13・2608〔医事法百選〔64〕〕，札幌高判昭51・
3・18高刑集29・1・78〔医事法百選〔71〕〕など参照）。母体保護法にもとづ
く人工妊娠中絶（⇒第15講）が存在するため，その適用例はきわめて
少ないが，医師等が堕胎を行った場合には，業務上堕胎罪（刑214条
〔3月以上5年以下の懲役〕）が成立しうる（最決昭63・1・19刑集42・1・1〔医
事法百選〔91〕参照〕）。

また，医師等が業務上知りえた人の秘密を漏らした場合には，秘
密漏示罪（刑134条1項〔6月以下の懲役または10万円以下の罰金〕）が成立す
る（最決平成24・2・13刑集66・4・405〔医事法百選〔25〕参照〕）。本罪は，先
にみた他の医療従事者の守秘義務違反の罪と併せて，医療情報・患
者の秘密保護との関係において重要である（⇒第5講）。

さらに，医師が公務所に提出すべき診断書等に虚偽の記載をした
場合には，虚偽診断書作成罪（刑160条〔3年以下の禁錮または30万円以下
の罰金〕）が成立する。

> **CASEへの
> アプローチ**　CASEは，病院ぐるみで無資格者による医療行為
　　　　　　　が行われ，社会の注目を集めた富士見産婦人科病
院事件（東京高判平1・2・23判タ691・152〔医事法百選〔4〕参照〕）を修正し
たものである。

27

第3講　医療行為と刑事規制

(1) まず，①Yによる超音波検査と，④Zによる心電図検査は，検査実施，影像の観察・判定に当たり医学的な知識・経験が求められるものであって，無資格者による誤観察・誤判定等は医師による診断・治療を誤らせるおそれがある。

また，③Zによる筋膜の結紮も，患者の身体・健康に重大な危害を及ぼすおそれのある行為であって，無資格者に許容されうる単純な機械的作業とは決していえない。

こうして，①③④の各行為は，看護師にのみ許容される「診療の補助」（保助看31条）に該当するから，無資格者Y・Zには，無資格診療補助の罪（保助看43条1項1号）が成立する。

さらに，②Yによる所見・病名記入，病名や手術の要否の診断・告知等は，医師が行うのでなければ保健衛生上危害を生じる高度のおそれのある行為であって，「医行為」（医17条）に該当する。Yには，無資格医業の罪（医31条1項1号）も成立する。

(2) つぎに，Xは医師であって，自ら業として医行為をなす資格を有しているものの，無資格者Y・Zと共謀して①〜④の各行為をさせることにより，保健衛生上のおそれをY・Zとともに発生させたと評価しうる。こうして，Xには無資格診療補助の罪および無資格医業の罪の共同正犯（刑60条〔2人以上共同して犯罪を実行した者は，すべて正犯とする〕）が成立することになる。

3　医療行為に対する規制の限界と課題 ── 今後の展望

医師法17条を中心として，医療行為（医行為）に関する刑事規制の対象は広範である。他方，チーム医療や在宅医療などにみられるように，医療体制は複雑化・専門化・多様化し，医療技術も進歩し

28

ている。そこで，行政庁の通知により，糖尿病患者本人・家族によるインスリン皮下注射，ALS 患者本人・介護福祉士による痰の吸引が許容され，看護師による静脈注射が診療の補助とされるなど，順次，個別の対応がなされてきた。

こうした対応それ自体は基本的に評価できる反面，なぜこうした各行為が医行為に当たらないのか，その根拠は必ずしも明確でない。医業独占の趣旨とともに，現在の法規制が医療の実態に適合しているかを十分踏まえた上で，医行為とは何かという点を常に問い続けることが重要な課題である。

4 ステップ・アップ

近年，医療過誤に対する法的対応として，刑事法の意義が注目されている。たしかに，刑事規制が医療従事者の行為統制や責任追及のための重要な手段であることは否定できない。医療行為は患者の生命・身体というきわめて重要な利益に直接関わるものであるから，法規制を十分に整備しておく必要がある。しかし，その一方で，刑事訴追のおそれから医療現場が過度に萎縮するとの懸念や，刑罰を科すことによる医療事故の再発防止効果に疑問も示されている。交通事故その他の各種事故と同様，医療事故の再発防止のためには原因・真相究明が最も重要であるが，かかる目的を刑事裁判に全面的に担わせるのは必ずしも適切でない。その点，2015 年 10 月に施行された医療事故調査制度の運用に期待が寄せられる。

医療行為に対する適切な刑事規制のあり方を考える際には，刑罰が峻厳な制裁（劇薬）であること，そのため刑法は「最後の手段 (ultima ratio)」として控えめな存在であることが望ましいこと（刑法の

謙抑性）を前提とし，行政処分や民事責任など，法制度全体を視野
に収めた上で，より緩やかな法的手段を有効に活用する可能性はな
いかという点や，国民の生命・健康の維持・促進という医療の目的，
医療の実態や現実の社会状況等への適合性という観点から真に意味
のある規制となりえているかという点を，十分慎重に検討すること
が重要であると思われる。

〈参考文献〉

① 高島學司「医師・医療従事者と医事関係法規」大野真義編著『現代
　医療と医事法制』（世界思想社，1995）〔1頁〕

② 前田達明=稲垣喬=手嶋豊執筆代表『医事法』（有斐閣，2000）〔152
　頁〕

③ 甲斐・医事刑法Ⅰ〔12頁〕

④ 樋口範雄=岩田太編『生命倫理と法Ⅱ』（弘文堂，2007）〔1頁〕

⑤ 山中敬一『医事刑法概論Ⅰ』（成文堂，2014）〔81頁〕

⑥ 手嶋豊『医事法入門（第4版)』（有斐閣，2015）〔33頁〕

⑦ 米村滋人『医事法講義』（日本評論社，2016）〔35頁〕

Bridgebook

第 *4* 講

インフォームド・コンセント

インフォームド・コンセントの定義とその位置

CASE 患者A（60代男性）は，舌に異常を感じたため，Z病院で診察を受けた。検査の結果，舌がんであることが判明。Aの主治医Xは，手術により早急に切除すれば根治可能と判断した。そこで，Xは，Aに，病名に触れることなく病状を説明し，舌を手術で切り取らなければならないことを伝えたが，Aは，何とか舌を切り取らないで治療して欲しいと強く要望し，Xの治療方針をまったく受け入れなかった。

対応に苦慮したXは，Aの妻と娘に会い，Aの病気が舌がんであり，可能なかぎり早く舌を切除しなければ助からなくなることを説明，2人から手術の承諾を得た。それをうけ，Xは今度は「舌を切り取るのではなく潰瘍の部分を焼き取るだけだから」とAに説明したところ，Aは「その程度であれば……」と承諾した。

数日後，Xは手術により舌がんの部分を中心にAの舌約3分の1を切除した。その結果，Aは完治したものの，食物を一口食べるときも汗を流し，発声に苦しみ会話も十分にすることができないほどの状態になった。そこで，Aは，Xの手術により肉体的にも精神的にも苦痛を受けたとしてXの責任を追及することにしたが，はたしてそれは認められるだろうか。

第4講　インフォームド・コンセント

1　インフォームド・コンセントの定義とその位置

インフォームド・コンセント（以下「I.C.」という）とは，医師の適切な説明により，十分な理解をした患者から自発的な承諾が与えられないかぎり，医師は治療行為を実施することができないとする法理のことをいう（参考文献⑤）。

今日，I.C. は，医事法学の基礎を形づくる最も重要な法理の1つであるだけではなく，社会一般的にも重要なキー・コンセプトとなっている。だが，その結果，I.C. はさまざまな立場からさまざまな価値観を背景に語られるようになったため，本来の姿がみえにくくなっている。そこでここでは，I.C. を法学的な観点から理解するために必要な理論のうち基礎的なものについて概説していくことにする。なお，その際，I.C. が行われる医療の場面を，医学研究や安楽死や臓器移植などの特殊な医療ではなく日常的に行われる医療（診療）に，法的には民事責任の側面に，スポットライトをあてて検討を加えていくことにする。

2　考え方の道しるべ

I.C. の構造——"説明"と"承諾"というふたつの要素

I.C. は，その定義から，患者の承諾（consent の部分に該当する要素）と，患者の承諾を得るための説明（inform の部分に該当する要素）という2つの要素から成立していることがわかる。敷衍すれば，I.C. は，医師には，医療行為を実施する際，患者から承諾を得る必要があるという原則（承諾原則）と，患者の承諾を意義あるものとするために，当該承諾の対象たる医療行為について十分な説明をしなければならな

いという原則（説明原則）から構成されているということができる。

　以下，I.C. を構成するこの2つの要素について，それぞれみていくことにしよう。

承諾原則

　「医師の治療とくに肉体への侵襲行為には，原則として患者の承諾を必要とする」（参考文献①）── この一節は，I.C. の承諾原則を最も短い言葉で説明したものである。これは，医師が，たとえ患者を治療するという目的のために，その時代の医療技術に則して医療行為を適切に実施する場合であったとしても，その1つ1つの行為について患者の承諾を得る必要があるということを意味している。

　ではなぜ，医師は患者から，いちいち承諾を得る必要があるのであろうか。

　(i) 承諾の法的役割 ── **医的侵襲の違法性阻却要件**　　その理由は，医療行為が本来的に内在する性質にある。まずは，医療行為として行われる行為を思い出してほしい。患者の素肌に聴診器を当てる，注射器を用いて採血をする，あるいは薬剤を注入する，手術でメスを用いて患者の身体を切り開き組織を取り出す等々……。程度の差はあるものの，医療行為は，法的に保護しなければならない必要性がきわめて高い，人の生命・身体・健康に対して何らかの影響を与える"侵襲性"や"危険性"という性質を有している。それゆえ，いくら治療のためとはいっても，患者本人がこのような侵襲や危険を受け入れることのないまま医師が医療行為を行った場合は，当該行為は法的には違法なものと形式的に評価されることになる。その結果，実際に患者に被害が発生しなかったとしても，医師の責任が問われる可能性が生ずることになる。このように，承諾は，医療行為の違法性を阻却する役割を果たしていることになるのである。

(ⅱ) 承諾原則の目的 ── 患者の心身のトータルな保護　　承諾に
このような法的役割を課すことによって何が保護されることになる
のであろうか。

　その1つは，患者の**自己決定権**である。承諾原則は，なされよう
とする医療行為を承諾するか拒否するかにつき決定する権利を患者
に認めることであるから，承諾は私的自治の原則から導出される自
己決定権の1つの態様として理解することができる。そして，忘れ
てならないのは，自己決定権は，精神面の問題ではあるが，その基
礎には**身体の一体性**（bodily integrity）という側面もあることである。
1つ1つの自己決定権の基礎に，それを支える身体1つ1つが存在
するのである。承諾原則が保護しようとしているいま1つのものは，
この身体の一体性である。

　かくして，承諾原則の目的は，患者の自己決定権（ひいては人格その
もの）と，その座である身体の一体性をあわせて一緒に保護するこ
とによって患者の心身をトータルに保護し尊重することにある。さ
らに，この目的は，患者を，ただ単に医療を受ける消極的で無自覚
な存在から積極的で自覚的な存在へといざなうだけではなく，大勢
の患者を相手に時として流れ作業的な対応をしがちになる医師を，
患者1人1人をみて考える医療の原点へと引き戻し，医療のあり方
を見直させる機会を与えることにもなるのである。

　(ⅲ) 承諾原則をめぐる問題　　もっとも，承諾原則は回避不可能
で解決困難な問題をいくつも抱えている（なお，以下のもの以外にも，承
諾の対象・範囲・時期・方法の面などでも問題がある）。

　① 自己決定そのものをめぐる問題　　先に述べたように，承諾原
則は，構造上，患者の自己決定を前提としている。自己決定は，近
代における自由の1つの表現であり，それは私たちの生活のいろい

ろな場面，とくに私的・個人的な生活に関わるさまざまな場面において発揮されている。衣食住をはじめとする日常生活でも問題になり，ライフ・スタイルの選び方でも問題になる。それが医療の場では承諾の場面で問題となるのである。しかし，医療の場における自己決定は，それ以外の場面における自己決定と同列に考えてよいのであろうか。

病を得て心身ともに病んでいる患者は，いわば病魔に自分の生命・身体・健康が人質にとられた状況にある。そのような立場にある患者は，医師が選択し決定した治療方針に対して受け身の自己決定をせざるをえない場合が少なくないだろう。また，そもそも患者は，病んでいるがゆえに必ずしも能動的ではない。むしろ医師にすべてを任せてしまいたいと思う人も数多くいよう。ここには，私的自治の原則が想定する人間像 —— 自分で物事のすべてを決める「強く賢い自律的な人間」—— と大きくかけ離れた人間の自己決定があるのではなかろうか。このような医療の場における自己決定の特徴を踏まえ，I.C.のあり方が検討されねばならないだろう。

② **自己決定の前提としての判断能力**　　患者の自己決定は，自らがこれから受ける医療の性質・内容・効果・危険性などを理解し，これを受けるか否か適切に判断することができる能力（判断能力）があることを前提としている。つまり，患者には，自分の身体に何がなされ，その結果がどうなるかを理解し，その利害を判断する能力が必要とされるのである。そこで，未成年者（とくに乳幼児や年少者）・認知症の患者・精神疾患の患者・知的障害を有する患者・意識不明の患者など，判断能力の有無・程度が不明確な患者への対応の仕方が問題となる。

③ **代諾の問題**　　しかしながら，待ったなしの臨床の現場では，

判断能力が不十分であるため真正な承諾をすることができない患者に対しても，医師は治療をしなければならないことがある。そこで，そのような患者から，いかに承諾を得るかが喫緊の課題となる。しばしば慣行的に行われているのが，家族など患者本人のことをよく知る者が，患者の普段の言動等から「本人に判断能力があったらこうするだろう」と思いをめぐらして，本人になり代わって判断をし承諾をする方法である（このような方法を代諾という）。一般的に，日頃から本人の意思や価値観などをよく把握していると考えられる者であって，当該患者の監護について法的義務を負う者，あるいは権限を有している者が代諾権者になることが多い（未成年者の場合は親権者，判断能力を欠く精神疾患患者の場合はその家族等，認知症患者は成年後見人が代諾者の役割を演じることが多く，それを支持する学説や裁判例も多数みられる）。

　もっとも，どのような法的根拠にもとづいて認められるのか見解の一致をみていないし（身上監護権説・代理的行為説・推定的利益説など），法制度も整備されているとはいえない状況にある。

　結局のところ，この問題は，判断能力が十分ではない患者に対する医療提供の必要性と，**承諾原則の一身専属性**とが対立・緊張関係にあることに由来している。この対立・緊張関係を，法解釈あるいは法制度によっていかに解決するかが代諾をめぐる問題の最大の焦点といえよう。

説明原則

　(i) 説明原則の役割 —— 承諾の実質化要件　　I.C. は承諾だけでは成立しない。患者の承諾を法的に有効にし，なおかつ実質的に有意義なものとするためには，医師から十分な説明がなされることが必要である。

　承諾のプロセスをさかのぼる形で，少し考えてみよう。患者は，

医師から示された医療行為に対して承諾をする際，通常，まず自分の病状を理解したうえで，医師が提示した医療行為がどのようなものであるか，結果がどうなるのか，などにつき理解をし，その医療行為を受けるか否か判断するというプロセスをたどることになるだろう。つまり，医師から，自分の病気に関する情報とこれからなされようとする医療行為に関する情報とが提供されなければ，患者は承諾をすることができないことになる。したがって，医師の説明は，患者がその医療行為を承諾するか否かにつき判断するための情報を提供するという意味を持つことになる。

　もっとも，そのような意味合いをもつ情報も，今日では患者自身がインターネット等を用いることにより自分で収集することが可能であるといいうるかもしれない。しかし，患者は，一般的に，医師から提供された情報や自らが収集した情報の意義や重要性などにつき，自分の力だけで的確に判断することができる知識や経験を持ち合わせていない。結果，多くの場合，患者は，それらを判断する際の手がかりとなるような医学的な知識や担当医師の考えなども，あわせて医師から得ることが必要となる。その意味で，I.C.における説明は，単なる情報提供にとどまるものではない。

　承諾を，患者の意思を真に反映する実のあるものとするために（ひいては承諾原則を骨抜きにしないようにするために），医師は，承諾の前提として，患者が当該医療行為について承諾するか否か判断できるようになるために，必要な説明を適切かつ十分にしなければならないのである。そのかぎりで，説明原則は，I.C.の成否のカギを握っていることになるのである。

　説明原則の役割をこのように理解すると，ここで2つの問題が生じる。医師は，どのようなことをどこまで患者に説明をすればいい

のかという問題と，そもそも説明と承諾はどのような法的関係にあるのかという問題である。

(ⅱ) 説明と承諾の法的関係　まず，説明と承諾の法的関係についてみてみよう。両者の関係については2つの理解の仕方がある。1つは，説明が不十分であれば，それにもとづく承諾は承諾としての有効性を欠き無効になるというものである（違法性阻却説）。いま1つは，説明を承諾から切り離しそれを独立の義務として認め，その違反につき損害賠償責任を認める見解である（注意義務説）。

　違法性阻却説と注意義務説との違いは，説明と承諾の両者の関係をどれだけ密接なものと考えるか，あるいはどちらのほうがより重要な要素であると考えるのか，というI.C.に対する考え方の違いから生じるものといえよう。I.C.は，概して説明のほうに重点が置かれ検討される傾向にある。たしかに，これまで，医療の場で医師の説明がきわめて不十分であったことからすれば，"I.C.＝説明義務"と理解され普及したことは，それなりに大きい意味があっただろう。しかし，両者はその比重において一方が他方よりも軽いというものではない。一方のみ，とりわけ説明義務のみを強調することは，I.C.ひいては医療の本質を見誤ることにつながる。

(ⅲ) 説明義務の枠組み

① **説明義務の類型**　説明義務のタイプは，学説により違いはあるものの，一般的に，① 承諾の前提としての説明と，② 結果回避義務としての説明の2つにおおきく分類されている。①については，さらに@ 手術等の医的侵襲の違法性を阻却する有効な承諾の前提としての説明と，ⓑ ライフスタイル選択の前提としての説明に分類され，②については@ 療養指導義務としての説明，ⓑ 転医勧告義務としての説明，ⓒ 顛末報告義務としての説明に分類されるこ

とが多い。I.C. における説明義務は，I.C. の本来の意味・定義から
すれば，言うまでもなく①のタイプが該当する。

②　説明すべき事項　　医師が患者に対して説明をする場合，どの
ようなことを説明すればその義務を果たしたことになるのだろうか。

　説明すべき事項として，裁判例は，① 当該疾患の診断（病名と病状），
② 実施しようとする医療行為の目的と内容と必要性，③ 当該医療
行為に付随する危険（特に副作用），④ 当該医療行為を行ったときの
改善の見込み・程度，実施しなかった場合の予後，⑤ 代替可能な
他の医療行為の有無をしばしばあげている。しかし，実際は，ケー
スごとに説明すべき項目が変化することになる。それゆえ，これら
主要5項目を中心に，医学的適応可能性の大小（あるいは治療法の選択
幅の大小）と，当該治療行為が患者に及ぼす影響の大小（たとえば危険性
や緊急性の有無ないし大小）とを相関的に検討し，説明すべき事項が決定
されている。

③　説明すべき程度　　当時の医学技術の知見をもってしても予測
できないような危険性についてまで医師に説明を求めることは妥当
はないだろう。そこで，説明すべき事項を，医師は，どの程度説明
すれば義務を果たしたことになるのかが問題となる。この点につい
ては，① 通常の合理的（平均的）な医師ならばどのような説明をし
たかを基準とする説（合理的医師基準説），② 通常の合理的（平均的）な
患者ならばどのような説明を必要としたかを基準とする説（合理的患
者基準説），③ 医療を受けようとする当該患者が重要視する情報の説
明がなされたか否かを基準とする説（具体的患者基準説），④ 医師が患
者との相互のコミュニケーションによって知り，または知りうべき
全事情に基づけば，当該患者がその自己決定権の行使において重要
視するであろうことが認識可能であった当該情報が説明されたか否

39

かを基準とする説（二重基準説あるいは具体的患者基準修正説）という4つ
の学説が提示されている。結局，この問題は，平均的な医師が必要
と考える（あるいは説明可能な）説明内容と，平均的あるいは具体的な
患者が求める説明内容との間に生ずるズレをどのように調整するか
という点に収斂されるように思われる。

　(iv) 説明原則の例外 —— 説明の軽減・免除　　説明の軽減とは，
説明内容を部分的に省略・緩和したり説明事項の一部の省略を認め
ることであり，説明の免除とは，説明そのものが全面的に免除され
ることである。説明が軽減あるいは免除される理由は，客観的なも
のと主観的なものとに類型化される。客観的な理由として，① 公
衆衛生上の理由等から強制的な医療行為が行われる場合（法令上特別
の規定がある場合），② 患者に説明をしていては患者の生命・身体に危
険が及ぶような緊急時の場合，③ 当該医療行為の危険性の程度が
小さい場合，④ 患者自身が説明を受けることによって悪影響を受
ける場合がある。主観的な理由としては，① 説明の内容が医学に
素人の患者にとっても常識に属するようなものである場合や，患者
が説明されるべき危険等についてすでに十分な知識をもっている場
合，② 患者が説明を受けることを放棄している場合があげられる。

　これらには，たしかに，説明が軽減されたり免除されたりするに
もっともな理由があるといえよう。しかし，説明原則（ひいては承諾
原則）を実質的に空洞化する性質を有していることから，説明原則
の例外として位置づけ，その適用に際しては，十分に注意しなけれ
ばならない。

CASEへの
アプローチ
　　　CASE は，秋田地大曲支判昭和48・3・27判時
718・98をモデルにしたものである。CASE を考
えるためのヒントとして，この裁判例の判決要旨を記しておこう。

「医療行為であっても舌の全部又は一部を切除するような手術を行うためには，原則として患者の同意を得ることが必要であると解する」。「生命，健康の維持，増進という医学上の立場からは不合理なことであるかもしれないが，……原告は，舌を切除する手術を拒否していたのである。患者の意思が拒，諾いずれとも判断できない場合ならともかく，拒否していることが明らかな場合にまで……医学上の立場を強調することは許されないといわなければならない」。

3　インフォームド・コンセントの行き詰まり，それとも限界？ —— 今後の展望

　2025 年に 65 歳以上の高齢者人口は約 3500 万人，そのうち日常生活に支障をきたしたり意思疎通が困難になるなどの問題を抱えることになる認知症高齢者の数は，約 176 万人にも達すると推計されている。少なからず適切な判断能力を有する成人を患者のイメージとして措定している I.C. が，そのような社会状況下にあるこれからの医療現場で，どの程度適合するのか，次第に疑問の目が向けられるようになってきている。これまで，この問題は，代諾の問題の範疇に位置づけられ考えられてきたが，近年，意思決定支援の観点からアプローチがなされ，本格的な検討がされ始めている（参考文献⑦）。この意思決定支援とはどのようなものなのであろうか。I.C. と異なるものなのであろうか。それとも I.C. を補完するものなのであろうか。そもそも I.C. は，理論的にも実務的にも，もはや限界を迎えた時代遅れなものなのであろうか？　これからの時代を見据えて考えられなければならないだろう。

第4講　インフォームド・コンセント

4　ステップ・アップ

　I.C. は，今日，医療の場で広く普及したものとなった。しかしながら，その一方で，I.C. が本来持つ深い趣旨を必ずしも十分に考えることなく，安易な，あるいは誤解された扱いや理解がなされていないだろうか。いま一度，原点に立ち返り I.C. の目的・構造・限界を確認し考える必要があるように思われる。

〈参考文献〉

① 唄孝一「インフォームド・コンセント」市野川容孝編『生命倫理とは何か』（平凡社，2002）〔37〜43頁〕

② 唄孝一『志したこと、求めたもの』（日本評論社，2013）〔8〜98頁〕

③ 金川琢雄『医事法の構想』（信山社，2006）第1編〔11〜12頁〕

④ 髙山浩平「医療行為と患者の承諾」山口和男=林豊編『現代民事裁判の課題⑨　医療過誤』（新日本法規，1991）〔396〜443頁〕

⑤ 新美育文「患者の同意能力」星野英一ほか編『現代社会と民法学の動向(上) 不法行為』（有斐閣，1992）〔415〜440頁〕

⑥「シンポジウム：インフォームド・コンセント《再論》」年報医事法学8号（1993）

⑦ 佐藤彰一「アドボケイト活動と『意思決定支援』」西田英一=山本顯治編『振舞いとしての法──知と臨床の法社会学』（法律文化社，2016）〔222〜248頁〕

Bridgebook

第 **5** 講

医 療 情 報

保護と利用のせめぎあい

CASE
　　① Ａ大学の歯学部生Ｂは，在籍中に同大学の附属病院でHIVに感染していると診断された。Ｂは，歯学部長Ｃ教授らに感染の事実を伝えたうえで学業継続を希望，それを受け歯学部では臨床実習等を含むＢの学生生活支援の検討を行っていた。その最中にＣ教授は，Ｂの治療従事者である附属病院の医師（Ｘ教授）にＢの病状の照会を行い，Ｘ教授はＢの同意を得ずに回答した。これがＢの不信をまねき，Ｂは結局退学に至った。

　　② Ａは，同棲相手との口論の最中に背中に刺傷を負い，出血多量でＢ病院に搬送された。治療にあたったＹ医師は，Ａの刺傷が内臓に達しているか調べるために採尿検査が必要と判断，実施した。その際，Ａの言動から薬物による影響も疑われ，薬物反応を調べたところ，覚せい剤が検出された。Ｙ医師は，検査結果をＡの同意を得ずに警察に通報，これが捜査の端緒となり，Ａは覚せい剤取締法違反で逮捕された。

　　③ Ａ大学のＺ教授は，研究者としてがん研究に従事するとともに，同大学附属病院で臨床医としてがん患者の治療にあたっていた。Ｚ教授は，末期のすい臓がん患者Ｂの治療に関与するなかで，その症例経過に医学研究上の価値を見いだし，Ｂから治療目的で採取した血液や粘膜の組織を，Ｂの同意を得ることなく，そのまま自分の研究のために利用し，研究成果を匿名化処理せずに公表した。

　　Ｘ，Ｙ，およびＺは法的責任を問われるか。

第 5 講　医 療 情 報

1 保護と利用のせめぎあい

　個人情報保護法の成立 (2003年)・施行 (2004年一部施行, 2005年全面施行),
そして改正 (2017年全面施行) を経て, 個人情報保護に対する国民の
意識・関心はますますの高まりをみせている。医療分野でも, 医療
に関する患者の個人情報の法的保護の問題がよりいっそう強く意識
されるようになっている。患者の医療情報は, 私的要素が強く, ま
た社会的差別の要因ともなるセンシティブな内容を含むため, とく
に保護の必要性が高いことが指摘される。しかし他方で, 患者の医
療情報は国家的・社会的に有用な情報資源であり, 国家・社会の利
益のために, 有効に利活用されるべきものである。このように, 患
者の医療情報は2つの性格を併せ持っており, 保護と利用という相
反する2つの要請を受けている。

　CASE ①では, 患者の医療情報をどこまで秘密にすべきかが問題
となる。BのHIV感染の事実はすでに歯学部教授内で周知であり,
かつ, X教授からC教授への回答は, Bの学生生活の支援というB
の利益のためにもっぱら行われたものである。このような事情のも
とで, 開示された情報内容に秘密性はあったのか, あるいは, Bの
黙示の同意 (承諾) は推定できないかが問題となる。

　CASE ②は, 患者の医療情報の第三者提供の問題である。Y医師
は, 犯罪捜査・司法活動への協力行為として, 公益目的で, Aの採
尿検査の結果を警察に通報したものである。しかし, 医師には証言
拒絶権 (刑訴149条, 詳細は後述) があることとの関係で, その通報行為
の正当性が問題となる。

　CASE ③は, 患者の医療情報の医学研究目的での二次利用の問題
である。かつて, 大学病院等では, とくに患者に知らせることなく,

医療後に（あるいは同時並行的に）患者の医療情報を医学研究のために二次的に利用する慣行が存在してきた。このような旧来の慣行が，患者の医療情報保護との関係で，厳しく問い直されている。

2 考え方の道しるべ

医療情報の意義

「医療情報」とは，医療に関する情報全般のことを指す用語である。関連する用語のなかで最も広い意味内容をカバーし，個人情報であるかどうか，秘密であるかどうか，あるいは記録の有無やその媒体も問わない。

医療情報の内容は多岐にわたるが，患者の住所・氏名，病状，検査・治療内容，既往歴，家族関係，職業など，医療に関する患者の個人情報を本稿では対象とする。記録媒体はカルテ（診療録）のほか，レントゲン写真，看護日誌，処方せん，レセプト，近時は，電子カルテなどの電磁的記録媒体も普及している。

医療情報にはほかに，医療技術，医療体制，診療実績などの医療側の情報，そして医薬品に関する情報も含まれる。

医療情報保護の法的根拠

従来より，患者の医療情報は，医師に守秘義務を負わせるという形で，第三者に秘密を漏示されないという意味での一定の法的保護を与えられてきた。加えて近年，「自己情報コントロール権」（自己についての情報をみずからコントロールする権利）という考え方の普及にともない，（カルテやレセプトの開示請求といった）患者本人からの情報請求などを含む，より広い意味での法的保護が認められるようになった。その多くは，個人情報保護法において制度化・具体化されている。

第5講　医療情報

　患者の医療情報保護の法的根拠は，現在では，以下のような複数の法分野に散らばって存在している。おのおのの法制度は立法趣旨や保護法益を異にするため，対象情報や違反した場合の法律効果も異なっている。複数の法制度が重畳して，複雑な法状況を形づくっているのである。

　(i) 秘密漏示罪　　刑法134条1項は，「医師，薬剤師，医薬品販売業者，助産師，弁護士，弁護人，公証人又はこれらの職にあった者が，正当な理由がないのに，その業務上取り扱ったことについて知り得た人の秘密を漏らしたときは，6月以下の懲役又は10万円以下の罰金に処する」と規定する。秘密漏示罪の保護法益は，「私生活の平穏」である。加えて，上記職種に対する国民の信頼を確保し制度の維持をはかるという社会的法益もあげられている。対象情報は人の「秘密」であり，ここで「秘密」とは，① 非公開性（一般に知られていないこと），② 秘密利益（秘密にすることが本人の利益であること），③ 秘密意思（本人に秘密にしたいという意思が認められること）の要件を具えた生活事実である。

　(ii) 各種特別法　　疾病や医療の性質によっては，各種特別法に秘密保護規定がおかれている。特別法では，多くの場合，医師以外の関係者にも守秘義務が課されている。これらは，その特別な保護の要請ゆえに，一般に刑法134条よりも法定刑が重く，かつ非親告罪（告訴，請求，告発がなければ起訴されない犯罪）である。

　例としては，感染症法73条，74条，精神保健福祉法53条1項，麻薬及び向精神薬取締法58条の19，母体保護法27条などがある。

　(iii) 民事責任法　　医師が患者の医療情報を漏示する行為は，患者のプライバシーを侵害する行為にあたる。これによって患者は医師に対して，不法行為（民709条）または医療契約上の付随義務違反を

理由とする**債務不履行**(同415条)に基づき，損害賠償を請求することができる。ここで「プライバシー」とは，伝統的には，「私生活をみだりに公開されない法的保障ないし権利」(東京地判昭39・9・28下民集15・9・2317「宴のあと」事件第1審判決)と定義され，対象情報は秘密漏示罪の「秘密」とほぼ重なり合う。ただし，民事法上のプライバシーの範囲は，人々の権利意識の高まりとともに，拡大傾向にあり，事情によっては，単なる個人情報にかぎりなく近い情報も保護の対象となりうる。

(iv) 個人情報保護法　個人情報保護法は，自己情報コントロール権を制度化・具体化した法律であるといわれる。それゆえに，対象情報は個人情報すべてである。ここで「個人情報」とは，「生存する個人に関する情報」であって，「当該情報に含まれる氏名，生年月日その他の記述等…により特定の個人を識別することができるもの」あるいは「個人識別符号が含まれるもの」であると定義される(個人情報2条1項)。ここで「個人識別符号」とは，「特定の個人の身体の一部の特徴」を電子的に変換した符号，および，サービスの利用・商品の購入に関して割り当てられたりカード等に記録されるなどした符号であって，特定の個人を識別できるものをいう(詳細は個人情報2条2項参照)。本法では，個人情報の取得・利用・第三者提供の要件として本人への利用目的の通知や本人の同意を求め，また，本人は自己の個人情報の開示・訂正・利用停止を請求することができる(個人情報16条・23条・28条・29条・30条)。

　医療情報は個人情報の中でも，とりわけ要保護性の高い機微情報であるとされてきた。個人情報保護法の規定する「要配慮個人情報」(個人情報2条3項)に該当すると解釈され，とくに情報取得や第三者提供において，「利用」より「保護」に重きを置いた措置が講

じられている（個人情報17条2項，23条2項参照）。

　医療分野については，当初より，上乗せ的な特別ルールを作成する必要性が指摘されていた。特別法の立法は見送られたが，厚生労働省による詳細なガイドライン（「医療・介護関係者における個人情報の適切な取扱いのためのガイドライン」，現在は「医療・介護関係者における個人情報の適切な取扱いのためのガイダンス」），およびそれについてのQ&A事例集が示されている。

患者の黙示の同意（承諾）の位置づけ

　(i) 被害者の承諾の法理　「被害者の承諾」とは，法益の担い手の意思による法益の処分（放棄）を意味し，法益の担い手がその法益を自由に処分する権能を有し，かつ法益を処分することが公序良俗に反しないかぎりにおいて，法益侵害行為の違法性を阻却する。刑法の秘密漏示罪は，秘密主体者の承諾があれば，違法性を阻却される。また，民事上のプライバシー侵害も，プライバシー主体者の事前の承諾によって，違法性を阻却される。なお，個人情報保護法では，本人の同意が個人情報の目的外利用・第三者提供・（要配慮個人情報）取得の原則的要件である（個人情報16条・17条2項・23条）。

　(ii) 患者の黙示の同意（承諾）　従来，医療現場では，患者の医療情報の取扱いに関して，逐一患者の明示の意思を確認することはしてこなかった。これは一面，多忙な臨床の現実に適合していたともいえ，もし，厳格な同意原則を徹底するならば，医療活動は停滞し，ほかならぬ患者の利益を害する結果となろう。個人情報保護法施行後の今日でも，多くの医療情報の取扱いに関して，患者の黙示の承諾（同意）を推定することで，従来の慣行との調和がはかられている。

　前記厚生労働省ガイダンスでは，別表2で「医療・介護関係事業

者の通常の業務で想定される利用目的」が掲げられ（具体的には「他の病院，診療所，助産所，薬局，訪問看護ステーション，介護サービス事業者等との連携」，「他の医療機関等からの照会への回答」，「患者の診療等に当たり，外部の医師等の意見・助言を求める場合」，「検体検査業務の委託その他の業務委託」，「家族等への病状説明」，「保険事務の委託」「審査支払機関へのレセプトの提出」，および「審査支払機関又は保険者からの照会への回答」等），医療機関はこれらを参考として，自らの業務に照らして通常必要とされるものを特定して院内掲示で公表等を行えば，その利用目的の範囲で，「取得の状況からみて利用目的が明らかであると認められる場合」（個人情報18条4項4号）に該当し，患者の黙示による同意が得られているものと解される。

医療情報の第三者提供

一般に，医療情報の第三者提供とは，患者の医療情報を患者本人以外の第三者（または機関）に提供することをいう。患者の同意（承諾）を得ずにこれを行えば，情報を提供した医師は守秘義務違反（民事上はプライバシー侵害）に問われる。そして個人情報保護法においても，本人の同意のない個人情報の第三者提供は，原則として許されない。

医療情報の第三者提供の正当化

しばしば公の利益のために，患者の医療情報の第三者提供は正当化される。このような医療情報の第三者提供が，法的に正当とされるのは，主として以下のような考え方による。すなわち，医療情報の第三者提供によって保護される法益の価値が，犠牲となる医療情報保護の法益の価値を上回るならば，正当な方法でなされるかぎりにおいて，法的に正当と評価できるという考え方である（優越的利益の原則を医療情報にあてはめたもの）。

正当とされる第三者提供の3つのタイプ

このように法的に正当とされる医療情報の第三者提供は，以下の

第5講 医療情報

3タイプに分類できよう。

〈タイプ1〉 行政や司法への協力行為として，法律上の根拠と手続に則って行われる場合……

ここでは，公権力の私的領域への介入が問題となる。そのため，正当性判断に際しては，公権力の恣意的な濫用を警戒し，**法治原則**（公権力の行使はすべて法にもとづいて行わなければならないという原則）の徹底が検証される。すなわち，根拠となる法律上の義務があったのか，法律上の手続に則って行われたか，そしてときに，根拠法令は憲法違反でないかに注目が集まる。CASE②はこのタイプに属する。このほか，医師法21条の異状死体の届出義務，感染症法12条等による届出義務，精神保健福祉法38条の2による報告義務，麻薬及び向精神薬取締法58条の2による届出義務，母体保護法25条による届出義務，児童虐待防止法6条による通告義務，心神喪失者等医療観察法110条による通知・通報義務にもとづくものなど多数存在する。

〈タイプ2〉 国家活動とは直接関係なく，医師が自身の判断で，社会一般の基本的な利益のために行う場合……

これは，国家活動とは直接関係のない，社会生活の根底に存在し，人々の生き方や考え方の基盤となるような社会的利益のために行われる。そのため，正当性の判断は，そのときどきの政治的決定（立法やそれを根拠とする行政活動）とは距離をおくべきであり，医師がその職業倫理と社会的責任において判断する（最終的には司法裁判所による判断にゆだねられる）。正当性判断の基準となるのは，その時代・その社会に生きる人々が共有する価値判断（換言すれば，国民的合意，公序良俗）にほかならない。CASE③はこのタイプに属する。このほか，公益目的のメディアへの情報提供なども例として想定できる。

〈タイプ3〉 特定個人の法益を保護するために，緊急避難的に行

われる場合……

　ある特定個人の法益 (多くは生命・身体) が危険にさらされていて，これを保護するためには医療情報の第三者提供が行われなければならない場合がある。これはまさに刑法の**緊急避難** (刑37条) の問題であり，刑法における一般の違法性阻却事由としての緊急避難の要件 (①現在の危難，②補充性，③法益権衡) を適用して処理される。民事であっても，枠組は異なるが，実質的には同じ判断がなされる。かつては梅毒事例について，近年ではHIV感染症事例について，患者からの感染の危険にさらされた第三者 (性的パートナーなど) への警告 (義務) が問題となりうる。

> **CASEへの**
> **アプローチ**

これまでの説明をふまえ，CASE①②③の処理を検討しよう。

　(i) CASE①について　　ここでは，医療情報をどこまで保護すべきかが問われている。X教授からC教授へ開示された情報内容に秘密性があったとはいえない。秘密の要件であるところの (2(i)参照)，非公開性 (感染の事実自体はすでに歯学部教授陣において周知であった)，および秘密利益を欠く (開示はもっぱら本人の利益のために行われた) からである。あるいは，本件開示につきBの黙示の承諾を推定するという考え方もある。Bは歯学部教授陣に感染の事実を知らしめ，学業継続のための支援を求めていたのであり，本件開示はそのために行われたものであるからである。よってX教授は法的責任を問われない。

　(ii) CASE②について　　これは，第三者提供の一例である。前記の分類によれば，〈タイプ1〉に該当する。したがって，正当性判断に際しては，法律上の通報義務の存在がまずもって問題とされねばならない。医師には「証言拒絶権」が認められており (刑訴149条，民訴197条1項2号)，業務上の秘密に関しては，公判廷での証言を

拒むことができ，それを証言するための出頭命令にも応じなくてよい。このことから，本件においてY医師には警察へ通報する法律上の義務はなかったと解釈される（つまり，通報を当然に正当化するような法的強制は存在しなかったということである）。では，それでもなお通報したY医師の行為は正当であったか。CASE②のモデルとなった最高裁決定は，「正当行為として許容される」との判断を示している（最決平17・7・19刑集59・6・600）が，この決定に対しては，証言拒絶権の意義 —— どんな人にでも医療を受ける機会は最大限に保障する —— から消極的評価もある。しかし厚生労働省ガイドラインの平成18年改訂は，捜査機関からの任意の照会への対応として，個別的対応を求めてきたそれまでの学説とは異なり，一律に患者の同意を不要とする対応に改めている。

(ⅲ) CASE③について　　これは，いわゆる医学研究目的での患者の医療情報の二次利用の問題である。すなわち，前記の分類でいえば，〈タイプ2〉の第三者提供にあたる。ゆえに正当性判断にあたっては，このような医療情報の利用がいかなる法益保護のためであるのか，そして，そのために患者のプライバシー等の法益を犠牲とすることにつき国民的合意は形成されているのかが検討されるべきである。医学研究は医療の基盤をなすものであり，患者の医療情報なしには成立しえない。そして，医療情報の中には，匿名化処理が困難な（もしくは匿名化処理で意味を失う）ものもある。もし，医療目的で取得した患者の医療情報を，改めて同意を取り直すことなく，医学研究目的で二次的に利用することが許されるとすれば，医学研究の効率性は増し，医療の発展という重大な社会的法益に貢献するといえるだろう。しかし，このような患者の医療情報の利用の仕方に関し，国民的合意が形成されているとはいい難い。むしろ，国民

の意識は，匿名化や同意取得をいっそう重視する方向に向かっている。

上記厚生労働省ガイダンスでも，この点に関し，匿名化処理を施さないかぎりは本人の承諾なく公表してはならないとの立場が示されている（「特定の患者・利用者の症例や事例を学会で発表したり，学会誌で報告したりする場合等は…症例や事例により十分な匿名化が困難な場合は，本人の同意を得なければならない」ガイダンス 10-11）。

さらに，厚生労働省等の定める医学研究に関する指針によれば，研究の実施や情報提供等にさいし，原則としてインフォームド・コンセントを得ることが求められている（人を対象とする医学系研究に関する倫理指針，ヒトゲノム・遺伝子解析研究に関する倫理指針，遺伝子治療臨床研究に関する指針等）。

Bが被害を訴えれば，Z教授に法的責任ありと判断される可能性は高いであろう。

3 黙示の同意の広がりと限界 ── 今後の展望

医療情報の保護に関しては，とりわけ患者の黙示の承諾をどこまで認めうるのかが，重要な課題となろう。煩瑣（はんさ）な手続を回避して医療の効率化をはかるべく，今後もこの法理が活躍しそうである。そうかといって，実務の要請そのままに安易に無限定な拡大解釈を容認すべきではあるまい。

上記ガイダンスによって，医療の提供に必要な通常の利用目的の多くが網羅され，定型的な利用目的については，院内掲示等の方法によって解決できそうである。また，医学研究や介護保険の分野では，法令や厚生労働省等の倫理指針によって，患者の明示の同意

第5講　医療情報

（承諾）をとることが求められている（上記指針等，介護保険法に基づく指定基準）。

　しかし，このように明確な基準が存在する場合のほか，一般的にいかなる場合に，患者の明示の同意（承諾）を確認する必要があるのか，明瞭な基準は明らかでない。前記指針や実際の裁判例などに照らすと，① 客観的に患者本人に不利益な結果をもたらすおそれがあること，② 主観的に患者本人が拒否するような事情があることなどが，一応の基準となろうか。

4　ステップ・アップ

死者の医療情報

　上記内容の延長線上にあるテーマとして，死者の医療情報をどう取り扱うかという問題がある。法益の担い手がすでに死亡している以上，固有の法益もともに消滅していて存在しないと考えるのが，現在のわが国法制の伝統的な立場である。替わって（あるいは残存するものとして），遺族の法益（固有の人格権ないし死者に対する敬虔・追慕の感情）が登場し，これを介して死者の医療情報は間接的に保護されることになる（したがって，遺族に対しては無防備に開示される）。

　しかし今日，死者の医療情報をその固有の個人情報として一定程度保護すべきであるという見解が有力化している。上記ガイダンス（4頁）でも，遺族からの照会に対して，「本人の生前の意思，名誉等を十分に尊重しつつ，特段の配慮が求められる」とのくだりがある。現行法制を維持しつつ，解釈論上の工夫により（たとえば，死後の守秘を信頼し期待できてこそ，生前における個人の尊厳は十分に保障される，と構成する等），あるいは立法的措置を講ずることにより，死者の医療情報を

54

どこまで，そしていかように保護していくか，困難な問題が提起されている。

遺伝情報をめぐる問題

近年，科学技術の世界では，遺伝子工学がめざましい進展を遂げている。それはヒトを対象とする研究にも及び，2000 年にはヒトゲノム概要配列作成完了を告げるニュースが飛び込んできた（2004年に解析完了宣言）。医学の世界でも，遺伝子検査・遺伝子治療によって，かつては不可能だった疾病の予測や根治を行うことが技術的に可能となるに至った。

このような遺伝子検査・遺伝子治療を通じて得られる遺伝情報には，遺伝子・染色体に基づく体質，および疾病の発症等に関する情報が含まれている。これはすなわち，個人の将来の疾病の罹患リスクを知ることに繋がり，この情報は一生涯変わらないうえ，現在および将来の血縁者にも影響を与えうる。

このような性質ゆえに，遺伝情報の取扱いについては，独自の視点が求められる。①第 1 に，「知らないでいる権利」の存在である。絶望的な将来の健康状態を精確に知ることが可能になったからこそ，自覚されるようになった権利である。②第 2 に，法益主体の無限拡大性・集団性である。ある遺伝情報に法益を有する者は，遺伝子提供者自身にとどまらず，現在および将来の血縁者すべてであり，その範囲は無限に拡大する。そして，かれらは，ひとりの遺伝情報を知ることで全員の遺伝情報を知ることができるという点で，互いの法益に関し密接な連関関係にある。そして③第 3 に，利害関係の多様性である。一般に想定されているだけでも，雇用主，生命保険会社，婚約者など，利害関係者が多様に存在する。遺伝子解析技術が進歩し検査の精度が上がり，かつ実用化が進むにつれて，個別の難

第 5 講　医 療 情 報

事例の発生が予想される。

〈参考文献〉
① 増成直美『診療情報の法的保護の研究』（成文堂，2004）
② 村山淳子「診療情報の第三者提供をめぐるわが国の法状況の考察
　　── 異質の法領域の架橋を志向して」西南学院大学法学論集 37 巻 1
　　号（2004）
③ 開原成允・樋口範雄『医療の個人情報とセキュリティ（第 2 版）』
　　（有斐閣，2005）
④ 村山淳子「医療情報の第三者提供の体系化（1）～（3・完）」西
　　南学院大学法学論集 39 巻 3 号・4 号（2007），40 巻 1 号（2007）
⑤ 村山淳子「医療情報と責任」浦川道太郎ほか編『専門訴訟講座 4
　　医療訴訟』（民事法研究会，2010）
⑥ 村山淳子「医療と情報 ── 守るべき情報，与えるべき情報」賠償科
　　学 44 号（2016）
⑦ 宇賀克也『個人情報保護法の逐条解説（第 5 版）』（有斐閣，2016）

［付記］CASE ①のモデルは東京地判平成 11・2・17，②のモデルは最
　　決平成 17・7・19 である。なお，初版刊行後，第 2 版刊行までの間
　　に，鑑定医の守秘義務違反を認めた最決平成 24・2・13 が出て注目
　　された。

Bridgebook

第**6**講

治療行為

医師・患者にとって最良の治療とは

CASE 　産婦人科病院の理事長であるXは，医師免許その他医療者資格を有しないにもかかわらず白衣を着用して医師であるかのように装い，来院した患者Aらに対し超音波検査等を実施したうえ，「子宮が腐っている」「卵巣が腫れてぐちゃぐちゃだ」などと，患者が驚愕し不安に陥るような言葉を多用して，すぐに手術しなければ命にかかわるかのように思わせ，Aらから入院・手術の同意をとりつけた。Xの妻で同病院の院長である医師Yは，Xの決定に盲目的に従い，Aらの子宮・卵巣を全部摘出する手術（全摘手術）を行った。XおよびYにはどのような法的責任があるか。

1 医師・患者にとって最良の治療とは

　私たちが健康を損ねた場合，通常は病院に行き，医師の診察・適切な治療を受けることによって健康の回復を図ることとなる。しかし，そこで受ける治療のなかには，身体に与える影響がきわめて大きいものもありうる（そもそも，人の体にメスを入れたり，薬剤を投与すること自体が高度の危険を伴う「侵襲」行為なのである）。しかし，治療を受ける患者は，当該疾病や治療に関する専門的知識が乏しい場合が多く，自

57

第6講　治療行為

分の受ける治療が最適であるかどうかを独力で判断することは難しい。そのような状況において，患者はできるだけ安全に，なおかつ主体的に治療を受けたいと考えるであろう。そして，医師もまた，自分の行う治療がたとえ最良の結果を導けなかったとしても（最善を尽くしても，後遺症が残ったり，場合によっては死亡してしまうこともあるであろう），それがまったく正当化されず，「依頼に応えなかった」むしろ「身体に新たな害を加えた」などと訴えられるとすれば，安心して業務に従事することができなくなってしまうであろう。

　では，患者が安心して受診でき，医師にとっても正当化されるべき治療行為とは，いったいどのようなものであろうか。CASE において，Ｘは医師免許その他医療者資格を有していないのに，診察や診断を行っている点，医学的基礎にもとづかない不適切な説明により患者の同意を得ている点，およびＹがＸの決定に従って子宮・卵巣の全摘手術を行っている点に着目して，考えてみよう。

2　考え方の道しるべ

治療行為の意義と法的問題

　治療行為は患者の疾患を治癒し，あるいは悪化を防ぐために行われるが，必然的に患者の身体に侵襲する危険な行為であるものが多い。そうした行為だけを，行為の目的とは意味を切り離して客観的にみると，傷害罪（刑204条）に該当する。危険とはいえ，治療行為が傷害にあたる，というのは一般的な感覚からすると奇妙に感じられるかもしれないが，もちろん健康の回復・悪化の防止といったプラスの利益が得られることから，後述する適法化要件が満たされていれば，それは正当業務行為（刑35条後段）となり，犯罪としては扱

われない。

　また，医師・患者間で結ばれる医療契約はその性質上，医師が必ず完治させてみせる，という結果を請け負うもの（いわば結果債務）ではなく，結果を目指す過程において，その疾患に必要かつ最善の治療を実施することを約するもの（いわば手段債務）であるとされる。したがって，治療中の過失により，患者に不必要な害を与えれば医療過誤となり，民事上は債務不履行による損害賠償責任（民415条）ないし不法行為責任（同709条）を負い，場合によっては刑事上の責任として業務上過失致死傷罪（刑211条）に問われることもある（⇒第8講，第9講）。

　さらに，治療が患者の承諾なしに行われた場合，たとえそれが医学的には成功した治療といえても，その治療のあり方が患者の生き方にそぐわず，患者にとっては不利益となることもありうる。したがって，民事上も損害賠償責任が生じることはあるし，刑事上も傷害罪等の成否が問題となる可能性が生じる。

治療行為の適法化要件

　(i) 医学的適応性　治療というからには，患者の生命・身体の健康が何らかの原因で損なわれている状態（疾患）があって，それを回復するという目的がなければならない。そのような，医学的な回復の必要がある状態のことを「医学的適応性」がある，という。したがって，美容整形や単なる健康診断などは，それを施さなくても医学的にはなんら問題がない健康な状態であるから（医療行為ではあるが），厳密には治療行為とはいえない。

　(ii) 医術的正当性　治療は，医学上一般に認められているスタンダードな手法で行われることが必要である。このことを「医術的正当性」という。患者は，安全性の確立された手法により治療され

ることを期待して，医療機関にかかるのである。もちろん，特異な疾患の場合には冒険的・実験的な治療を試みざるをえないこともあるであろうが，それはむしろ臨床試験・人体実験の領域であり，別途必要な手続を踏む必要がある（⇒**第7講**）。

　(iii) **インフォームド・コンセント**　　医師によって行われた行為に医学的適応性があり，なおかつそれが医術的正当性を有していても，医師によって専断的に行われ，患者のインフォームド・コンセントを得ていないものであるならば，それは適法な治療行為とは認められない（これを「専断的治療行為」という）。かつて医師は「よらしむべし，知らしむべからず」として広く裁量が認められ，患者に当該疾病に関する説明や情報提供を行う必要性や重要性はあまり考慮されてこなかった。また，情報提供の重要性が語られたとしても，それは医師と患者の信頼関係を構築しコミュニケーションを円滑にする，という治療手段的役割が強調されることが多かった。しかしながら，患者が主体的に治療にかかわり，自分のことは自分で決めるという「**自己決定権**」を実現する（自分らしい自分の生き方を実現する，といってよいかもしれない）ひとつのプロセスとして，現在ではインフォームド・コンセントは，治療行為の正当化において重要な地位を占めるものとなっており，判例においても確立している（たとえば，東大医科研病院事件：最判平 12・2・29 民集 54・2・582）。

　医師が説明しなければならない内容は，① 現症状とその原因，② 当該治療の採用理由，有効性およびその合理的根拠，③ 当該治療行為の内容，④ 当該治療行為による危険性，その発生頻度，⑤ 当該治療行為に伴う合併症の有無，⑥ 当該治療行為を行った場合の改善の見込み，⑦ 当該治療行為を行わない場合の予後，⑧ 代替案の有無等があげられる。それらは患者の自己決定のための必要

な材料であるから，できるだけ具体的に，素人である患者にもわかりやすく示される必要がある。これらの点につき，錯誤がある場合には，患者の同意があっても無効と判断される可能性がある。とはいえ，いわゆる，がん告知の問題や，インフォームド・コンセントをとる余裕がない緊急状況の場合や，患者に自己決定能力がない場合はどうすべきか等，医師の説明義務をめぐる問題は，困難な論点を多く含んでいる（⇒**第4講**）。

CASEへのアプローチ ① 医療者資格を有しないXが診察や診断を行っている点につき，技能を有しない者が患者の身体に影響を有する医療機器を使用することはそれ自体危険であり，なおかつそれにより誤った判断が下されるおそれがある。これは医術的正当性のない行為といわねばならない（医師法違反も問題となるが，これに関しては，⇒**第3講**）。

② XがAらから「同意」を得ているが，これは無資格者による不正確な所見にもとづき，非医学的な言動により驚愕・錯誤の状態に陥れて得たものであり，患者の自己決定に資する有益な情報を患者にわかりやすく説明したうえで得られたものとは到底いいがたい。したがって，インフォームド・コンセントがあったとはいえない。

③ YはXの決定のままに，子宮，卵巣の全摘手術を行っているが，女性にとって重要なこれらの臓器を摘出するかどうかの判断は，内診結果や症状を経過的に観察して慎重に行わねばならないはずであり，ただちに手術を行わなければならない医学的適応性があったとは思われない。

以上のことから，X，Yの行為は正当業務行為として認められる治療行為とは到底いえない。民事上は共同不法行為（民709条・719条）により損害賠償・慰謝料等の責任を負う。刑事上はX・Yは傷

害罪（刑204条）の罪責を負う（直接傷害を加えた直接正犯はYであるが，Xが主導的役割を果たしており，両者を正犯として評価することが妥当であるとすれば，両者は共謀共同正犯となろう）。

3 求められる自己規律 —— 今後の展望

刑事司法介入のあり方

　CASE は，病院ぐるみの乱診乱療が社会の注目を集めたいわゆる富士見産婦人科病院事件を素材にしたものである（東京地判平11・6・30 判タ 1007・120）。民事裁判においてはXとYに共同不法行為責任を認めているが，刑事上の責任として被害者らが告訴した傷害罪では，不起訴処分となっている（無資格診療を禁ずる保助看法違反のみ起訴され有罪となった。⇒第3講）。

　実はわが国においては，適法化要件を満たさない医師の治療行為が傷害罪で有罪となった事案は，これまで存在しない。これは，かつては医療に対する刑事司法の介入が謙抑的であり，医療現場の密室性から証拠を収集することが困難であったことが影響しているように思われる。もちろん，刑事司法の過度の介入により医療者が及び腰になってしまうという指摘もあり，刑事訴追事案を増やしていくことは妥当でない。しかし，たとえば，近年にも慈恵医大付属青戸病院事件（高度医療をやってみたかったという医師の欲求から，患者・家族らに十分な説明がされないまま腹腔鏡手術が行われた事案。被告医師3名が業務上過失致死罪で有罪とされた。東京地判平 18・6・15 および東京高判平 19・6・5）など，けっして富士見産婦人科病院事件がきわめて特異とはいい切れない事件が起きており，とくに悪質な事案に対する刑事司法の介入はやむをえないであろう。

4 ステップ・アップ

✐ 求められる自己規律

インフォームド・コンセントがどれだけ行われたとしても，医師・患者間の情報理解の格差を完全に解消することは現実的には困難であり，終局的には患者は医師を信頼するしかない。治療行為の適法化要件を満たしているかどうかにつき，医療組織内医療者相互によるチェック体制を確立し，また事後の検証可能性を担保する等，医療者全体の自己規律が求められるように思われる。

4 ステップ・アップ

① 医学的適応性や，医術的正当性の認められる治療行為と，それが認められない医療行為との区別が微妙なものも存在する。たとえば，不妊症の女性のための代理出産は，すでに外国ではもちろん，国内においても相当数実例があがっている。代理出産については2008年，日本学術会議により原則禁止との提言がなされたが，例外的な試行までを禁じるものではない (⇒**第16講**)。疾患があり，患者の強い希望があるときに，疾患を乗り越える医療技術が現実にいかなる形で確立されなければならないかは，倫理上の問題として，あるいは法制度上の問題として，思わぬ広がりを持つことがあることに留意しておかねばならないだろう。

② また，医師の医学的判断と患者の自己決定が相剋する状況も往々にして生じる。たとえば，患者が自己の信念から輸血を拒否する場合や，以後の生に価値を見いださず手術を拒否する場合など，患者の意思を尊重して死にゆくにまかせるか，あるいは強制的に処置をするか，患者の自己決定権を強調することは簡単だが，現場で対処する医師にとっては負担の重い問題である。輸血拒否権につい

てはすでに実務上認められている（東大医科研病院事件：最判平 12・2・29 民集 54・2・582）が，医師 1 人の責任にしないような医療組織体制を確立することが必要であろう。

〈参考文献〉
① 町野朔『患者の自己決定権と法』（東京大学出版会，1986）
② 甲斐・医事刑法 I 〔29 ～ 39 頁〕
③ 加藤良夫編著『実務医事法（第 2 版）』（民事法研究会，2014）
④ 樋口範雄『医療と法を考える』（有斐閣，2007）
⑤ 加藤摩耶「保助看法違反事件」医事法百選〔6〕
⑥ 田坂晶「保助看法違反事件」医事法百選（第 2 版）〔4〕

Bridgebook

第 7 講
人体実験・臨床研究・臨床試験

人体実験・臨床研究・臨床試験にはどのような意義と問題があるか

CASE　　Aは，がん専門のB病院において，X医師から卵巣がんと診断され，入院して治療を受けることになった。X医師は，腫瘍の完全な摘出は困難と判断し，抗がん剤の投与による化学療法を行うことにしたが，標準的な治療法であるPVB療法（3つの抗がん剤の併用療法）を用いず，患者に対してインフォームド・コンセントを確保することなく，製薬会社C社が開発中の治験薬（臨床試験中の薬）を用いることにした。実はX医師は，この治験薬の第Ⅱ相試験の治験担当医であったが，この治験薬のプロトコール（治療計画）に反して，適正量の1.8倍の量を投与したばかりか，投与間隔も適切ではなかった。加えて，他の抗がん剤の併用も行った。そのためAは，極端に血小板が減少し，出血もみられ，さらに白血球が減少し，消化管内に感染症も併発し，脳出血による中枢神経系の異常が発生して，やがて骨髄抑制に伴う出血および感染により死亡した。

　Aの遺族らは，Aの死亡について，X医師に対して，どのような法的責任を追及しうるか。

第 7 講　人体実験・臨床研究・臨床試験

1　人体実験・臨床研究・臨床試験にはどのような意義と問題があるか

歴史的意義

　医学の進歩は，歴史的に人体実験・臨床研究・臨床試験と不可分の関係にある。人体実験とは，新たな科学的知識を獲得するために試みられる身体的・精神的干渉のことをいう。それは，たとえば，新たな治療ないし手術の研究開発・試行段階，あるいは新薬の研究開発・試供段階で，また，胎児研究ないしヒト胚を用いた実験・研究，再生医療 (⇒第17講)，さらには，遺伝子操作，行動心理学，場合によっては社会科学上の観察においても行われる。その中で，医学の臨床現場で一定のルールに基づいて行われる場合には，これを臨床研究ないし臨床試験という。これにより人類は，多くの恩恵を受けてきた。しかし，人体と必然的に関わらざるをえない領域だけに，人体実験，臨床研究ないし臨床試験は，ともすれば被験者の生命・身体・自由といった法益の侵害，つまり重大な人権侵害を伴うものであることも，歴史的事実が示している。

世界のルール

　その歴史的反省から，ニュルンベルク裁判で呈示されたいわゆるニュルンベルク原則 (1947年)，ヒトを対象とする医学研究の倫理原則である世界医師会のヘルシンキ宣言 (1964年。その後1975年東京で，1983年ヴェネチアで，2000年以降もエジンバラ等で，それぞれ改定)，市民的及び政治的権利に関する国際規約 (世界人権宣言B規約：1966年国連総会で採択され，1976年より発効。日本は1978年に署名し，1979年より発効) 7条での明文化，さらには，患者の権利に関する世界医師会宣言 (1981年リスボン宣言：1995年インドネシアのバリ島で修正) 等が生まれた。これにより，「人間の尊厳」を根底に据えてインフォームド・コンセントを徹底する

など被験者の保護をめざした人体実験・臨床研究・臨床試験の適正な倫理的・法的コントロールが行われるようになりつつある。その意味で、この問題は、医事法・生命倫理の原点となるものである。

CASE の問題点

人体実験・臨床研究・臨床試験は、法理論的には医術的正当性を欠く点で本来の治療行為と異なる。それだけにインフォームド・コンセントの十分な確保をはじめ、適法性の要件も、より厳格になる。CASE は、名古屋地裁平 12・3・24 判決（判時 1733・70, 愛知県がんセンター事件：医事法百選（第 2 版）〔41〕）を参考にしたものであるが、医薬品の臨床試験において、プロトコール（治療計画）違反で、しかもインフォームド・コンセント原則違反の X 医師の行為がどのような法的責任を伴うか、を問うている。

2 考え方の道しるべ

まず、人体実験・臨床研究・臨床試験の分類をしておこう。なぜなら、「人体実験」も、ナチス・ドイツによるユダヤ人等の大量虐殺を連想させ、ともすれば硬直した議論となりかねず、むしろ問題を建設的な議論の場に引き出すには、これをいくつかのカテゴリーに分類して議論する方が有益だと思われるからである（⇒参考文献①38 頁以下）。

軍事的・政策的人体実験

第 1 に、第 2 次世界大戦中、ナチス・ドイツがユダヤ人等に対して強制収容所で行った「生存の価値なき生命の毀滅」ともいえる人体実験、旧日本陸軍 731 石井部隊が満州・中国大陸で行った毒ガス実験や細菌投入事件、さらには、アメリカの捕虜兵士に対する九州

帝国大学医学部生体解剖事件 (1945 年) はよく知られているが，これらは，一定の政治的・軍事的要請と結び付いた人体実験であるから，科学的研究の名に値しないものであり，これを「軍事的・政策的人体実験」と呼ぶことができる。これは，当然に被験者の同意すらない，まさに犯罪行為であり，正当化の余地はない。

研究本位的人体実験・臨床研究

第2に，臨床医学の場でも，被験者の治癒ないし利益とはまったく関係のない，いわば研究者の功名心とか単なる利潤追求が主な目的のための人体実験がある。これは，人権侵害そのものといえる。たとえば，1952 年の名古屋市乳児院収用児人体実験や 1952 年から 1956 年にかけての新潟大学医学部恙虫 (ツツガムシ) 病人体実験，1932 年から 1973 年にかけてアメリカ・アラバマ州のタスキーギで行われた黒人労働者に対する梅毒実験がその代表であり，本来同意能力がない人々あるいは同意の有効性自体が疑わしい人々が被験者とされた。これらは，刑法上，傷害 (致死) 罪 (刑 204 条・205 条) にあたりうるし，まさに「研究至上主義的人体実験」とでもいうべき違法なものである。

もっとも，将来の治療に役立てるために不可欠とされる実験も相当ありうるので，これを射程に入れると，第2のカテゴリーを「研究本位的人体実験」ないし，一般的には臨床研究と呼ぶのが適切と思われる。しかし，この場合も，被験者の現実的同意がない以上，傷害罪 (刑 204 条) について，正当化の余地はほとんどない。したがって，同意能力のない者は原則として被験者たりえないし (例外は限定されるべきである)，かりに同意があっても，生命に具体的危険が及ぶような実験や人格を著しく変容せしめるような実験は正当化できない。

なお，上記のような重大な人権侵害がありながら，この種の事例
で刑事裁判になったケースはない。いずれも，弁護士会の人権擁護
委員会ないし法務局の勧告にとどまっている点に，過度な司法消極
主義が看取できる。

治療的実験・臨床試験

　第3に，当該患者の疾病を治癒する目的はあるが，その治療方法
が正規の治療行為として定着しておらず，実験段階にあるものを
「治療的実験」ないし「臨床試験」と呼ぶことができる。これは，
新規の治療方法の開発・応用や新薬の開発・応用（治験）のプロセ
スにおいて必然的に現れるが，幅が広く，治療行為との限界がつけ
にくい場合もあるので，正当化を論じる際に入念な検討が必要であ
る（たとえば，宇和島市内の病院で起きた病気腎移植の問題について，甲斐克則『臓
器移植と刑法』（成文堂，2016）119頁以下参照）。このカテゴリーでも，これ
まできわどい事件はいくつかあったが，いずれも民事事件である。
代表的事案をあげよう。

判例の動向

　(ⅰ) 東北大学病院インシュリン・ブドウ糖負荷試験事件　　本件
では，バイクで転倒後，手足が麻痺したため同病院に入院していた
患者が，甲状腺機能亢進症ないし周期性四肢麻痺の有無の検査・治
療を受けるに際して，主治医のS医師が，同僚のM医師（周期性四肢
麻痺が起きたとき電解質や細胞外の水分が細胞内にどのように移動するかに興味あり）
から検査の申出を受けてこれを了解した。第1回目の検査に続き，
5日後に第2回目の検査が行われたが，ブドウ糖が500ccとイン
シュリンが20単位という具合に量が増え，患者は，点滴終了後，
顔面蒼白で，足の硬直があり，全身の脱力感，胸苦しさ，吐き気等
を訴え，脈拍数が上がったりし，やがて急性心停止で死亡した。患

者の妻らがM医師の検査行為を研究上の人体実験だと主張して，債務不履行責任，不法行為責任等を争った。

第1審（仙台地判昭52・11・7判時882・83）は，医師には患者の危険防止のため実験上必要とされる最善の注意義務が要求され，特に大学病院のように，日頃から専門医としての研究の機会に恵まれて診療に携わっている医師については，一般の開業医よりも高度な注意義務が課せられているとの立場を示しつつも，本件検査は甲状腺機能亢進症に伴う周期性四肢麻痺の診断の確定やその診断方法を決定するための検査方法として当時一応是認されていたことを認め，「本件検査が人体実験であると非難するのは当たらない」として，本件検査実施の際の注意義務違反にもとづく過失を認定し，第2審（仙台高判昭62・3・31判時1234・82）もこれを支持した。しかし，本件検査は，当時医術的正当性を有するほどのものであったか疑わしく，しかも当該患者に危険な検査をする必要があったかも疑わしい。このような検査は本来の治療行為とはいえず，治療的実験として位置づけるべきであり，また，インフォームド・コンセントが充足されていたかも疑問である。

(ⅱ) 愛知県がんセンター事件　その後，東京大学医学部附属病院における速中性子線事件判決（東京高判平6・1・24判タ873・20）があるが，実験的側面をあまり考慮する内容ではなかった。さらにその後，注目すべきものとして，CASE のもとになる愛知県がんセンター事件判決（名古屋地判平12・3・24判時1733・70：医事法百選（第2版）〔41〕）が登場した。同判決は，債務不履行責任を認めたほか，プロトコール違反について，患者を被験者とする第Ⅱ相の臨床試験（後述）は人体実験の側面を有するものであって，医療行為の限界に位置するという観点から，「専門的な科学的検討を経て策定された治療

計画（プロトコール）に基づき，被験者の保護に配慮し慎重に実施される必要があり，とりわけプロトコール中被験者保護の見地から定められた規定に違反する行為は，特別の事情がない限り，社会的に許容することができず，社会的相当性を逸脱するものとして違法と評価される」と判示した。また，インフォームド・コンセント違反についても，医的侵襲や危険を伴う医療行為を受けるかどうかを決定する患者の権利を正面から肯定する立場から，臨床試験についても，「インフォームド・コンセント原則に基づく説明義務として，一般的な治療行為の際の説明事項に加えて，当該医療行為が医療水準として定着していない治療法であること，他に標準的な治療法があること，標準的な治療法によらず当該治療法を採用する必要性と相当性があること，並びにその学理的根拠，使用される治験薬の副作用と当該治療法の危険性，当該治験計画の概要，当該治験計画における被験者保護の規定の内容及びこれに従った医療行為実施の手順等を被験者本人（やむをえない事由があるときは家族）に十分に理解させ，その上で当該治療法を実施するについて自発的な同意を取得する義務があった」と認定した。

　本判決は，とりわけプロトコール遵守を強調し，「臨床試験は，被験者保護の観点からも治験計画に基づき慎重に実施される必要があり，本来プロトコール違反の行為があってはならないものである」との立場を鮮明にし，「あえて，本件プロトコール……各規定に反する危険な医療行為を実施しようとする場合は，その旨及びその必要性，高度の危険性について具体的に説明し，被験者がその危険性を承知の上で選択権を行使するのでなければ，被験者の自己決定権を尊重したことにならない」と述べている点で，きわめて重要である。

71

(ⅲ) 金沢大学附属病院「無断臨床試験」事件　　本件では，卵巣がんに対する化学療法として，CAP療法（抗悪性腫瘍剤シスプラチンに抗悪性腫瘍剤サイクロフォスファミドおよびアドリアマイシンを加えた併用療法）とCP療法（CAP療法からアドリアマイシンを除いた療法）との無作為比較臨床試験を行うにあたり，患者（粘液性腺がんに罹患）の同意を得ずにこれを実施した点が問題とされた。第1審判決（名古屋地判平15・2・17判時1841・123）は，「本来の目的以外に他事目的を有している医師が医療行為……を行おうとする場合，患者に対し，他事目的を有していること，その内容及びそのことが治療内容に与える影響について説明し，その同意を得る，診療契約上のもしくは信義則上の義務がある」という観点から，「A医師が，Bを本件クリニカルトライアルの対象症例にはしたものの，本件プロトコールにこだわらず，Bに最善の治療方法を選択したと認められる特段の事情のない限り，A医師としては，Bに対し，本件クリニカルトライアルの対象症例にすることについて説明し，その同意を得る義務があった」と認定し，「Bに対する説明とBの同意を得ることなく，Bを本件クリニカルトライアルの対象症例として登録し，本件プロトコールにしたがった治療をしたA医師の行為は，Bの自己決定権を侵害する不法行為であるとともに，診療契約にも違反する債務不履行にも当たる」と判断した。本判決は，臨床試験の本質に言及してその違法性を認定したものであり，注目に値する。しかし，第2審判決（名古屋高判平17・4・13判例集未登載）は，医師の裁量を広く認める判断を示した。これは被験者保護の潮流とは逆行するものである（医事法百選（第2版）〔42〕参照）。

(ⅳ) 札幌ロボトミー事件　　やや古いが，精神病質と診断された同意能力不十分な患者に対してなされたロボトミー（前頭葉白質切截

術）が人体実験にあたるのではないかが争われたのが，札幌ロボトミー事件判決（札幌地判昭53・9・29判時914・85）である。本判決は，当時の医学水準によれば精神医学上の治療手段としての一般的許容性がなお認められていたとして，人体実験を否定する判断を示したが，患者の同意を得ないまま「最後の手段」であるロボトミー実施の判断を下した点で，医師側の裁量の限界を超えた違法な治療行為と判断し，過失を肯定している（医事法百選（第2版）〔44〕参照）。本判決は，特に治療的実験における医学水準の問題や被験者の同意能力の問題を考えるうえで示唆深い。

人体実験・臨床研究・臨床試験の適法化要件とその限界

　以上の点を踏まえて，人体実験・臨床研究・臨床試験の適法化要件とその限界について述べておこう。政策的人体実験は，刑法上，殺人罪（刑199条）ないし傷害罪（同204条）について正当化の余地はない。したがって，法理論的に検討すべき問題は，研究本位的人体実験と治療的実験・臨床研究・臨床試験にあるといってよい。

　まず，研究本位的人体実験の場合，被験者に疾病治癒その他の身体的利益は存在しないので，被験者の事前の自発的かつ明示的同意がなければならない。これは，今日では一般に承認されている。しかもその際，もたらされる不利益ないし危険性を事前に被験者に説明しておかなければ，その同意も無効である。当然ながら同意は，被験者側でいつでも撤回可能でなければならない。また，実験内容が被験者側の生命を具体的な危険にさらすような場合や，人格を著しく変容せしめるおそれのある場合は，刑法202条（同意殺人罪）や憲法13条（人格権の尊重）に照らして問題があり，被験者の法益処分権を超えるものとして，その同意は無効と解される。また，同意無能力の被験者に対するこの種の実験は違法であり，原則として法定

第 7 講　人体実験・臨床研究・臨床試験

代理人であっても被験者にもっぱら不利益な実験への同意を与えることはできない。なぜなら，この場合，代替不可能な一身専属的事項だからである。研究本位的人体実験は，有効な同意がなければ，刑法上，傷害（致死）罪（刑 204 条（205 条）），暴行罪（同 208 条）が成立しうるし，関与者は，これらの罪の共同正犯，または教唆犯ないし従犯となりうるほか，民法上も不法行為として損害賠償（民 709 条）の対象になりうる。

　つぎに，治療的実験・臨床研究・臨床試験の場合，被験者が具体的疾患を有した患者であり，しかも場合によっては生命が危険にさらされているケースもあるので，より慎重な検討が必要である。すなわち，治療的実験は，必ずしもレーゲ・アルティスに則っているわけではなく，それを確立する途上にあるので，研究の自由，被験者の自己処分権（同意），そしてリスクとベネフィットの衡量という 3 つを基本的視点に据えて論理を展開する必要がある。その際，学問・研究の自由も無制限ではありえず，内在的制約あるいは高次の憲法上の価値（人間の尊厳や人格権の尊重）に制限枠を見いだす。基本的には被験者の自己処分権（同意）が重要な意義を持ってくるが，同意能力がない者（子どもや意思決定能力のない者等）の場合に法定代理人による同意を認めていることを考えると，本人の同意が唯一の適法化根拠だとするのは，不十分である。そこで，さらに，リスクとベネフィットの衡量を考えなければならない。

　いずれにせよ，人体実験・臨床研究・臨床試験の適法化ないし正当化は，どれか単独の正当化事由で基礎づけるのは困難であり，インフォームド・コンセントを中心としつつ，これを補足するものとして，リスクとベネフィットの衡量，補充性，緊急性を加味するという具合に，まさに「正当化事由の競合」という論理で考えるべき

である。ただし，リスクがベネフィットを確実に上回る場合，その治療的実験を正当化するのは，緊急性と補充性があっても困難である。逆に，リスクが著しく低い場合は，緊急性と補充性を欠いても，インフォームド・コンセントだけで正当化可能である。したがって，リスクとベネフィットが拮抗する場合に，上述の「正当化事由の競合」や「危険（リスク）の引受け」の法理により，超法規的違法性阻却が考えられる。なお，同意能力がない者およびそれが制限された者については，リスクがベネフィットを著しく上回らないとか，他に代替手段がないなどの，さらなる詳細な配慮が必要である。

　しかし，この問題は，単に実体法レベルの解釈論だけで解決が図れるものではない。① 倫理委員会の設置，② 研究プロトコールの作成，③ 潜在的な損害に対する被害者のための補償，④ 倫理的・法的に許容されない人体実験の成果公表禁止などの手続的保障も重要である。被験者保護のための「メディカル・デュープロセスの法理」(⇒**第1講**) も，その一環である。とりわけ，倫理委員会のあり方を根本的に見直して，単なる「通過儀礼的なもの」から「実質的権限をもった倫理委員会」へと脱皮させる必要がある。2015年にそれまでの倫理指針を1本化した「人を対象とする医学系研究に関する倫理指針」が誕生したことは，その延長線上に位置づけることができるが，まだ十全のものとはいえない。臨床研究基本法の成立を目指すべきである。

🎧 医薬品の臨床試験

　医薬品の臨床試験の場合，研究段階での利益相反に係る2013年のディオパン事件を契機に，2017年に「臨床研究法」(平成29年法律第16号) が成立したが，その射程範囲は，臨床研究に関する資金提供に関する情報の講評（利益相反の禁止）に重点が置かれるなど，限ら

れている。また，薬事法も，2013年に「医薬品，医療機器等の品質，有効性及び安全性の確保等に関する法律」（以下「薬機法」という）に改正されたが，医薬品に関しては，同法による同様の規制を受け，動物での前臨床試験の後，臨床試験は，通常，3段階に分けられている。

　第I相は，臨床薬理とも呼ばれ，副作用の強い抗癌剤などを除き，「健常な自発的に志願した」少数の被験者を対象に新薬の安全性と薬理作用の確認を行う段階である。この段階では被験者に具体的治癒利益は存在しないので，研究本位的人体実験の範疇に属する。この段階ではリスクが最も高いだけに，副作用その他のリスク，治験薬投与停止後の影響等まで被験者に十分説明したうえで同意を得る必要がある。1960年代に起きたキセナラミン事件（参考文献①48頁以下）は，まさにこの段階で発生した事件である。

　第II相は，200人以内の限定された数の患者を対象に，新薬の有効性と相対的安全性を証明する目的で実施される試験段階である。これが確認されると，第III相で，通常は一定数の患者群と対照群に対し治験計画にもとづく比較試験を実施し，市販前における新薬の有効性と安全性が最終的に確認される。第II相と第III相は，被験者が患者であることから，治療的実験ないし厳密な意味での臨床試験と考えられる。もちろん，この場合も，医学準則の確立前なので，リスク（副作用や有害事象）とベネフィットを十分説明したうえで同意を得る必要がある。そして，いつでも同意が撤回可能であり，それによっていかなる不利益も被らないことも説明しておく必要がある。もっとも，後述のように，二重盲検法などが実際には行われている点に注意する必要がある。なお，市販後の医薬品監視は，第IV相とも呼ばれている。

2 考え方の道しるべ

⌛ プラセボの問題

　ここで，プラセボ（偽薬：プラシーボともいう）の場合，どう対処すべきかが問題となる。盲検法には，被験者が実験薬を与えられたのかプラセボを与えられたのか知らない単盲法（single blind test）と，被験者も担当医もそれを知らない二重盲検法（double blind test）がある。これについて，医療現場では薬効を正確に知るには必要であるとの見解も根強いが，インフォームド・コンセント重視の立場からは，疑問も提起されている。この種の試験に対して刑罰でストレートに対応するのは過剰と思われるが，かといって，単に「必要性」という観点からのみこれを正当化することはできないであろう。論理としては，「必要性」についての理解を広め，最低限，包括的に事前に二重盲検法のやり方まで説明すべきであると思われる。

> **CASEへの**
> **アプローチ**

CASE のもとになる愛知県がんセンター事件判決（2 ⌛ 判例の動向(ii)）の論理にみられるように，CASE の第Ⅱ相での治験において，インフォームド・コンセント原則にもとづく説明義務として，当該医療行為が医療水準として定着していない治療法であること，他に標準的な治療法があること，標準的な治療法によらず当該治療法を採用する必要性と相当性があること，ならびにその学理的根拠，使用される治験薬の副作用と当該治療法の危険性，当該治験計画の概要，当該治験計画における被験者保護の規定の内容およびこれに従った医療行為実施の手順等を被験者本人（やむをえない事由があるときは家族）に十分に理解させ，そのうえで当該治療法を実施するについて自発的な同意を取得する義務があるが，Ｘ医師はその義務を尽くしておらず，プロトコール違反でもあることから，Ａの遺族らは，民法上の不法行為責任（民709条）もしくは債務不履行責任（同415条）にもとづく損害賠償をＸ医師および場合

77

第7講　人体実験・臨床研究・臨床試験

によってはB病院に請求できる。なお，違反の程度が著しい場合は，刑法上，X医師に傷害罪（刑204条）ないし傷害致死罪（同205条），さらには業務上過失致死罪（同211条1項）が成立しうる。

3　倫理委員会の整備・被験者補償の充実へ ── 今後の展望

　被験者が内容を十分理解して承諾していて被害が発生した場合は，「被害者の承諾」の法理で処理しうる範囲ではこれによる正当化が考えられ，また，重篤な被害が出た場合でも「正当化事由の競合」または「危険（リスク）の引受け」の法理で正当化ないし免責の余地があり，他方，それが困難な場合は法的制裁の対象になりうる。しかし，事後的な制裁だけでは対応が不十分である。今後は，オランダのように，一般的な人体実験の問題および医薬品の臨床試験の問題に共通の枠組として，倫理委員会のあり方の法的整備および被験者補償・保険を含めた「被験者保護基本法」の制定が望まれる（参考文献①105頁以下，155頁以下）。その意味で，臨床研究法は，早晩見直しを迫られるであろう。

4　ステップ・アップ

薬剤の種類

　薬剤には，①日本薬局方医薬品，②日本薬局方外医薬品，③医薬品添加物，④単純治験薬，⑤有償治験薬，⑥医師裁量導入薬（院内製剤等）がある。このうち，①②③は医薬品として，また④⑤は治験薬として薬機法にもとづいた開発ないし使用が行われるが，⑥の医師裁量導入薬（院内製剤等）は治験薬でもないので，薬機法の外に

あり，薬機法なり GCP のチェックを受けないまま使用され，ある意味で「法の空白地帯」に置かれている。

それでは，医薬品の臨床試験と法規制との関係で，医師裁量導入薬（院内製剤等）についてはどう考えたらよいであろうか。これには，5種類のものがある。1）化学薬品，2）漢方薬等を含む民間薬，3）医薬品の規格を逸脱したもの（適応外使用を含む），4）医薬品に規格外の薬剤を配合したもの，5）その他の特殊事例，である。

院内製剤の問題点

院内製剤が生まれる要因は，2つある。第1に，正当な医療に必須の薬剤でも，安価で簡単に作ることのできるもの，とりわけ利用頻度の低いものは医薬品として新たに発売されることはない。商業ベースに乗らなければ，医薬品としての開発が困難であり，一方で，それが医療上有効にして不可欠であり，かなりの安全性をもって日常的に定着しているとすれば，このような薬剤の存在を法的に全面否定することはできないであろう。第2に，市販の薬剤には限界があるため，新たな効能を見いだすべく，より安価な薬剤を開発するという医学的欲求ないし研究開発心という要因が考えられる。たしかに，少数ながら存在する難病患者の治療に不可欠の薬剤を求める方向を全面否定はできない。しかし，安価で効能があっても，もしそれが副作用の強いものであれば，その存在自体を法的に無条件に放置することはできないであろう。

薬機法12条1項は，一定の医薬品等について，厚生労働大臣の許可を受けた者でなければ，業として製造販売をしてはならない旨を規定する（薬84条：その違反者に対して3年以下の懲役もしくは200万円以下の罰金（併科の場合を含む））。(旧)厚生省は，院内製剤に関して，「それが当該病院の患者に使用するためのものである限りにおいては，業と

79

して医薬品を製造する行為に該当しない」との判断を示しており（昭和35年5月17日，36衛発610号），薬機法自体が市販薬（治験薬）の製造を前提とする以上，刑法の大原則である罪刑法定主義に照らすと，院内製剤の製造・使用を薬機法84条で処罰するのは困難である。しかし，医薬品の臨床試験の際にインフォームド・コンセントがない場合，おそらく民法上は損害賠償責任（民415条の債務不履行責任ないし709条の不法行為責任）が発生するであろうし，行政法上は行政処分が考えられる。もし，院内製剤の場合は，それが恒常的に作られているのであれば，製造物責任が成立する余地もある。そして刑法上は，死傷結果について，傷害罪（刑204条）ないし傷害致死罪（同205条）が成立しうる。

　しかし，この種の臨床試験は，個人で実施するよりはむしろ組織的に行うケースが一般的であることから，治験担当医師のみならず，その監督者，場合によってはメーカーの管理・監督者の作為または不作為について，業務上過失致死傷罪（刑211条1項）が成立する余地がある。もちろん，その際，GCPの基準が注意義務認定の一応の目安となるが，最終的には当該事件における具体的事情や（「信頼の原則」適用に関して）実質的信頼関係の有無を考慮して，注意義務や具体的予見可能性の有無を判断しなければならない。

　今後は，規格外の薬剤ないし院内製剤であっても，すでに安全性について問題がないものについては，法的にもその品質管理および使用目的明記を条件にして適正利用を保障する工夫をすべきであり，また，規格内の薬剤についても，特に副作用等の危険性が高いものについては，目的外使用禁止を絶対的条件とするなどして，行政規制の新たな枠組みを作るべきである。そして，実験段階にあるものについては，臨床試験に準じた扱いをし，GCPと同程度の基準を

設け，インフォームド・コンセントの確保を徹底し，データ公表を義務づけるなどして安全性を倫理委員会ないし審査委員会でチェックすべきである。

〈参考文献〉
① 甲斐克則『被験者保護と刑法』（成文堂，2005）〔頁数は各箇所参照〕
② 甲斐・医事刑法Ｉ〔64頁以下〕
③ 中村哲「試行的な医療行為が法的に許容されるためのガイドライン —— 主として試行的な治療行為について」判例タイムズ825号（1993）〔6頁以下〕
④「シンポジウム／臨床研究」年報医事法学13号（1998）
⑤ 甲斐克則編『インフォームド・コンセントと医事法（医事法講座第2巻）』（信山社，2010）

Bridgebook

第 **8** 講

医療事故と医療過誤（民事）

医療事故・医療過誤と民事責任に関する問題点

CASE

① Aは乳がん患者であったが，当時新聞等で紹介されていた乳房温存療法に強い関心を有し，できるかぎり乳房を残したいとの意思を，担当医のXに伝えた。Xは，開業医ではあるものの，乳がんの専門家で自ら乳房温存療法を実施した経験もあり，当時すでに同療法を実施している医療機関が少なからず存在していること，Aについてもその適応可能性があることを知っていた。しかし，当時わが国で同療法の術式はいまだ未確立とされており，自らも同療法については積極的な評価はしていなかったため，Aに対しても，乳房温存療法については，実施例は少なく，その術式も確立していないとの消極的な説明しかせず，Aに対して乳房切除術を実施した。

② Bは手術以前，普段の日常生活を送っていたが，腰痛の検査のため訪れたY病院で，咳があったため内科の検査を受けたところ，左肺にがんが見つかり，左肺を全摘出する手術を受けた。しかしBの右肺の呼吸機能は不全であったため，実際には根治術の適応はなく，手術の1カ月後，死亡した。

しかし，その後病理検査が行われたところ，Bの左肺のがんは末期のものであり，死亡がほぼ確実であるとみられるまで進行したものであったことがわかった。

①，②の事例において，Yの損害賠償責任は認められるか。

1 医療事故・医療過誤と民事責任に関する問題点

医療事故と医療過誤

　医療事故と医療過誤は，その目的によって，定義に若干の違いが生じうるが，一般的には，医療事故とは医師や医療機関にエラーがあったかを問わず，患者に有害な事象が生じたこと，医療過誤とは，医療側に着目して過失があったこと，またはそれにより事故が生じたことを指す。

　後述するように，医療側の民事（損害賠償）責任が認められるためには，医業従事者や医療機関に過失が存在しなければならない。このため医療上の民事責任に関わる部分としては医療過誤のみを扱えば本来十分であり，実際，かつては「医療過誤」，「医療過誤法」といった名称が一般的であった。

　しかし，一見医療側にミスがあるように見える事象であっても，実際にミスがあったか否かの判断は困難な場合が多く，それらをも含めて医療過誤と呼ぶことには問題がある。他方，たとえば，患者が病院で転倒したなどのように，医療ミスではない事故の典型とされるような事例であっても，患者の管理体制を含めた医療機関の責任が問われうる場合もある。このため，現在では，民事責任に関わる部分であっても，より一般に医療事故の言葉を用い，そのカバーする事象を分析対象とすることが通常である。

医療紛争と医療訴訟

　医療事故や医療過誤と異なる概念として，医療紛争および医療訴訟という言葉も存在する。このうち，医療紛争とは医療に関わる，医業従事者または医療機関と患者および家族，その利用者との間の紛争一般を指す。医療紛争は必ずしも医療事故と関連するとはかぎ

第8講　医療事故と医療過誤（民事）

らない。実際には医療事故が存在しなくとも，患者や家族からみれ
ば，望まない結果が生じた場合，それが事故であるか否かを見分け
ることは容易ではなく，かつ医業従事者に対して不信感がある場合
などには，医療事故や医療過誤を疑うことはありうるからである。
そして，そのような紛争が当事者間で，あるいは第三者を通じても
解決されず，訴訟にまで至ると，医療訴訟となる。

2つの法的構成

　訴訟等において医療機関等の損害賠償責任を追及するには，不法
行為構成と債務不履行構成の2つがある。不法行為責任構成は，民
法709条や715条にもとづき，債務不履行構成は415条にもとづく
ものであり，条文上の違い，契約関係が存在しない場合には不法行
為構成によらざるをえないこと，時効の点などで両者に違いが存在
する。しかし，それ以外では，たとえば，証明責任の点などにおい
ても，現在の学説の多くは，どちらの構成によるかによって違いは
ないと主張し，実務においても「不法行為または債務不履行によ
り」という形で，両者を包括的に捉えるのが一般である。

　もっとも，最近では，責任追及における法的構成という訴訟技術
的な部分においてではなく，むしろ，医師患者関係の本質を契約と
してとらえることにより，その規律の仕方を考えるという目的から，
「契約構成」を評価する動きも存在する（シンポジウム「医療契約を考える
──医療事故をめぐって」年報医事法学21号参照）。契約には単なる立証や時
効等の技術的側面だけでなく，当事者の多様な期待や信頼をその中
に組み込みやすいという側面が存在すると思われることからすると，
このような考え方の可能性は今後追求の余地があろう。

民事責任における「損害の公平な分担」

　さらに，医療上の民事責任を考えるうえで，留意しなければなら

84

ないのは，わが国の民事責任および損害賠償法を支配する，「損害の公平な分担」という考え方である。すなわち，民事上の損害賠償は，生じた損害をどこに負担させるべきかという観点から定められるべきものであって，責任ありとされるものを制裁・断罪するために定めるものではない。それゆえ，訴訟においては，時に裁判所が医業者に過酷な義務や責任を課しているようにみえることも確かにあるが，「損害の公平な分担」という枠組みの中でこれをみると，その判断が納得しうるものであるということも多い。医療事故の分野において，被害者救済という側面からみて過失責任主義が維持しうるかについては今後検討されるべきであり，現に無過失補償へ向けた検討もなされているが，当面は医療裁判を評価するにあたり，患者も医業従事者も，この「損害の公平な分担」というキーワードを心に留めておくべきであろう。

医療上の民事責任の要件

　さて，上記のような無過失補償に関する議論をさておき，裁判を前提とする現段階での，民事上の被害者救済および民事責任のシステムにおいては，近代法の根本原則である「過失責任主義」をとることが前提とされている (ポイント①)。また，過失があっても，損害との間に因果関係がない場合 (ポイント②)，損害が発生していない場合 (ポイント③) においては，行為者は責任を負わない。医療事故訴訟においてもこの原則は適用され，これらの要件は常に問題となる。そこで，これらの要件につき，以下順に実際の問題点を明らかにすることにする。

2 考え方の道しるべ

ポイント①：過失＝注意義務違反について

(i)「最善の注意義務」＝東大輸血梅毒事件　　医療上の責任が認められるためには，医業従事者や医療機関に過失がなければならない。過失の意義については，古くから議論が存在するが，これを注意義務違反としてとらえることでは，多くの考え方は一致している。そして，その注意義務の内容については，一般には予見可能性や結果回避可能性を機軸とした考え方が支配的であるが，医療行為においてはそもそも治癒が保証されるわけではなく，一方で治癒が望めない場合であってもそれへ向けて最大限の努力をすべき，いわゆる手段債務が課されているのであるから，上記予見可能性や結果回避可能性の議論を，医療上の注意義務にそのまま当てはめると不都合が生じ得ることも認識されなければならない。

判例は，わが国医療事故判例理論の出発点となった東大輸血梅毒事件判決（最判昭36・2・16民集15・2・244）において，医業従事者には「危険防止のために実験上必要とされる最善の注意義務」が課されるとした。このような「最善の注意義務」は，上記のような医療上の注意義務の手段性からも裏付けられよう。

(ii) 注意義務の基準＝医療水準　　しかし，このような「最善の注意義務」は，そのままでは過失判断の基準とはなりえない。このため，この注意義務を具体化するため，判例はその注意義務の基準が，「診療当時のいわゆる臨床医学の実践における医療水準」であるとしている（医療水準論）（最判昭57・3・30判時1039・66）。

この医療水準論は，未熟児網膜症訴訟において，新規の治療法たる光凝固法を前提とする注意義務がどの段階で課されるかという論

点の中で形成されてきた議論であり，これをすべての注意義務に適用することには問題がありえよう。しかし，事実として，従来の裁判例はこの基準をすべての注意義務に適用し，実質的には医療水準が，医療上の注意義務の内容そのものとされてきた。

そして判例は，この医療水準を，全国一律に絶対的な基準ではなく，当該医療機関の性格，その所在する地域の医療環境の特性等の諸般の事情を考慮して決すべきであるとし（最判平7・6・9民集49・6・1499），また，医療水準は規範であって，慣行ではないため，医療慣行に従った医療行為を行ったからといって，医療水準に従った注意義務を尽くしたとは直ちにいうことはできないともする（最判平8・1・23民集50・1・1）。

これらの判断は，医療水準の内容に，医療機関の役割や患者の期待などの規範的要素を組み込んだものとして評価されるべきものであるが，上記のとおり医療水準が法的な注意義務の基準そのものとされることからすると，当然に導かれなければならない帰結であった。

(iii) 有効性・安全性と医療水準　　医療水準が「医療」の水準である以上，その中に医学ないし医療独自の論理に関する要素が入る余地があることも当然で，そのひとつが，治療法の有効性・安全性の問題である。実際，未熟児網膜症訴訟においては，新規治療法である光凝固法について，当時その治療法としての有効性が確認されていなかったことが主張され，裁判所もその主張を受け入れる形で，そのような新規治療法は，患者に対して実施することはもとより，その存在することを患者に告知する義務もないことが述べられてきた。

しかし，のちに判例は，当時未確立と認定された乳房温存療法の

第8講 医療事故と医療過誤（民事）

説明義務が問題となった事件において，患者が強い関心を有している
など複数の条件の下では，例外的ながらも，医療水準として未確
立の療法について説明する義務があるとするに至る（最判平13・11・
27民集55・6・1154）。むろんこの判例も，「有効性・安全性が未確立の
治療法」の説明義務を正面から認めたものではないが（むしろ有効性・
安全性の議論を慎重に避ける形での説示を行っている），従来何よりも重視され
た「医学的法則に裏付けのある冷静な判断，またはこれに基づく適
切な指示」以外にも注意義務を基礎づけるものがありうることを示
した点で，医療水準論を新たな段階に導くものであった。

　(iv) インフォームド・コンセント：自己決定と説明義務　　上記
判例にも関わることとして，学説においては，インフォームド・コ
ンセントないし自己決定のためのものとしての説明義務が論じられ
る。しかし，この義務は民事上の責任との関連においては，いかな
る利益が侵害されたかという点に関わり，上記判例が現れた背景と
しても，判例理論におけるこの部分の議論（法益論）の進展が存在す
ると思われる。そこで，この点については，被侵害利益の部分で述
べることにする。

🔗 ポイント②：因果関係について

　(i) 医療事故における因果関係認定の困難性　　医療上の責任が
認められるには，過失と損害との間に因果関係が証明されなければ
ならない。この因果関係の証明は，東大ルンバール事件判決（最判
昭50・10・24民集29・9・1417）において「一点の疑義も許されない自然
科学的証明ではなく，経験則に照らして全証拠を総合検討し，特定
の事実が特定の結果発生を招来した関係を是認しうる高度の蓋然性
を証明することであり，その判定は，通常人が疑を差しはさまない
程度に真実性の確信を持ちうるものであることを必要とし，かつ，

それで足りるものである」と定式化され，医療事故のみならず他の不法行為における，因果関係判断の際の判例理論として確立している。

　しかし，医療事故においては，このような定式化をもってしても，なお因果関係の認定が困難なことが多い。なぜなら，事故によってもともと健康な人への傷害や死亡がもたらされる交通事故等と違い，医療事故においては被害者があらかじめ何らかの傷病を有しているのが通常であるため，たとえば患者が死亡しても，それが傷病によるか過失によるかは不明なことが多い。また，たとえば末期がんや急性疾患などでは，適切な治療が行われても結局死亡に至る，または救命できないという場合がありうる。そして，そのような場合，適切な治療が行われないという（不作為の）過失があっても，あらためて適切な治療をしての再現はできないため，過失によって死亡したこととの関係が不明であることが多いからである。

　(ⅱ)「死亡時点における生存の高度の蓋然性」から「相当程度の可能性」へ　　判例はこれらの点につき，まず，不作為の過失についても上記東大ルンバール事件の定式が適用されることを認めたうえで，（たとえば末期がんなどで）「いずれにせよ死亡していた」可能性がある場合については，「医師が注意義務を尽くして診療行為を行っていたならば患者がその死亡の時点においてなお生存していたであろうことを是認し得る高度の蓋然性」が証明されれば，死亡との因果関係が認められるとし（最判平11・2・25民集53・2・235），わずかな期間であれ，延命の蓋然性があれば死亡との因果関係が認められるとした。

　つぎに，急性疾患などで救命が可能であったか判然としないような場合については，「医療行為と患者の死亡との間の因果関係の存

在は証明されないけれども，医療水準にかなった医療が行われていたならば患者がその死亡の時点においてなお生存していた相当程度の可能性の存在が証明されるときは，医師は，患者に対し，不法行為による損害を賠償する責任を負う」として，死亡自体との間には因果関係が立証されない場合でも，責任が生じうることを認めた（最判平12・9・22民集54・7・2574）。この「相当程度の可能性」の理論は，患者に重大な後遺症が残った場合にも適用され（最判平15・11・11民集57・10・1466)，確立した判例理論となっている。

(iii)「相当程度の可能性」理論の意義　　「相当程度の可能性」理論の評価は，いまだ完全に固まっていない。しかし，これについては，「生存ないし後遺症が残らない相当程度の可能性」という新たな法益を認め，かかる法益と過失との間の因果関係が認められる場合には責任を認めたものと考えるのが自然であろう。このため，かかる法益侵害との間にも因果関係が認められない場合においては責任を認めがたく，責任を認めるにはさらに新たな法益を観念しなければならないことになるが，これらの点についてはつぎの項目（　ポイント③(v)）で述べる。

　ポイント③：損害＝被侵害利益について

（i）かつての理論＝生命・健康　　民事上の責任が認められるには，被害者において損害が発生していることが必要であるが，医療事故訴訟においては，むしろ損害発生の前提部分である，被害者のいかなる法益が侵害されたかという点が多く論じられる。

　　もっとも，このような議論が意識的になされるようになったのはごく最近で，かつては医療過誤の被侵害利益として，患者の生命や健康以外のものは想定されず，たとえば，自己決定の侵害や医師の不誠実な医療対応等については，患者側からの賠償の請求があって

も，それが認められることはなかった。それゆえ，その時期に形成されたかつての医療水準論においても，生命や健康以外，自己決定やその他の利益に向けられる注意義務はいっさい認められていなかった。

(ⅱ) 被侵害利益と注意義務　　最近の判例は，先述のとおり「医療水準として未確立の療法」についても説明義務が生じうる余地を認めた。これは，患者が強い関心を有していたなどの事情が存在する当該事例において，乳房切除術を受けるか乳房温存療法を受ける可能性を探るかについて熟慮判断する機会を与えられることを，当該患者における法益として，新たに認めることにより可能となったと理解されよう。

このように，近時の判例においては，事例に則したさまざまな法益を認めることにより，事例に則した柔軟な解決を行っており，そのことによって，自己決定等に関連する新たな説明義務等も認めるという傾向がみられる。もっとも，これらは当該事例に則した判断であって，判例上一般に，自己決定原則やインフォームド・コンセントが認められたといいうるかについては議論があるが，徐々にその範囲は広がりつつある。

(ⅲ) 告知・説明に関連する新たな被侵害利益　　すでに判例が認めたさまざまな被侵害利益をみると，以下のものがあげられる（最判平17・12・8判時1923・26における横尾・泉反対意見参照）。これらは，当該利益を認めることによって，医師の側の告知や説明の義務を新たに根拠づけたものと分類することができよう。

① 患者が宗教上の信念からいかなる場合も輸血を拒否するとの
　固い意思を有しているなどの場合における，患者が輸血を伴う
　可能性のあった手術を受けるか否かについて意思決定をする権

利（最判平 12・2・29 民集 54・2・582）。

② 上記（2 ✏ ポイント①(iii)）乳がん患者における，治療法につき熟
慮判断する機会（最判平 13・11・27 民集 55・6・1154）。

③ 家族に対するがんの告知が争われた事件における，適時の告
知によって行われるであろう家族等の協力と配慮（最判平 14・9・
24 判時 1803・28）。

④ 帝王切開術を強く希望していた夫婦が，担当医師から胎児の
最新の状態等の説明を受けて，胎児の最新の状態を認識し，経
腟分娩の場合の危険性を具体的に理解した上で，担当医師の下
で経腟分娩を受け入れるか否かについて判断する機会を与えら
れること（最判平 17・9・8 判タ 1192・249）。

(iv) 因果関係が立証されない場合の被侵害利益　このほかにも
判例においては，既述のとおり（2 ✏ ポイント②(ii)(iii)），医療水準に従っ
た適切な治療が行われなかったが，一方で，重大な後遺症の発生や
死亡という結果との間の因果関係が立証されない場合の被侵害利益
も新たに認められている。再度整理すると以下のとおりである。

① 死亡の時点においてなお生存していた相当程度の可能性

② 重大な後遺症が残らなかった相当程度の可能性

(v)「医療水準に従った適切な治療を受ける利益」について　し
かし，上記判例理論は，生存や後遺症の残らない「相当程度の可能
性」すら立証されない場合の法益侵害を認めるものではない。それ
ゆえ，さらに，「医療水準に従った適切な治療を受ける利益」とい
う新たな法益が認められるべきとの主張は，当然に生じうるもので
あろう。この点に関し，上記判例（最判平 17・12・8 判時 1923・26）の法
廷意見では直接触れられなかったが，そのような法益を積極的に認
めるべきとする 2 名の裁判官の反対意見が出され，議論の推移が注

目されていたところ，その後の判例（最判平23・2・25判時2108・45）は，「患者が適切な医療行為を受けることができなかった場合に，医師が，患者に対して，適切な医療行為を受ける期待権の侵害のみを理由とする不法行為責任を負うことがあるか否かは，当該医療行為が著しく不適切なものである事案について検討し得るにとどまる」とした。本判決により，「適切な医療行為を受ける期待権」の侵害による不法行為は，容易には認められないが，医療行為が著しく不適切な事案などにおいては，少なくとも検討の余地はありうることが示された。もっとも，そのような事案がどのような場合か，そもそもありうるかについては，今後の判例を見守る必要があろう。

CASEへのアプローチ　以上の説明からCASEの処理は明らかと思われるが，簡単に説明を加えておこう。

CASE①は，本文中の乳房温存療法判決（最判平13・11・27民集55・6・1154）に関するものであり，本判決は，本件のような諸事情のもとでは医師の知っている範囲で当該療法の内容，適応可能性やそれを受けた場合の利害得失，当該療法を実施している医療機関の名称や所在などを説明すべき義務があるとして医師の責任を認めた。しかし，これは本事例に則して下された結論であり，未確立の療法につき一般的に説明義務を認めたわけではないことには注意を要する。

また，CASE②については，「医師が注意義務を尽くして診療行為を行っていたならば患者がその死亡の時点においてなお生存していたであろうことを是認し得る高度の蓋然性」が証明されれば，死亡との因果関係が認められるとした最高裁平成11年2月25日判決（民集53・2・235）により，CASE②のような場合においても，医師の過失と患者の死亡との間に因果関係が認められることになろう（東京地判平13・2・27判タ1124・241参照）。

3 民事責任と法益論の進展について —— 今後の展望

医療事故の民事判例理論における，今後の課題をいくつか示しておく。

まず，上にも示したように，近時の判例理論でとりわけ目を引くのは法益論の進展であり，これが注意義務論にも，因果関係論にも新たな進展と議論をもたらしていることは注目してよい。今後も，新たな保護法益が認められることにより，新たな注意義務が認められる可能性や，因果関係の部分でも新たな理論が認められる可能性は十分にありうるといえる。さらには，法益ごとに注意義務を分類することによって，従来，すべての医療上の注意義務の基準とされることで混迷状況にもあると思われた医療水準論を，一部整序しうる可能性もあると思われる。このため，認められるべき法益の検討や，その分類は今後真剣になされるべき作業といえる。

そしてその際，生命・健康とは別の法益を安易に認めてよいかという点についても議論がなされるべきであろう。むろん，それは，医師の責任は人の生命および健康の管理を抜きにして論ずることができないからであると同時に，被害者にとっても，生命および健康と関わりのない法益の侵害が認められたところで，現実の救済にはならないという事態がありうるからである。

医療裁判において，責任が認められても実際に認定される損害額が著しく低いという問題点は，実務上，つねに指摘されている。上記については，この点も視野に入れながら検討されるべきであり，かつ，医療事故における適正な損害算定も，なお検討されるべきであろう。

4 ステップ・アップ

　最後に考えて欲しいのは，最初にも述べた「損害の公平な分担」についてである。

　これまでみてきた判例理論の変遷は，「損害の公平な分担」のもと，裁判という枠組の中で「気の毒な」被害者を救済しようとする努力の積み重ねによる結果でもあった。しかし，過失責任主義を前提とする裁判の枠組内での救済であるかぎり，医師の過失を認めなければ救済されず，また，運行供用者責任や製造物責任等にみられる報償責任的原則にもとづいた無過失責任の考え方を取り入れるとしても，医療行為によって医師が利益を得ているとは必ずしもいえない現状においては，これを全面的に導入することにも無理があろう。医療において必然的に生じるリスクを誰が分担するのが公平であるかという問題は，裁判の中だけではなく医療消費者および国民全体を含め，広い範囲で議論されなければ十分とはいえず，また，被害の救済のためとはいえ，医療側に安易に責任を負担させた場合に，医療の実践に生じうる影響をも考慮しなければならない。

　東大輸血梅毒事件を契機に生じた当時の議論（我妻栄「輸血梅毒事件」民事研修50号4-5頁等。過失責任主義への疑問や保険制度について論じられている）や，医療事故の無過失補償制度を取り入れた，フランスにおける国民連帯の考え方（参考文献④）や，さらに，このような海外における無過失補償制度を我が国に取り入れることを念頭にした議論が，その後医療安全，事故防止の議論へとシフトし，医療事故調査制度の成立に結び付いた我が国における議論の経緯など（参考文献⑦参照）は，この問題を考えるにあたり，参照に値するであろう。

〈参考文献〉

① 医事法百選（第2版）〔第Ⅵ部(1),(2),(3)〕

② 手嶋豊『医事法入門（第4版)』（有斐閣，2015）〔第9章〕

③ 伊藤文夫＝押田茂實編『医療事故紛争の予防・対応の実務 —— リスク管理から補償システムまで』（新日本法規，2005）

④ 山口斉昭「医療事故被害者救済制度について」賠償科学30号（2003）〔53頁〕

⑤ 山口斉昭「医療水準と法益」賠償科学34号（2006）

⑥ 山口斉昭「医療事故と民事責任」賠償科学31号（2004）

⑦ 山口斉昭「医薬品副作用被害救済制度が医療事故補償制度の構想に与える示唆について」日本法学80巻3号（2015）

Bridgebook

第 **9** 講

医療事故と医療過誤（刑事）

誰が，なぜ，どのような刑事責任を負うのか

CASE　大学附属病院耳鼻咽喉科の医師Xは，同科でははじめての症例であった滑膜肉腫の患者Aの主治医であった。同科の診療は，指導医，主治医，研修医各1名の3名がチームを組んで患者の治療を担当し，指導医の指導の下に主治医が中心となって治療方針を立案し，指導医が了承した後，最終決定権を有する科長（教授）に報告し，その了承を得ることが必要であった。また，難しい，まれな症例等では，チームで治療方針を検討した結果を医局会議にかけて討議し，科長が最終的な判断を下していた。Xは，同科でははじめての抗がん剤療法をAに実施するにあたり，プロトコールの単位を誤読し，週1回投与すべき抗がん剤を連日投与するという誤った投与計画を立てた。そして，この誤った投与計画を，指導医である医師Yに報告したが，Yも同様に誤読し，そのまま了承し，同科の科長である医師Zに報告した。Zは，自ら文献をみることもなく，これを了承した。そのため，この誤った投与計画にもとづいて，Aに抗がん剤の投与が開始された。投与開始2日目に教授回診，医局会議が行われたが，投与の誤りには気づかなかった。投与開始から4，5日後に，Aに高度な副作用が出始めたため，7日後に投与が中止されたが，Aはこの副作用により死亡した。

　X，Y，Zは，どのような刑事責任を負うか。

第9講　医療事故と医療過誤（刑事）

1　誰が，なぜ，どのような刑事責任を負うのか

刑法で処罰される医療過誤

わが国の刑法では，人の身体，生命の保護のため，「故意」による侵害（傷害罪：刑204条，殺人罪：同199条）のみならず，「過失」によって侵害結果を惹き起こした場合も処罰される（過失致死傷罪：刑209条・210条・211条）。また，刑法211条は「業務上必要な注意を怠り，よって人を死傷させた者は，5年以下の懲役若しくは禁錮又は100万円以下の罰金に処する」と定め，「業務上の過失」に対しては，通常の過失（刑209条・210条）に比べて重い刑を定めている。ここでいう「業務」とは，人が社会生活上の地位にもとづいて反復継続して行う行為で，一般に人の生命・身体等に危害を加えるおそれのあるもの（最判昭33・4・18刑集12・6・1090）とされている。医師の行う治療行為をはじめとして，多くの医療行為は，この「業務」にあたることになる。

したがって，医師などの医療従事者が患者の治療などを行う過程において，何らかのミスにより患者に後遺障害を残したり，患者を死亡させたりした場合，つまり医療事故が発生したとき，医療従事者に「過失」がある場合（医療過誤）には，民事法上の責任を問われる（不法行為責任，債務不履行責任⇒**第8講**）のみならず刑法上の過失責任を問われ，**業務上過失致死傷罪**で処罰されることがある。

それでは，刑法上の「過失」とはどのようなものであるのか。また，治療に複数の医療従事者が関わっていた場合，これらの者のうち誰が，どのような理由で刑法上の過失責任を負うのであろうか。

CASEでは，医師Xがプロトコール（投与計画）を誤読する，というミスによって抗がん剤がAに過剰投与され，抗がん剤の副作用に

より A が死亡している。まず，この X に刑法上の「過失」が認められるのか，ということが問題となる。また，CASE では，A に対する治療は，X が単独で行ったものではなく，医師 Y，医師 Z らの関与も認められる。Y，Z は X の上司であり，X の治療実施にあたっては，実施前にその報告を受け，助言，指導する立場にあった。X の治療計画の報告を受けて，抗がん剤の投与量の間違いに気づかなかった Y，Z には「過失」が認められるのか，ということも問題となる。

2 考え方の道しるべ

業務上過失致死傷罪の成立要件

業務上過失致死傷罪 (刑211条前段) が成立するためには，前述した「業務」であることのほか，医師に「過失」があることと，その「過失」行為と患者の死亡 (あるいは傷害) 結果との間に因果関係があることが必要である。

(i)「過失」の具体的要素　刑法上の「過失」とは，不注意すなわち注意義務を怠ったことである。そして，この注意義務は，行為者のおかれた状況下において，一般人であれば結果発生を予見することができる (結果予見可能性) 場合に，結果発生を予見し，結果発生を回避する措置を採るべき義務である，と解されている。すなわち，結果予見義務と結果回避義務である。もっとも，一般人といっても，およそ一般的な通常人を指すのではなく，行為者と同じ立場にある者のうちの平均的な通常人を指す。たとえば，行為者が医師であれば，通常の平均的医師が基準とされ，診療科の専門知識等が必要とされる状況である場合には，当該診療科における通常の平均的医師が基準とされる。

第9講　医療事故と医療過誤（刑事）

　一般人に予見可能性がない場合には，行為者が一般人よりも能力が高い，といった事情がないかぎり（このような場合について，どのように考えるか，ということについては争いがある），行為者も予見できないのであるから，行為者の予見義務違反は認められない。

　また，結果回避義務違反は，行為者の立場におかれた一般人であればとったであろう結果回避措置を，行為者がとっていない，ということで認められる。この際，この結果回避措置の内容を具体化し，確定する必要がある。ここで，医療過誤の場合，医療水準に照らして，とるべき措置が確定される。医学は日々進歩していくので，医療水準も変化していく。医師には，この進歩・変化していく医療水準に追いついていく義務があることとなる。

　(ii) 因果関係　　因果関係とは，行為と結果との間に原因と結果の関係があることである。この因果関係が認められるには，通常人であれば誰でも疑いを差しはさまない程度に真実らしいと確認できるように（検察官が）証明することが必要とされる（合理的な疑いを超える証明）。刑事医療過誤訴訟の場合，刑罰を科すか否かの確認であることから，民事訴訟における因果関係の立証よりも厳格なレベルが要求されるのである。

チーム医療における刑事過失責任

　(i) チーム医療　　今日の医療は，さまざまな医療専門職による分業化が進み，1人の患者に対して複数の医療従事者が分担・協力して行われており，「チーム医療」といわれる。「チーム医療」には，1人の医師をチーム・リーダー（主治医）として医師以外の医療専門職者（薬剤師，看護師，理学療法士など）により構成される場合，複数の診療科の医師やその他の医療専門職者により構成される場合，上下関係にある複数の医師やその他の医療専門職者により構成される場

合などがある。

このような「チーム医療」において医療事故が発生した場合，チーム内の医療従事者の刑事責任の所在が問題となる。

(ii) 監督過失　　刑法は，**個別行為責任**（個人は自己の犯した犯罪についてのみ責任を負い，他人が犯した犯罪について責任を課されない）を原則としている。この原則によると，まず，直接に法益（法によって保護される利益）を侵害（医療事故の場合には患者の生命侵害など）する行為を行った者（直接行為者）の責任が問われることとなる。しかし，「チーム医療」において，直接行為者の監督者の指導・監督の不適切さが法益侵害結果の発生に結びついているような場合に，この原則を徹底すると，つねに，患者に対して直接に接した者の行為のみが責任を問われるか，あるいは，その直接行為者自身には過失がない，として誰も責任を負わない，ということになってしまう。このような場合には，他人を指導・監督すべき立場にある者が，他人が法益侵害行為を行わないように，その行動を監督すべき義務を怠ったことについて，間接的な責任を認めるべきである，と考えられている。これを監督過失という。

もちろん，この監督過失も過失の概念の1つであるから，結果予見義務違反および結果回避義務違反がなければ認められない。したがって，監督者に，直接行為者の不適切な行為が予見可能であることが必要となる。

(iii) 信頼の原則　　今日の医療においては，医療の高度・複雑化に伴い，多種・多様な医療機器や薬剤の取扱業務が増加するとともに，医療専門職の職種も増加している。それゆえ，「チーム医療」において医療事故が発生した場合に，チーム・リーダーである医師に，他の医療従事者に対する監督義務をつねに課すのは医療の実態

にそぐわない。また，それぞれの医療専門職者間において，他者の行為に対してつねに相互に誤りがないかどうかをチェックする義務を課すことも，多くの患者に対して，できるかぎり時宜を失しないように治療にあたるためになされている分業による医療の効率性に反する。

　そこで，他人が適切な行動に出るであろうことを信頼して行為した場合には，その他人の不適切な行動によって結果が発生しても責任を負わない，とする「信頼の原則」が適用される，と考えられるようになった。この原則は，昭和30年代以降，交通事故に関する判例に導入され，その後，社会の発展に伴う分業化の促進により，分業者間にも，その適用が認められるようになった。また，同様に，監督者―被監督者間においても，この原則の適用が認められている。

　① 判 例 「チーム医療」における監督過失について，この原則の適用を認めたのが，北大電気メス事件判決（札幌高判昭51・3・18高刑集29・1・78，医事法百選（第2版）〔71〕）である。この事件は，大学附属病院で行われた2歳の患者に対する手術で用いられた電気メス器の対極板付ケーブルのプラグとメス側ケーブルのプラグとを看護婦（現在では看護師）が交互に誤って接続したため，対極板を装着した患者の右下腿部に高周波電気が流れ，熱傷が生じ，そのため下腿切断に至った，というものである。

　手術で電気メス器を使用した執刀医Aとケーブルを誤接続した看護婦Bが起訴され，執刀医は無罪とされた。その理由として，この判決は「ケーブルの誤接続のありうることについて具体的認識を欠いたことなどのため，右誤接続に起因する傷害事故発生の予見可能性が必ずしも高度のものではなく，手術開始直前に，ベテランの看護婦である被告人Bを信頼し接続の正否を点検しなかったことが当

時の具体的状況のもとで無理からぬものであった」と述べている。

② **学　説**　　学説では，医療過誤の分野では，危険防止を分担すべき当事者ではない患者の安全のため，信頼の原則の適用は慎重であるべきとし，医師の看護師に対する監督過失の場合には，医師の視認範囲内でなされる場合にはこの原則の適用を認めるべきではない，として適用に慎重な見解（参考文献⑤）もあるが，多数の見解は，この原則の適用に肯定的である。そして，適用の要件として，信頼することが相当な場合でなければならず，各人の業務分担が確立していることが必要とされる。さらにこれに加えて実質的信頼関係があることを要請する見解（参考文献①）もある。

(iv)「チーム医療」における責任の分配

① **医師―看護師間**　　看護師は，保助看法5条・37条で医師の指示のもと，診療の補助をすることができる，とされている。したがって，医師は看護師に対して指示・監督すべき立場にあることから，看護師の診療補助行為における過誤につき，その監督過失が問われる場合がある。しかし，医師の看護師に対する，ある診療補助行為を行うよう指示する，その指示自体は適切であったにもかかわらず，看護師が過誤を起こした場合はどうであろうか。古くは，このような場合にも看護師は医師の指示どおりに行動する，医師の手足と考えられていたため，医師の監督が不十分であったことにより結果が発生したものとして医師の監督過失が認められていた。

しかし，今日では，看護師は有資格者として専門知識を有し，独自の判断能力をもって医師の補助をつとめる者と考えられるようになっている。また，今日の医療においては，医師の面前，近傍ではないところでの診療補助行為の必要性が増えている。今日の医療は，看護師に，医師の診療補助行為を専門職として行うに値する能力が

あるからこそ成り立っている。それゆえ，看護師の過誤に対してつ
ねに医師の監督過失を認めるのは，医療の実態をかえりみず医師に
過酷な注意義務を課すこととなり妥当ではないし，看護師に専門職
としての地位を認めることにも反するものである。したがって，看
護師に，指示された医療行為を看護師のみで適切に行う十分な能力
がある場合には，特別の事情がないかぎり，医師には「信頼の原
則」が適用される。

　② 医師―医師間　　「チーム医療」に複数の医師が関与する場合，
これらの医師の間において「信頼の原則」の適用が認められるであ
ろうか。

　(イ) 医師の専門が異なる場合　　専門が異なるがゆえの役割分担
なのであるから，各人は各人の専門分野における注意義務を履行し
なければならず，かつ，それで足りる。すなわち，問題となる過誤
が専門性に関わる場合には「信頼の原則」が適用される。これに対
して，たとえ専門が異なる場合であっても，専門性とは関係のない
注意義務をそれぞれが負っている場合には，各人がそれぞれ，その
注意義務を履行しなければならず，一方の医師による履行を信頼し
た，ということはできない場合がある。手術部位が異なる患者を取
り違えたままに手術を施行して，患者に傷害を負わせた**横浜市大患
者取違え事件**（最決平 19・3・26 刑集 61・2・131，医事法百選（第 2 版）〔73〕）で
は，「患者の同一性を確認することは，当該医療行為を正当化する
大前提であり，医療関係者らの初歩的，基本的な注意義務であっ
て」，この病院が当時，患者の同一性確認の徹底のために，医師や
看護婦の間での役割分担を取り決め，周知徹底していなかったこと
から，手術に関与する看護婦，医師らは，他の関係者が確認を行っ
ていると信頼することは許されず，「各人の職責や持ち場に応じ，

重畳的に、それぞれが責任を持って確認する義務」があるとして、麻酔医にも執刀医にも過失が認められている。

(ロ) 医師相互間に上下関係がある場合　　上位の医師は監督者の立場にあることから、監督過失が問題となる。法制度では、医師は国家資格を有して独自に医療行為をなすことができるとはいえ、実際には、医師になってから経験を積むことによって学ぶべきことも多く、その能力も向上するものである。それゆえ、医療機関内部において、たとえば指導医—主治医といった監督体制を設けて治療にあたっているところもある。このような場合、医師—看護師間と同様に、問題となった具体的な診療行為について、下位の医師（主治医）の能力が十分である、と考えられる場合には「信頼の原則」が適用されるが、そうではない場合には、上位の医師の監督過失が問われる。

CASEへの
アプローチ　　抗がん剤治療を行う医師Xには、当該抗がん剤療法ははじめてであったとしても、一般に抗がん剤治療に高い危険性が伴うことを知っていたのであるから、当該抗がん剤を誤って過剰に投与すると、その副作用により患者が死亡することについて予見することができたといえる。したがって、抗がん剤治療のプロトコールを調べ、プロトコールを作成し、それにもとづいて投与するにあたっては、その投与量については慎重に調べ、確認しなければならない。文献等を精査することを怠ったXには「過失」が認められる。

また、直接にXを指導・監督すべき地位にある医師Yには、はじめて危険性の高い抗がん剤治療を行うXに過誤が生じることも予見できたといえ、実際にXが作成したプロトコールを目にしてもいることからすれば、その誤りに気づくことができたといえる。誤りを

看過してプロトコールを是認したＹには「過失」が認められる。

　診療科の総括責任者である医師Ｚは，通常の治療の場合には，特別な事情がないかぎり，診療科に所属する医師らには十分な能力があるので，主治医あるいは指導医が適切な診療をするものと信頼することが許され，その監督過失は認められないであろう。しかし，CASE のように，患者の疾患が診療科ではじめて扱うものであり，しかも治療が難しく，まれな，重篤な症例であり，その治療法もまた患者の生命に関わるほどの危険性を有するものであるような場合には，診療科に所属する医師らには十分な能力があるとはいえないので，科長であるＺには「信頼の原則」は適用されない。文献等を調査することなく誤りを是正しなかったＺには「過失」が認められる。

　したがって，Ｘ，Ｙ，Ｚには業務上過失致死罪 (刑 211 条前段) が成立する。

3　医療の安全と刑事責任 ── 今後の展望

ヒューマンエラーの刑事処分

　CASE のもとになる埼玉医大抗がん剤過剰投与事件 (最決平 17・11・15 刑集 59・9・1558, 医事法百選 (第 2 版) 〔72〕) では，主治医に対して禁錮 2 年執行猶予 3 年，指導医に対して禁錮 1 年 6 月執行猶予 3 年，科長に対して禁錮 1 年執行猶予 3 年が言い渡された。しかし，刑事医療過誤事件では，略式命令事件すなわち，罰金刑に処されることの方が多い (参考文献⑤ 3 頁)。これは，起訴される事案の多くが医療従事者のミスが単純明白なものであるからであり，いわゆるヒューマンエラーに対する刑事処罰がなされているのである。しかし，ヒューマンエラーによる医療事故の再発防止効果を刑罰に期待することは

難しい。ヒューマンエラーの刑事処分の意義についての再考が必要であろう。

医療事故への刑事介入のあり方

さらに，そもそも医療事故への刑事介入の是非が問われる。刑事医療過誤事件の増加および，医療事故事件における医師の逮捕を契機として，医療者側から，刑事介入は，医療者の萎縮につながる，との反発が強まった。刑事責任は，民事責任や行政責任によっては解決できない場合に登場する「最後の手段」である（刑法の謙抑性）。これは刑法の原則である。厚生労働省は，法務省から刑事処罰を受けた医療者に関する情報提供を受けて，行政処分を検討している。いわば刑事責任を後追いする形で行政処分がなされている。行政処分に戒告を追加し，再教育研修を命ずる規定も追加するといった医師法の改正がなされたが，これらの医療過誤に対する行政の対処の効果を検証する必要がある。また，医療法改正により始まった医療事故調査制度がどのように，どの程度機能していくのかも今後注目される。そのうえで，なおも刑事介入が必要なのかどうか，ということが医療事故防止という観点から検討されなければならないであろう。

4 ステップ・アップ

「過失の競合」か「過失共同正犯」か

CASE のように，医療事故において複数の関与者に過失が認められる場合，過失の競合なのか，それとも過失共同正犯なのか，という問題もある。

近年，「チーム医療」における医療過誤において，過失の競合を認めることにより，関与した医療従事者に広く刑事責任を認める傾

向がある，と指摘されている（参考文献②）。過失の競合とは，複数の者の過失と発生結果との間に，それぞれ単独に因果関係が認められる場合である。今日の因果関係判断は，通常（経験則上）あり得ない，という偶然を排除する役割を果たしているにすぎず（参考文献③），因果関係の有無は，関与者の責任を明確に画する基準にはなりえていない。また，過失共同正犯とは，複数の関与者に単独で因果関係が認められなくとも，共同の注意義務を負っている場合に，関与者全員に全体的な結果についての責任を肯定するものである（最決平28・7・12刑集70・6・411）。したがって，過失の競合を認めるにしても，過失共同正犯を認めるにしても，過失責任を問われる人的範囲は拡張傾向にあるといえよう。

　しかし，いずれが認められるかによって，個々の関与者の責任の範囲，内容は異なる。過失の競合と過失共同正犯を区別することは，医療過誤防止の視点からは，各人がなすべきであった措置を明らかにするためには重要である。また，この両者を区別し，因果関係の判断手法の違いや共同注意義務を負う根拠を吟味することによって，拡張傾向にある過失犯の範囲を適切に絞り込むべきであろう。

　〈参考文献〉
① 甲斐・医事刑法 I 〔112〜146頁〕
② 甲斐克則「医療事故と刑事法をめぐる現状と課題」刑事法ジャーナル3号「特集：医療事故と刑事法の対応」（2006）〔9頁〕
③ 大塚裕史「チーム医療と過失犯論」刑事法ジャーナル3号「特集：医療事故と刑事法の対応」（2006）〔19頁〕
④ 船山泰範「医療過誤と過失犯論の役割」板倉宏博士古稀祝賀論文集編集委員会編『現代社会型犯罪の諸問題』（勁草書房，2004）〔204・208頁〕
⑤ 飯田英男『刑事医療過誤III』（信山社，2012）〔頁数は各箇所参照〕

Bridgebook

第 *10* 講
医療事故と届出義務・被害者救済

誰が，いつ，どこに，どこまで，どのように届け出るのか

CASE　都立Z病院の院長Xは，ある休日の午前11時ころ，ベテラン看護師PおよびQの2名が患者A子にヘパリンナトリウム生理食塩水 10ml を注射すべきところを，誤って消毒液ヒビテングルコネート液 10ml を注射して患者A子を死亡させたとの報告を受けた。

Xは翌日早朝に病院で緊急の幹部会議を開き，当初は，「明白な医療過誤だからすぐに警察に届け出よう」と病院内の会議で幹部とともに決めていたが，都の関係者が「前例のないケースだから自分が行くまで待ってくれ」と言ったので待っていた。

ところが，都の関係者がなかなか来ないので，心情が変わり，回りの反対を押し切って，所轄警察署に届け出ることをやめたばかりか，主治医Yと共謀して死亡診断書を改ざんし，死因を「病死」と記載し，遺族にもそのように説明した。

その間に医療事故発生の報告を受けてから 24 時間を大幅に過ぎ，同日の午後6時を過ぎたころ，別の医師Rがこのことを所轄警察署に届け出たため，事件が発覚した。

この場合，医師XおよびYは，どのような法的責任を負うか。

第 10 講　医療事故と届出義務・被害者救済

1　誰が，いつ，どこに，どこまで，どのように届け出るのか

医療事故の届出義務

　最近，医療事故の届出をめぐる議論が頻繁に行われている。医療事故の原因を早期に解明することは，被害者の側にとっても，また今後の類似の医療事故防止にとっても重要なことである。しかし，届け出る医師の側にとってみれば，犯罪に当たるような自己に不利益な事がらを届け出るわけであるから，何とかそれを避けたいと思うのが心情かもしれない。

　医師法 21 条は，「医師は，死体又は妊娠 4 月以上の死産児を検案して異状があると認めたときは，24 時間以内に所轄警察署に届け出なければならない」と規定し，違反者には 50 万円以下の罰金が科される（同 33 条の 2）。したがって，医療事故との関係では，あくまで患者が死亡した場合に限定され，予定されている罪名は，**業務上過失致死罪である**（刑 211 条 1 項：「業務上必要な注意を怠り，よって人を死傷させた者は，5 年以下の懲役若しくは禁錮又は 100 万円以下の罰金に処する」）。業務上過失傷害罪にとどまる場合には，医師法 21 条の適用はない。

　他方，憲法 38 条 1 項は，「自己に不利益な供述の強要」を禁止するので（これを「自己負罪免責特権」という），医師法 21 条と衝突する。両者をいかにして調和させるか。医療事故（死亡事故以外を含む）の届出義務の範囲はどこまでか。誰が，いつ，どこに，どのように届け出るのか。こういうことが問題となる。また，そもそも何のために届出義務を論じるのか，という点も考える必要がある。後者は，医療事故防止と被害者救済の問題を内包している。

　CASE では，まず，患者の死亡を伴う医療事故が発生した場合，それが明白な医療過誤に起因するにもかかわらず，それを所轄警察

110

署に届け出なかった院長Xの行為が，医師法21条の異状死体届出義務違反となるかという点，また，院長Xとともに死亡診断書を改ざんしたY医師の行為が刑法上の虚偽有印公文書作成罪・同行使罪（刑156条・155条1項・158条1項）に当たるか，という点が問題となる（刑156条によれば，公務員が，その職務に関し，行使の目的で，虚偽の文書もしくは図画を作成したときは，1年以上10年以下の懲役で処罰される）。

2 考え方の道しるべ

医師法21条の意義

医師法21条は，そもそも殺人罪等の死亡を伴う一般の犯罪捜査の端緒を求めて，異状死体または異状死産児を発見した場合に医師に24時間以内に所轄警察署への届出を義務づけている。これは，死亡診断書を書くのが医師に委ねられていることから，とりわけ犯罪と関係がありそうな異状死体を発見した場合に，医師に犯罪捜査の協力義務を課す趣旨であって，医師自らが過失によって患者の死亡を伴う事故を起こした場合にまで届け出るべきことを想定していなかった。24時間の時間制限は，埋葬との関係があるからである。しかし，同法21条で規定された「異状」とは何を意味するかは，必ずしも明確ではないため，罪刑法定主義違反という点も含め，解釈論上争いがある。

憲法38条1項との関係

従来，医師法21条およびその違反に対する処罰規定である同法33条の2は，ほとんど適用されなかったが，CASEのもとになる都立広尾病院事件において適用され，注目された（それ以前の適用状況については，参考文献③271頁以下参照）。しかもその合憲性をめぐって最

高裁まで争われたが，最高裁は，合憲とし，有罪の理由を大要つぎのように述べた（最判平16・4・13刑集58・4・247：医事法百選（第2版）〔2〕）。

①「医師法21条にいう死体の『検案』とは，医師が死因等を判定するために死体の外表を検査することをいい，当該死体が自己の診療していた患者のものであるか否かを問わないと解するのが相当であ」る。

②「死体を検案して異状を認めた医師は，自己がその死因等につき診療行為における業務上過失致死等の罪責を問われるおそれがある場合にも，本件届出義務を負うとすることは，憲法38条1項に違反するものではないと解するのが相当である」。

とくに②の点が重要である。要するに「公益」，すなわち，犯罪に関わるおそれがある場合に，国家の義務としての真実解明義務が刑事訴訟法の任務の1つとされており（刑訴1条），したがって医師法21条もそれと連動して死亡原因の解明と関係する，というわけである。

さらに，「医師免許は，人の生命を直接左右する診療行為を行う資格を付与するとともに，それに伴う社会的責務を課するものである」ということから，「このような本件届出義務の性質，内容・程度および医師という資格の特質と，本件届出義務に関する前記のような公益上の高度な必要性に照らすと，医師が，同義務の履行により，捜査機関に対し自己の犯罪が発覚する端緒を与えることにもなり得るなどの点で，一定の不利益を負う可能性があっても，それは，医師免許に付随する合理的根拠のある負担として許容されるものというべきである」と述べる。つまり，「医師免許に付随する合理的根拠のある負担」が，もう1つの論拠になっている。

しかし，学説からは，犯罪捜査の公益上の高さを根拠に自己負罪

免責特権の制限をする論理には，憲法違反（適用違憲）等の批判が根強い（参考文献①，⑤，医事法百選（第2版）〔2〕等）。したがって，犯罪捜査以外の公益を模索するとすれば，医療事故の原因を国民が憲法上「知る権利」を有するという観点を加味するほかないかもしれないが，それも慎重な検討を要する。

届出義務の課題

医療事故には，死亡した場合もあるし，重度の障害ないし後遺症が残る場合，さらには軽微な障害ですんだ場合など，さまざまな場合がある。いったい届出義務を議論する場合に，どこまでを射程に入れるべきであろうか。医師法21条は，あくまでも「医師が死体を検案して異状があると認めた」場合の届出義務であるから，医療事故との関係では，患者が死亡した場合が前提となる。重度の障害を負った場合は，除外されている。

そのことをふまえて医師法21条の問題点を医療事故と関連づけて整理すると，医療事故を「誰が，いつ，どこに，どのように届け出るのか」ということが問題となる。

(i)「異状」の不明確性　患者が明らかな医療過誤で死亡すれば，医師には医師法21条にもとづき，24時間以内に所轄警察署への届出義務が発生する。その場合，当該患者の死体は「異状死体」と考えられるからである。

しかし，そもそも「異状」とは何かが必ずしも明確でない点が問題となる。医療事故との関係では，「過失」というきわめて難解な判断が絡むだけに，一般の医師が「異状」かどうかの判断をすることは難しい場合がある。何より，因果関係を認定しがたい場合があるし（たとえば，感染死や特異体質に伴うショック死の場合等），人為的ミスか判然としない場合がある。「異状の疑いがある」という範疇まで広

げれば，たしかに罪刑法定主義に抵触する懸念がある。

日本法医学会は，1994年に「『異状』死ガイドライン」を公表し，「基本的には，病気になり診断をうけつつ，診断されているその病気で死亡すること」を「普通の死」と呼び，それ以外をすべて「異状」死と呼んで，さらに5分類している（① 外因による死亡，② 外因による傷害の続発性あるいは後遺障害による死亡，③ ①または②の疑いがあるもの，④ 診療行為に関連した予期しない死亡またはその疑いのあるもの，⑤ 死因が明らかでない死体）が，必ずしも医療事故の問題を明確に射程に入れたものでないだけに，なお不明確である。したがって，立法論的には，より明確な規定を置くか，さらには，そもそも届出義務自体を刑罰で担保すべき事項から除外する方策も考えておく余地がある。

これに対して，日本外科学会ガイドライン（2002年7月）は，事故の届出を死亡以外でも広く義務づける見解を示した。しかし，死亡以外の場合にも届出義務を強制することは，ますますもって憲法38条1項の「不利益な供述強要の禁止」規定に違反することとなる。

(ii) 届出主体　　誰が所轄警察署に届け出るべきかについても，判然としない部分がある。個人経営の診療所ないしクリニックであれば，もちろん当該医師自身であるが，CASEのような大きな病院になると，看護過誤で死亡事故が発生した場合，死亡確認をした当該医師が単独で届け出るべきか，当該病院長が届け出るべきか。組織的対応ということであれば，後者であろうが，死因をめぐり意見が分かれた場合，問題となる。おそらく単独でも届け出なければならない場合もあろう。しかし，とりわけ組織的対応の場合には，原則として病院長の責任の下に届出体制を確立すべきである。そのためにはスムーズな院内連絡体制が整備されていなければならない。

(iii) 届出時間制限　　医師法21条の届出時間制限は24時間であ

ることから，「時間との闘い」が予想されるケースもありうる。
CASE のもとになった都立広尾病院事件でも，事故は 2 月 11 日の祝日の午前中に起きたので，連絡が遅れ，結局翌朝に対応を迫られ，届け出るべきか否かについて揺れ動き，都の職員まで巻き込んだため，24 時間を過ぎてしまった。時間的余裕があれば，別の対応がとれたかもしれない。もちろん，そのような事態は想定されることであり，普段から対応ができるよう組織として準備しておくべきである。しかし，刑事法的観点から検討すると，24 時間以内の届出をつねに犯罪とするには厳しすぎるように思われる。この点でも，立法論的に再検討すべきである。

　(iv) 死亡に至らない場合の届出　　死亡事故に至らない医療事故についてはどのように考えるべきであろうか。この場合は，少なくとも医師法 21 条の射程外であるので，所轄警察署に届け出る義務はない。しかしながら，国公立病院であれば，刑事訴訟法 239 条 2 項が，「官吏又は公吏は，その職務を行うことにより犯罪があると思料するときは，告発をしなければならない」と規定しているので，死亡事故でなくても，医療過誤により重大な傷害が発生した場合には書面または口頭で検察官または司法警察員に告発しなければならない（刑訴 241 条 1 項）。また，医療法 5 条 2 項は，刑罰による担保はないものの，都道府県知事，地域保健法 5 条 1 項の規定にもとづく政令で定める市の市長または特別区の区長は，「必要があると認めるときは，前項に規定する医師，歯科医師，又は助産師に対し，必要な報告を命じ，又は検査のため診療録，助産録，帳簿書類その他の物件の提出を命ずることができる」と規定しているので，行政法レベルであれば都道府県単位で医療事故の報告義務を課すことがで

きる。

CASEへの
アプローチ
医療過誤を起こしたのは，2人の看護師である。したがって，患者の死亡について，院長や主治医らが当初の予定どおり所轄警察署に速やかに届け出ていれば何も問題がなかったはずである。死因が明確であったにもかかわらず，病院での対策会議の途中における新たな意思決定により，院長Ｘも主治医Ｙもともに所轄警察署に届け出なかったので，両名には医師法21条違反の罪の共謀共同正犯が認められる。また，院長Ｘとともに死亡診断書を改ざんしたＹ医師の行為は，公立病院であるから，虚偽有印公文書作成罪・同行使罪（刑156条・155条1項・158条1項）に当たる。

　なお，民事法上は，医療事故の被害者であるＡ子の遺族は，看護師Ｐ，Ｑ，Ｘ院長およびＹ医師に対して民法415条（債務不履行）または709条（不法行為）にもとづき損害賠償責任の法的救済を求めることができるほか，Ｚ病院の管轄もとである東京都に対して同715条（使用者責任）にもとづき損害賠償責任を求めることができる。

3　医療事故防止と被害者救済 —— 今後の展望

　医療事故の届出をめぐる真の問題は，その先にある。すなわち，それが，医療事故防止と被害者救済に役立つのでなければ，それこそ医師に不利益な供述を強要することになり，制度全体が歪曲されることになる。それではいったいどうすればよいであろうか。この点について，最近，公的な制度変革があった。

　2014年6月の「地域における医療及び介護の総合的な確保を推進するための関係法律の整備等に関する法律」（平成26年法律第83号）

により，第6次医療法改正が行われ，「医療事故調査・支援センター」に関する規定が設けられ，2015年（平成27年）10月1日から，医療事故で死亡したときの原因究明および再発防止を目指す医療事故調査制度が施行されている。

　それでは，新たな医療事故調査制度の中で，診療関連死は，どのように位置づけられているのであろうか。改正医療法6条の10は，第1項で，「病院，診療所又は助産所（以下この章において「病院等」という）の管理者は，医療事故（当該病院に勤務する医療従事者が提供した医療に起因し，又は起因すると疑われる死亡又は死産であって，当該管理者が当該死亡又は死産を予期しなかつたものとして厚生労働省令で定めるものをいう。以下この章において同じ）が発生した場合には，厚生労働省令で定めるところにより，遅滞なく，当該医療事故の日時，場所及び状況その他厚生労働省令で定める事項を第6条の15第1項の医療事故調査・支援センターに報告しなければならない。」と規定する。また，同条第2項で，「病院等の管理者は，前項の規定による報告をするに当たっては，あらかじめ，医療事故に係る死亡した者の遺族又は医療事故に係る死産した胎児の父母その他厚生労働省令で定める者（以下この章において単に「遺族」という）に対し，厚生労働省令で定める事項を説明しなければならない。ただし，遺族がないとき，又は遺族の所在が不明であるときは，この限りでない。」と規定する。

　以上の規定から明らかなように，医療法が予定している医療事故調査の対象は，あくまで「当該病院に勤務する医療従事者が提供した医療に起因し，当該管理者が当該死亡を予期しなかったものとして厚生労働省令で定める医療事故」である。そのような医療事故のみが本法6条の11に規定された医療事故調査の手続に服し，医療事故調査・支援センターの調査・報告の対象になるのである。とい

うことは，医師法 21 条の異状死体の届出義務は，基本的には従来と変わっていないということである。しかも，上記の対象事故の射程範囲は，必ずしも明確でなく，その後の運用をみても，届出件数は，当初の期待ほど増加してはいない。したがって，医師法 21 条の改正問題は，なお課題として残るし，医療事故の被害者救済システムの構築も，重要課題として残っている。

4　ステップ・アップ

　今後の医療事故の被害者救済システムとしてどのようなものが考えられるであろうか。医療事故に刑事法が過度に介入すると，医療現場は萎縮し，ひいては医師が減少することになり，場合によっては国民が医療を受ける権利さえ脅かされるという皮肉な事態にもなりかねない。現にその徴候が出始めたことがある。また，もし医療者側の過失の立証が困難な場合には，被害者側も加害者側も，訴訟の長期化で莫大なコストを強いられる。また，被害者側が敗訴すれば，それこそ救済の道は閉ざされることになる。それを回避するためには，ニュージーランドやスウェーデン等で採用されている「ノーフォールト・システム」，すなわち過失の立証の成否に左右されない無過失補償制度を導入することも検討に値する （参考文献③ 254頁以下参照）。日本でも，産科領域で一部この制度が実施されている。もちろん，それによって医療者側が「補償があるから非があっても謝罪しない」ということでは，患者の権利は蔑ろにされる。工夫を凝らして，患者の権利を保障しつつ，迅速な原因解明と適正な補償システムを確立する方策，そして可能ならば被害者側と加害者側が和解する方策 （刑事和解＝修復的司法を含む），そして医療事故再発防止

118

システムを構築し，併せて医療安全システムを構築することも重要
な課題である。

　〈参考文献〉
　① 佐伯仁志「異状死体の届出義務と黙秘権」樋口範雄編著『ケース・
　　スタディ 生命倫理と法』（有斐閣，2004）
　② 甲斐・医事刑法Ⅰ〔第9講〕
　③ 甲斐克則『医療事故と刑法〔医事刑法研究5〕』（成文堂，2012）
　④ 甲斐克則「診療関連死の警察届出」前田正一＝氏家良人編『救急・
　　集中治療における臨床倫理』（克誠堂出版，2016）
　⑤ 「特集・医療安全と法」ジュリスト1323号（2006）

Bridgebook

第11講

薬　　害

薬害事件と法的責任

CASE 　Aは，某年5月下旬から，X総合病院の医師Yの処方により，慢性胃腸炎の治療のためキノホルム製剤を服用していた。同年6月中旬，下腹部，腰部から両下肢，足部に及ぶ表面のしびれ感，胃痙攣様の心窩部痛を自覚し，X総合病院を受診したところ，腹部症状を伴った亜急性脊髄視神経症（スモン）との診断を受けた。そこで，Aは，キノホルム製剤の服用によりスモンに罹患し損害を被ったとして，同製剤を製造・販売した製薬会社Zとそれに対して規制権限を有していた国を相手取り，不法行為責任に基づく損害賠償請求訴訟を提起した。
① Zは，どのような法的責任を負うか。
② 国は，いかなる理由によって法的責任を負うか。
③ 直接Aにかかわった X や Y には，法的責任はないのか。

1　薬害事件と法的責任

薬害事件

　薬害とは，高度な科学性と生命・健康にかかわる大きな価値を有する製品である医薬品が，その有害性に関する情報が軽視・無視された状況において使用されたことにより，多数の人々に深刻な健康

被害を及ぼし，社会問題にまで拡大したもの，と解することができる。これまでわが国では，副作用のなかの危険なものが見過ごされた事例 (サリドマイド事件，スモン事件，クロロキン事件，イレッサ事件等)，深刻な薬物相互作用による事例 (ソリブジン事件)，ウイルス等の感染源の混入事例 (薬害エイズ，薬害ヤコブ病) 等が経験されている。

スモン事件とは，整腸剤キノホルムの服用による下半身からはじまる神経麻痺や視力障害を呈する副作用が，1955 年頃から散発し，1967-1968 年に大量発生し，社会的注目を集めたものである。スモン被害者およそ 11,000 人のうちの約 7,500 人が原告となり，全国の 30 を超える地裁に訴訟を提起した。CASE は，このスモン事件をもとにしている。

何が問題になるか

CASE においては，まず，キノホルム製剤の服用が，スモンの原因か否かの問題がある (因果関係の問題)。因果関係が肯定された場合，キノホルム製剤の服用の結果生じた副作用に対して，A に直接それを投与した X 総合病院の医師 Y ではなく，当該医薬品を製造・販売した製薬会社 Z，およびそれに対して規制権限を有していた国が責任を負うのか。また，X 総合病院や医師 Y には法的責任はないのか等が問題になる。

2　考え方の道しるべ

医薬品の暴露と副作用の発生との間の因果関係

因果関係とは，行為と結果との結びつきのことである。因果関係の存在は，結果について行為者に客観的に責任を問うための要件である。医薬品の服用と副作用の発生との因果関係については，事象

と事象との間の連鎖関係を直接的に眼で追うことができないので，科学的基盤のうえで解明を行うことが必要となる。因果関係の究明方法の中の有力なものの1つが，公害事件でも適用された**疫学的手法**である。これは，事象間の関連性に関して，①時間性，②普遍性および特異性，③論理性，および④密接性が示されれば，疫学的因果関係があると判断する（疫学4原則），というものである。その他にも，基礎研究，臨床研究の成果等も顧慮して，最終的に因果関係の有無が判断される。

製薬会社の責任

医薬品は，疾病の予防・治療を目的とするものであるが，生体にとってはあくまでも異物であることから，恒常性の維持につとめる生体において，副作用の危険性を包蔵することは否定できない。しかし，一般消費者たる国民は，医薬品の効果および安全性に関して，製薬会社による情報提供，宣伝活動以外には，直接的に判定する術をもたない。それで，安全性に欠ける医薬品が流通過程に置かれると，手段上無力な国民の間に，広範で深刻な被害がもたらされることがありうる。このとき，製薬会社とその製造物の消費者である患者とは法律上直接的な契約関係にないが，医薬品を製造・販売して利潤をあげている製薬会社には，その製品の安全性確保に関して一般的な不法行為法上の注意義務が生じる，と解されるのである（医薬品，医療機器等の品質，有効性及び安全性の確保等に関する法律（昭和35年8月10日法律第145号），（以下「薬機法」という）薬機法56条）。したがって，製薬会社が十分な調査研究をすることなく危険な医薬品を販売した場合，または安全措置を怠った場合には，民法709条の**不法行為責任**が問われることになる。

さらに，事業規模の拡大，高度技術化の進展により，大量生産・

大量消費の時代に至った現代においては，製造物の危険から自らを守ることに無力である消費者の保護を図り，大量生産・大量消費によって利益を得ている製造業者等にその損失を転化することが社会的にも認められるに至った。すなわち，社会に対して危険を作り出している者は，そこから生じる損害に対して，無過失の場合にも責任を負わなければならない，という危険責任の考え方の登場である。わが国でも，「製造物の欠陥により人の生命，身体又は財産に係る被害が生じた場合における製造業者等の損害賠償の責任について定めることにより，被害者の保護を図り，もって国民生活の安定向上と国民経済の健全な発展に寄与することを目的とする」（1条）製造物責任法（1994年法律第85号）が制定された。製造物責任法の施行（1995年7月1日）により，医薬品副作用等の事件において同法が適用されるときは，同法による欠陥が証明されれば損害賠償責任が生じることになっている。すでに，中国製漢方薬に対して，製造物責任法が適用された判例がある（名古屋地判平16・4・9判時1869・61）。

🖋 国 の 責 任

国の責任に関しては，公権力の行使に当たる公務員の不法行為責任を規定する国家賠償法1条1項にもとづく責任について，まず薬機法の規定との関係が問題となる。憲法は，国民の生命・自由・幸福追求の権利を最大限尊重し（憲13条），公衆衛生の向上および増進を図る（同25条2項）ことを国に義務づけている。

薬機法は，これらの憲法規定を受け，医薬品・医療機器等の品質，有効性および安全性確保の義務を国に課したものと解されている。したがって，国は，薬機法にもとづき，国民に対して医薬品・医療機器等に関する安全性を確保する義務がある，という考え方がある。

他方で，1979年改正前の薬事法には医薬品の製造・承認の撤回

に関する規定がなかったことから，それまで，国には，国民の安全保護のために薬害の原因医薬品の製造・承認を取り消さなければならない債務はなかった，という主張もあった。

　さらに，国に医薬品・医療機器等の安全性確保義務があると解しても，その製造・承認の撤回権限の行使は，一般に厚生労働大臣の自由裁量に委ねられている（行政便宜主義）。そこで，つぎに，国家賠償法の適用において，薬機法上の権限の不行使が違法になるか否かが問題となる。

　これに関しても，学説上の争いがある。**裁量権収縮の法理**は，医薬品・医療機器等の安全性が疑わしくなり欠陥医薬品・医療機器等ではないかと疑われうる情報があるときには，大臣の自由裁量性が入り込む余地はなくなり，医薬品・医療機器等の安全性を確保するために最善を尽くすことが求められる，というものである。この場合，厚生労働大臣の撤回権の不行使が違法な加害行為となり，国に損害賠償の責任を生じさせるとするのである。

　その他に，**裁量権消極的濫用論**は，権限の不行使が著しく合理性を欠くときには，権限を行使しないこと自体を裁量権の濫用とする。さらに，国民の生命・健康を保障する見地から，企業に対する規制権限不行使の違法性の判断を持ち込むべきではなく，公権力行使上の注意義務から直接的に損害発生防止義務の懈怠の有無が判断されるべきであるという**安全性確保義務論**もある。

医師の責任

　医師の責任に関しては，「医師が当該患者の疾患の程度，状態，推移を把握し，専門的な判断をするのでなければ医薬品の副作用から患者を守ることは不可能である」，との判断がある（京都地判昭54・7・2判時950・87）。医師・医療機関は，患者との診療契約にもとづき，

法律上も医薬品事故の防止義務を負っている。したがって，医師・医療機関に対しては，患者との診療契約にもとづく**債務不履行責任**（民415条），および**不法行為責任**（同709条）を問うことができる。

刑事責任

薬害事件においては，被害者の救済という観点から，これまで民事責任が中心的役割を果たしてきた。しかし，スモン事件からおよそ20年後の薬害エイズ事件においては，薬事件としてはじめて刑事責任が問われ，社会的に大きな反響を呼んだ。そこで，CASEでは問題とならなかったが，刑事責任について，少し触れておくことにしたい（参考文献⑤）。

（ i ）**薬害エイズ事件**　本事件は，（旧）厚生省が承認した非加熱血液製剤にHIV（ヒト免疫不全ウイルス）が混入していたことにより，主に1982-1985年に，これを治療に使用した血友病患者のおよそ4割，約2,000人がHIVに感染し，エイズ（後天的免疫不全症候群）発症を経て，500人を超える患者が死亡したものである。非加熱血液製剤の危険性がアメリカで明らかになって以降も，医師はその危険性を患者に知らせず，製薬会社も漫然と輸入・販売を続け，（旧）厚生省はなんの対策もとらなかったために被害が拡大したとして，血友病の専門医の元帝京大副学長（帝京大ルート），製薬会社旧ミドリ十字の幹部（ミドリ十字ルート），元厚生省生物製剤課長（厚生省ルート）が，1996年，**業務上過失致死罪**（刑211条〔当時〕）で起訴された。

（ ii ）**帝京大ルート判決**　東京地裁は，血友病の権威であった専門医には，1985年5月の時点でのエイズによる血友病患者の死亡という**結果発生の予見可能性**はあったものの，その程度は低いものであったと認定し，**結果回避義務**違反があったと評価することはできないとして，無罪を言い渡した（東京地判平13・3・28判時1763・17，判

タ 1076・96)。非加熱血液製剤の代替品である加熱血液製剤は，1986年1月から販売が開始された。2005年4月25日に被告人が死亡したことにより，東京高裁は，同年5月13日公訴棄却を決定した。

(iii) ミドリ十字ルート判決　大阪地裁は，医薬品の製造・販売に伴う危険の発生を未然に防止すべき地位にあった製薬会社の幹部には，1986年4月に非加熱血液製剤を投与された患者がHIVに感染しエイズを発症するという危険性を有することの認識は可能であったとして，加熱血液製剤の販売開始時点において，非加熱血液製剤の販売停止・回収措置を採るべき業務上の注意義務があったのに，それに違反したとして過失を認定し，実刑判決を下した (大阪地判平 12・2・24 判時 1728・163，判タ 1042・94)。大阪高裁平成14年8月21日判決 (判時 1804・146) を経て，最高裁が被告人による上告を棄却し，実刑判決が確定した (最決平 17・6・27 判例集未登載)。

(iv) 厚生省ルート判決　東京地裁は，元厚生省生物製剤課長に，一部有罪を言い渡した (1985年5月投薬の患者については無罪，1986年4月投薬の患者については有罪)。① 血液製剤へのHIVの混入のおそれという深刻な事態で，その投与によりHIV感染，エイズ発症，死亡という重大な結果に至るおそれが全国レベルで生じており，② その危険性について，一般の医師が，製剤毎に的確に認識することが困難で，③ 国により承認を得た製剤ということで販売・投与が続行されるおそれもあったことから，当該課長の一般的・抽象的職責が，**具体的注意義務**に至っており，エイズ発症，死亡を極力防止すべき業務上の注意義務があったのに，非加熱血液製剤の取扱いを製薬会社等に任せて，その販売・投与等を漫然放任した過失があるとして，担当行政官であった被告人の**不作為**による**過失責任**を肯定した (東京地判平 13・9・28 判時 1799・21，判タ 1097・84)。東京高裁判決も，第1審を

支持し，検察官，被告人双方の控訴を棄却した（東京高判平17・3・25）。被告人が，一部有罪の控訴審判決を不服として，最高裁に上告したが，棄却された（最決平20・3・3刑集62巻4号567頁）。

　以上のように，1989年からの民事上の損害賠償訴訟とは別に，刑事責任が問われたことによって，捜査機関を通じての証拠収集による原因解明，それに基づく責任の明確化が試みられたこと，さらに副次的効果として，医療現場における問題意識の強烈な喚起と医療事故防止への一般予防効果の向上が期待できること等が評価されている。

CASEへのアプローチ　数あるスモン訴訟の中で，当時，原告の半数近くを占めた東京スモン訴訟第1審判決（東京地判昭53・8・3判時899・48）を参考に，以下，CASEにアプローチしてみよう。

　(i) キノホルム製剤の服用とスモンとの因果関係　CASEにおいて，キノホルム製剤服用とスモン発症との間の関連性の判断のために，疫学的手法を用いると，つぎのようになる。① キノホルム製剤の服用は，スモン患者にかなり高率に観察され，健康被害の発生に先行していた，② キノホルム製剤の販売停止・回収等により患者発生数が激減した，③ スモンの発生機序については不明の部分もあるが，キノホルム製剤の服用をスモンの原因としても，医学的矛盾がない，④ キノホルム製剤の消費量の増減と患者数の増減との間に相関関係がある，ということがあれば高度の関連性を肯定することができる。さらに，スモン研究の成果にもしたがって，キノホルム投与の動物実験における臨床・病理所見と発症機序の検討も行い，それによってキノホルム製剤により症状が惹起されうることも確認して，キノホルムがスモンの病因であると判断することができる。

第11講 薬　害

(ii) 製薬会社Ｚに責任を問えるか　　CASEのもとになる判例は製造物責任法施行前のものであり，当時のわが国の民法は**過失責任主義**を原則としていたため，無過失責任を問うことはできなかったが，CASEを今日の問題として考えると，製造物責任法により，無過失責任を問うことができる。近時，分子標的薬である肺がん治療薬イレッサの製造物責任を否定する判決が出されたが（最判平25・4・12判時2189・53），本判決においては，ドラッグラグの政策的な問題等もあり，多くの議論がある。

また，CASEのもとになる判例では，民法709条の過失の有無が検討された。すなわち，医学研究者のＰ．Ｂ．グラヴィッツとＥ．バロスは，すでに1935年に，キノホルム製剤の副作用に関する報告を医学雑誌に投稿していた。さらに，バロスは，それを直接製薬会社にも伝え，会社からそれに対する感謝の返答まで得ていた。裁判所は，これらの事実およびその後のキノホルムにかかわる副作用の報告・文献をも総合して，1960年はじめの時点での被告製薬会社Ｚの予見可能性を肯定し，Ｚには予見義務があり，製剤の供給停止・回収等の結果回避措置をとるべきであったのに，逆に，キノホルム製剤の適応症の拡大，宣伝，販売等を行い，被害を拡大したとして，結果回避義務違反を認定した。そして，この過失と因果関係のあるスモン被害に対して賠償責任がある，と判示したのである。

(iii) 被告国に責任を問えるか　　裁判所は，CASEのもとになる判例当時までの旧薬事法は不良医薬品を取り締まる警察法規的性格を有していたが，1967年の（旧）厚生省薬務局長の基本通達により医薬品の品質面および副作用を含めた安全性を確保することをも目的とする安全性確保の法へと修正を受けた，と解して，国にも医薬品の**安全性確保義務**があると判断した。そして，許可承認等に関す

128

る大臣の権限には，後にその措置が不適切になった場合の取消・変更の権限も含まれる，との見解を示した。したがって，国は，最高の学問水準・知見をもって医薬品の審査を行うべきであり，安全性の面では自由裁量の余地はほとんどないことになる。これを CASE にあてはめると，厚生労働大臣が守るべき注意義務を懈怠したとして，国に過失を認め，賠償責任を肯定することができる。

サリドマイド事件，スモン事件を教訓として 1979 年に旧薬事法が改正され，安全性の確保が目的に明記され（旧薬 1 条），審査事項に副作用が含められ（同 14 条），緊急命令等も規定された（同 69 条の 3）ことにより，実質的にも旧薬事法は医薬品等の安全性確保の法になり，厚生労働大臣は実定法上医薬品等の製造・承認の撤回権を持つに至った。さらに，副作用被害救済制度も創設された。

(ⅳ) 医師の責任　　CASE のもとになる判例においては，キノホルム製剤の投薬証明をもらうなどの協力を必要としたという理由から，患者側が，医師・病院に対して責任を問わなかった。また，スモン事件においては，刑事責任は何ら問われていない。

3　薬害根絶に向けて ── 今後の展望

スモン事件後も，医療のニーズに応えて多数の新薬が開発され，多くの患者がその恩恵を受ける一方で，薬害エイズ事件やソリブジン事件，イレッサ事件等の新しい薬害で被害を受ける者も後を絶たない。私たちも，いつ薬害の被害者になってもおかしくない，というのが現状である。

キノホルムの製造元であるスイスの製薬会社は，1961 年に重篤な副作用のため米国でキノホルム製剤の販売規制が行われた後も，

積極的にわが国へその売込みを継続した。さらに，1970年にわが国でキノホルム製剤が製造・販売禁止になった後も，十数年にわたり他国においてその販売を続けた。

サリドマイド事件においては，1965年に国と製薬会社が東京地裁に提訴された。そのときの (旧)厚生省側の責任者は，1996年9月に薬害エイズで大阪地検が逮捕，起訴した元ミドリ十字社長であった。

また，リウマチ治療のためにクロロキン製剤を服用していた元厚生省薬務局製薬課長が，1965年の医薬品安全性委員会の席上でクロロキン網膜症についての情報を入手し，自分だけは服用を中止していたという事実も明らかになった。

薬害の構造上の問題と私たちの役目

これらの事実は，まさに薬害の構造上の問題を露呈している。すなわち，製薬会社の安全性軽視・無視による利潤追求，国の安全性軽視の医療・薬事行政，および行政，医学界と製薬会社との癒着である。

薬害には，製薬会社と行政という大きな組織が関与している。そして，専門教育とライセンスにより特定領域の独占的権利，自律性を有する専門家集団である大学等の研究者や医師には，制度的に多くの権限が与えられてきた (専門家支配)。従来，医療は，これらの専門家による知識の独占管理にもとづき操作されてきた。しかし，多くの薬害事件を経験した現在においては，それらの自律性には限界がみられる。

そこで，情報を国民に開示するシステム，第三者機関によるチェックが必要となる。そして，なによりも，国民1人ひとりが，本物の情報を見きわめ，行政や企業等を監視していくことが求めら

霊感商法・高額献金の被害救済

消費者法研究 第13号【特別号】 河上正二 責任編集

菊変・並製・256頁　ISBN978-4-7972-7553-7 C3332

定価：3,080円（本体2,800円）

消費者法、民法、心理学、憲法、刑事法等からの多角的検討を試み、救済の実効性と今後の課題を問う。【執筆者】河上正二・宮下修一・村本武志・山元一・長井長信・藤原正則・沖野眞已

債権総論〔民法大系4〕

石田　穣 著

A5変・上製・1068頁　ISBN978-4-7972-1164-1 C3332

定価：14,300円（本体13,000円）

民法（債権法）改正の問題点を精緻に分析し、今後の進むべき方向性を提示。グローバルな民法の展開において、日本民法学の学理的発展状況を示す、待望の体系書。

司法の法社会学（Ⅰ・Ⅱ）

佐藤岩夫 著

Ⅰ　定価：7,480円（本体6,800円）
　　A5変・上製・304頁　ISBN978-4-7972-8698-4

Ⅱ　定価：7,480円（本体6,800円）
　　A5変・上製・320頁　ISBN978-4-7972-8699-1

現代日本の司法制度が、近年の大きな変化に対応しているか、実証的・経験科学的に考察。

113-0033　東京都文京区本郷6-2-9-102　東大正門前
TEL:03(3818)1019　FAX:03(3811)3580　E-mail: order@shinzansha.co.jp

信山社
http://www.shinzansha.co.jp

新海商法概論

小林　登 著

四六変・並製・440頁　ISBN978-4-7972-7528-5 C3332
定価：4,620 円（本体 4,200 円）

学生の大学での講義や、海事代理士等の国家試験向けにコンパクトに整理、スピーディーに理解できるように構成。

新海商法〔増補版〕

小林　登 著

A5変・上製・572頁　ISBN978-4-7972-2392-7 C3332
定価：9,680 円（本体 8,800 円）

航海で生ずる事項を規律対象とした〔海商法〕の学説・判例を、海運実務の状況を取入れて詳説。新しい判例・学説などの最新情報に対応した増補版。

新漁業法

辻　信一 著

A5変・上製・720頁　ISBN978-4-7972-2398-9 C3332
定価：12,100 円（本体 11,000 円）

水産資源管理制度の内容を盛り込んだ、平成30年改正の漁業法（新漁業法）について、主要な判例や都道府県から水産庁への照会とその回答などをとりあげて解説する。

〒113-0033　東京都文京区本郷6-2-9-102　東大正門前
TEL：03(3818)1019　FAX：03(3811)3580　E-mail：order@shinzansha.co.jp

信山社
http://www.shinzansha.c

れるのである。

4 ステップ・アップ

さらに，薬害と医薬品にかかわる医療過誤との違い，民事責任に加えて刑事責任まで問われるのはいかなる場合か，といったことの検討によって，薬害事件の位置づけ，責任の分配，そして何よりもその対処方策がより明確になると思われる。

薬害エイズ事件においては，非加熱血液製剤の危険性に関する情報が，製薬企業や（旧）厚生省生物製剤課に集中していたことから，その実質的管理者が刑事上の過失責任を問われ，直接的に患者に製剤を投与した臨床医は，事情を知らないとの評価により，責任が問われなかった。

ソリブジン事件においては，帯状疱疹治療薬ソリブジンの添付文書に，不十分ながら抗がん剤5-フルオロウラシルとの併用を避けるように記載があったにもかかわらず，発売後1年間に両剤を併用した15人が死亡した。7人は同一医療機関から，そのうち3人は同一医師から，両剤を処方されていたという。本事件においても，副作用に関する臨床試験データの製薬会社による隠蔽はあったものの，他にも，処方医の知識不足，処方薬の監査を担う薬剤師の機能不全，さらには，製造承認の対象となるデータの不備，見逃し等の承認過程における問題もあった。また，当時は，がん患者本人が告知を受けていなかったことも多く，抗がん剤の服用の有無を処方医が確認できなかったケースもあった。

このように考えると，薬害事件においても，医療情報の収集，保有，伝達といった流れが重要な意義を有するように思われる。薬害

が起こったとき，法的に誰を非難するか，いくら補償がなされるか，が重要なのではなく，二度と同様な事態を招かないために何をなすべきかが検討されなければならない。

〈参考文献〉
① 大井暁「スモン訴訟」医事法百選〔73〕
② 浜六郎『薬害はなぜなくならないか』（日本評論社，1996）
③ 宝月誠編『薬害の社会学』（世界思想社，1986）
④ 高野哲夫『戦後薬害問題の研究』（文理閣，1981）
⑤ 甲斐克則「官僚の不作為と刑事過失責任 ── 薬害エイズ事件厚生省ルート」医事法百選（第2版）〔15〕

Bridgebook

第 *12* 講

安 楽 死

生命はどんなときでも最優先か

CASE　　Y病院の入院患者Aはがんの末期状態にあり，抗がん
剤治療をするごとに激しい嘔吐をするなど肉体的苦痛
にさいなまれていた。

　① Aは主治医Xに対して苦痛を訴え，抗がん剤治療をやめるよ
う強く求めた。Xは，抗がん剤治療を継続すれば数カ月間の延命が
可能であることを認識していたにもかかわらず，これを中止した。

　② Aは，抗がん剤治療中止後に，苦しそうな呼吸を続けていて，
もはや明確に意思表示することができない状態であったが，Aの子
Bの求めに応じて，Xは，死期を早める危険性がある鎮静剤ホリゾ
ンおよびセレネースを注射した。

　③ さらに，この呼吸抑制作用を伴う鎮静剤の使用にもかかわら
ず，苦しそうな荒い息をしていたため，再びBの要求を受けて，こ
のような苦しい思いから逃れさせるために確実に息を引き取らせる
べく，Xは，心停止の副作用があるワソランおよび心臓伝導障害を
もたらす塩化カリウム製剤を通常の2倍量注射し，これによってA
は心停止に至り，死亡した。

　Xはどのような刑事責任を負うか。

133

第 12 講　安　楽　死

1　生命はどんなときでも最優先か

　医療行為は，患者の疾病を治癒させることを第 1 次的な使命とするが，基礎となる疾病の治癒が不可能であるという事態が生じることがある。この場合，疾病による（そして，場合によっては治療行為から発生する）苦痛を緩和するという第 2 次的な使命が前面に出る。苦痛緩和が基礎となる疾病の治癒，すなわち，患者の健康状態の改善ないしは維持と両立できる場合には，通常の治療行為として法的問題を解決していけばよいが，苦痛を緩和することによって，健康状態を悪化させ，さらには，生命を短縮することがありうる。また，治癒が不可能であり，苦痛緩和も困難である場合には，苦痛から解放するためには生命を絶つしかない場合も考えられる。

　刑法は，（故意による）人の生命侵害を殺人罪（刑 199 条）として処罰対象にしている。また，犯罪の多くは被害者の承諾があれば違法性が阻却され，処罰されないが，生命侵害は，たとえ被害者本人の嘱託・承諾にもとづいたとしても，同意殺人罪（刑 202 条）として処罰対象とされている。生命を絶つことによって患者を苦痛から解放することだけではなく，生命短縮の危険性があることを認識しながら苦痛緩和措置をすることは，殺人罪ないし同意殺人罪の構成要件に該当することになる。これらの行為を処罰対象とすべきかどうかが，従来から議論されており，「安楽死」の可罰性の問題として刑法上の重要な論点の 1 つとなっている。ドイツでは，ナチスが「**安楽死**（Euthanasie）」の概念を拡張しすぎたことの反省から，安楽死に代わって「**臨死介助**（Sterbehilfe）」という用語が用いられることもあるが，本講では，従来の用語法に従って，原則として「安楽死」を用いることにする。

134

2 考え方の道しるべ

安楽死の分類

安楽死を，「死に際して患者の苦痛を緩和し，または除去すること」と把握した場合，その態様に従って，(i)純粋安楽死，(ii)消極的安楽死，(iii)間接的安楽死，および，(iv)積極的安楽死に分類することができるとされている。まず，各類型の内容について概説する。

(i) 純粋安楽死　純粋安楽死は，患者が死に際して苦痛を感じないような措置を取ることである。この措置は，生命を短縮するものではないために，殺人罪は問題とならず，その措置が患者の身体にとって負担となり，または，患者の生理的機能に影響を及ぼす場合には傷害罪(刑204条)の成否が問われるが，「治療行為」の正当化の問題として解決することができる。

(ii) 消極的安楽死　消極的安楽死は，治療措置によって患者の生命を一定限度まで維持することができるが，それによって同時に患者の苦痛をもたらしてしまう場合に，治療を中止して患者の生命を引き延ばさないことを内容とする。それまで行っていた治療を「行わない」ことによって，本来は延長できるはずの生命を延長しないことが，刑法上どのように評価されるのか問題となる。行為態様として，治療を「行わない」ことが中心となるので，不作為として評価されることが多いが，それまで装着していた生命維持装置を取り外す(スイッチを切る)場合には作為と評価される余地もある。現在では，後述のように，「治療中止」の問題として，両者を包括して評価しようと試みられている。

(iii) 間接的安楽死　間接的安楽死は，患者に対する苦痛を緩和する措置によって，副作用として生命を短縮するものをいう。前述

135

のとおり，治療措置は第2次的には，生命維持・延長と並行して，患者の苦痛を緩和し，除去する役割をもつ。ところが，苦痛除去・緩和のための措置と生命維持・延長が両立しない場合がありうる。たとえば，鎮痛のための薬剤を投与することが患者の神経を麻痺させる，あるいは，患者の神経を麻痺させることによって苦痛を除去・緩和する場合に，苦痛除去・緩和措置は結果として生命を短縮することがある。

医療現場では生命短縮（の危険）を伴う苦痛緩和措置が行われることはまれではなく，これを不可罰とするためには，その根拠および要件を明らかにしなければならない。

(iv) 積極的安楽死　　生命を絶つことによって患者を苦痛から解放する措置を積極的安楽死という。間接的安楽死と異なり，生命を絶つことが苦痛解放の手段となる。行為者は，対象者の「死」を意図的にもたらす点において，その他の類型の安楽死に比べて衝撃が大きく，「どんな場合でも死をもたらす薬を与えることはしない」という「ヒポクラテスの誓い」を実践する医師・医学者にとっては，タブーである。他方，苦痛緩和措置がもはや効果をもたない場合などには，患者に苦痛を強いなければならないのかという問題が生じる。

積極的安楽死は，「殺害」によって生命を終了させるものであり，「誰でもできる」ので，必ずしも医療機関によって施されるとは限らない。実際に，東海大学病院事件より前に判例で扱われた事例は，すべて，医療機関以外によるものであった。

安楽死の可罰性

それぞれの類型の刑法的評価について，判例・学説をふまえて検討していく。

（ⅰ）純粋安楽死　　純粋安楽死は，その措置によって生命を短縮するものではないので，殺人罪との関係ではなく，身体的侵襲を伴う場合に，傷害罪との関係が問題となる。「治療行為」の正当化要件としては，医学的適応性，医術的正当性（lege artis），および，患者の承諾（インフォームド・コンセント）が挙げられており，これらの要件が充足されていれば，傷害罪の構成要件に該当したとしても，刑法35条における正当業務行為として違法性が阻却され，処罰対象とはならない。

（ⅱ）消極的安楽死　　生命維持措置を施せば生命を維持し，延長できるにもかかわらず，これを行わなかった場合に，この措置を施した場合と比較して死の到来が早まることになる。生命維持措置を施す義務がある者がこれを行わず，死期を早めた場合には，理論的には不作為による殺人罪が成立する余地がある。

　安楽死が問題となる状況は，いずれにしても近いうちに死亡する場合であるが，人は生物である以上は死を免れないのであるから，殺人罪が問題としているのは，「『本来であれば死なない存在』の生命を奪うこと」ではなく，「『いずれにせよ死ぬ存在』の死ぬ時期を早めること」なのである。したがって，生命維持措置を施した場合と施さない場合で死の時期が変わるということが問題となり，それは，数週間の単位でも，また，数日の単位であっても同様なのである。現在では，「治療中止」の問題として，安楽死に関する議論の中心に位置するといえるだろう。

① 学説上の見解　　学説は，治療を行っている医師（医療関係者）および患者の家族には，生命維持措置を開始すべき義務があるとしても，患者本人がこの措置を望んでいないのであれば，作為義務が解除されることになり，したがって，殺人罪の構成要件に該当しな

いとする見解，殺人構成要件に該当することを前提としたうえで，患者の承諾によって違法性が阻却されるとする見解が主張されている。後者の見解によれば，承諾の存在を前提とする嘱託・承諾殺人罪の適用（排除）可能性を問題にしなければならないことになるだろう。

　より困難な問題は，いったん実施していた生命維持措置を中止することの可罰性である。生命維持措置の中止を，生命維持措置をはじめから施さなかった場合と同様に，不作為であると捉えて，患者本人が生命維持措置の中止を承諾している場合には，作為義務（ここでは措置継続義務）を解除し，殺人罪の構成要件該当性を否定する見解が有力に主張されている。これに対し，いったん生命維持措置を開始した以上は，それを継続しているかぎりは生命が維持されているのであり，これを中止することによって，積極的に死期を早めることになるので，作為として構成要件該当性を肯定したうえで，違法性の問題として扱うべきであるとする見解も主張されている。

　ドイツでは，2009 年の民法世話法編の改正により（1901a 条），事前指示その他の患者の（推定的）意思尊重が法定されたことを前提として，作為・不作為を問わず，「治療中止」を正当化する余地を認めた（プッツ事件判決，BGHSt 55, 191（2010 年））。

　② 東海大学病院事件・川崎協同病院事件　　多発性骨髄腫の末期状態で，意識レベルがきわめて低下した患者に対して，家族の依頼にもとづいて，点滴およびフォーリーカテーテルを取り外し，次いで呼吸抑制の副作用のある鎮痛剤を注射し，最終的に心停止をもたらす塩化カリウム製剤等を注射して患者を死亡させた東海大学病院事件に対する判決（横浜地判平 7・3・28 判時 1530・28，判タ 877・148，刑法判例百選（第 7 版）〔20〕，医事法百選（第 2 版）〔93〕）は，傍論において，消極

的安楽死を治療中止の問題として位置づける。

治療中止は，患者の自己決定権と医師の治療義務の限界を根拠として正当化される余地があり，治療中止が許容されるためには，① 患者が治癒不可能な病気に冒され，回復の見込みがなく死が避けられない末期状態にあること，② 治療行為の中止を求める患者の意思表示が存在し，治療行為を行う時点で存在することが必要であるとする。もっとも，中止段階における患者の明示の意思表示が存在しないときには，患者の推定的意思によることを是認しており，推定的意思の認定には，患者自身の事前の意思表示，次いで，家族の意思表示が有力な証拠となるとしている。

また，気管支ぜんそく発作に伴う低酸素性脳損傷で意識不明状態に陥った患者に対し，気管内チューブ抜管，鎮静剤多量投与，そして最終的に筋弛緩剤により患者を窒息死させた川崎協同病院事件では，これらの一連の行為が公訴事実とされ，第 1 審判決（横浜地判平17・3・25 判タ 1185・114）では，公訴事実とされた治療中止について，患者の自己決定権の尊重と治療義務の限界を根拠としてその許容性を判断している。また，控訴審判決（東京高判平 19・2・28 刑集 63・11・2135）は，治療中止の正当化は，本来立法またはガイドラインによって解決すべきであるとしつつ，自己決定権アプローチからも治療義務の限界からも本件の治療中止は許容されないとし，さらに，最高裁も上告を棄却した（最決平 21・12・7 刑集 63・11・1899，刑法判例百選（第 7版）〔21〕，医事法判例百選（第 2 版）〔94〕）。

(iii) 間接的安楽死　　間接的安楽死は，苦痛緩和措置である点において，治療行為に属する一方で，その措置によって死期が早まり，行為者（医師）がそれを認識している点において，殺人罪または同意殺人罪の構成要件に該当するものと考えられる。消極的安楽死と

139

異なり，この措置が作為であることは争いがないために，患者の承諾があったとしても，同意殺人罪の構成要件に該当することは否定できない。

① **学説上の見解**　学説は，間接的安楽死が社会的相当行為であるとして違法阻却を認めようとする見解のほか，生命の維持・延長と苦痛緩和の対立する場面として，いわば緊急避難の一類型として両者の比較衡量によって違法阻却を認めようとする見解，同一法益主体内における利益対立として，行為者の自己決定によって優越的利益を決定させる見解などが主張されている。

生命の短縮を伴うために，この措置の許容性を患者の意思に依存させることは必要であるが，他方，同意殺人が可罰的である以上，「被害者の承諾」の法理だけで完全に正当化することはできない。

② **東海大学病院事件・川崎協同病院事件**　判例は，東海大学病院事件において，これも傍論であるが，間接的安楽死が許容される要件として，① 患者に耐え難い肉体的苦痛が存在すること，② 死が避けられず，死期が迫っていること，および，③ 患者の意思表示が存在することを挙げている。死期の切迫性については，安楽死の方法との関係で相対的であり，間接的安楽死は積極的安楽死ほど切迫性が高度なものは要求されないとしている。また，患者の意思については，治療中止＝消極的安楽死と同様に，明示の意思がない場合には，推定的意思で足り，患者の意思表示および家族の意思表示がその手がかりとなるとしている。

川崎協同病院事件では，副作用を伴う苦痛緩和措置は，一連の「治療中止」の一部として位置づけられている。

(iv) **積極的安楽死**　従来，安楽死の許容性について最も議論されてきたのは積極的安楽死である。他の類型が，一定の場合に許容

されることについては争いがないのに対して，積極的安楽死に関しては，そもそも許容されるのかどうかについても，対立がある。間接的安楽死が治療行為の一部として苦痛緩和措置に伴って生命が短縮するのに対して，積極的安楽死は，生命を終結させれば，必然的に全感覚が喪失し，結果として苦痛から解放される（と想像される）にすぎない。

① 学説上の見解　　学説は，従来は人道的見地や慈悲心・惻隠（そくいん）の情などからの正当化が主張されたが，現在では，患者の自己決定権を正当化原理の中核にする見解が有力である。他方，前述のように，人の生命侵害を直接的目的とする行為は，もはや治療行為とはいえず，規範論理的にも殺人を正当化することはできないとして，積極的安楽死は許容される余地がないとする見解も強く主張されている。ただし，適法化されないとする見解をとっても，積極的安楽死の事案は個別的に特殊性があるために，期待可能性がないことを理由として，責任阻却によって殺人罪の可罰性を否定する余地を残している。

② 積極的安楽死に関する判例の流れ　　前述の東海大学病院事件に至るまで，判例はもっぱら積極的安楽死をめぐるものであった（東京地判昭 25・4・14 裁時 58・4，名古屋高判昭 37・12・22 高刑集 15・9・4，鹿児島地判昭 50・10・1 判時 808・112，神戸地判昭 50・10・29 判時 808・113，大阪地判昭 52・11・30 判タ 357・210，高知地判平 2・9・17 判時 1263・160）。

治療中止の許容性が中心的争点である川崎協同病院事件控訴審判決（東京高判平 19・2・28 判タ 1237・153）を別とすれば，積極的安楽死を正面から扱った唯一の高裁判決である名古屋高裁判決は，安楽死が正当化される余地を抽象的に認め，許容されるための 6 要件を挙げた。本事案は，不治の病に冒された父親が苦しむのを見かねた被告

人が，牛乳の中に農薬を混入し，事情を知らない母親を介してこれに飲ませ，死亡させたものである。被告人を尊属殺人罪で有罪とした原判決を破棄し，名古屋高等裁判所は，① 病者が現代医学の知識と技術からみて不治の病に冒され，② 病者の苦痛がはなはだしく，何人も真にこれを見るに忍びない程度のものなること，③ もっぱら病者の死苦の緩和を目的でなされたこと，④ 病者の意識がなお明瞭であって意思を表明できる場合には，本人の真摯な嘱託(しょくたく)または承諾のあること，⑤ 原則として医師の手によることを本則とし，これにより得ない場合には医師により得ないと首肯するに足る特別な事情があること，⑥ その方法が倫理的に妥当なものとして認容しうるものなることの 6 要件を充足すれば，安楽死は許容されるとしたうえで，当該事案については，⑤および⑥の要件を充たさないために許容されないとし，嘱託殺人罪の成立を認めた。

③ **東海大学病院事件・川崎協同病院事件**　医師による「安楽死」事件がはじめて判例上あらわれたのが，東海大学病院事件である。前述のとおり，本事案は，担当医によって，治療中止―苦痛緩和措置―積極的生命短縮という経過をたどるものであるが，このうち，積極的殺害の部分だけが公訴事実とされている。本事案は，患者自身が意識不明な状態に陥った後の措置が問題とされており，肉体的苦痛の存在などは不明である点において，典型的な安楽死の事例ではないが，医師が行った安楽死 (関連の) 措置に対するはじめての司法判断として，重要な意味をもっている。

本判決においては，積極的安楽死が許容される要件として，① 患者が耐えがたい肉体的苦痛に苦しんでいること，② 患者は死が避けられず，その死期が迫っていること，③ 患者の肉体的苦痛を除去・緩和するための方法を尽くし他に代替手段がないこと，④ 生

命の短縮を承諾する患者の明示の意思表示が存在することを挙げ，当該事案では，①および④の要件が充足されていないために，殺人罪が成立するとした。

患者の意思については，名古屋高裁判決では，「患者の意識がなお明瞭であって，意思表明ができる場合」という留保つきで，患者の意思を基準にしているのに対し，東海大学病院事件判決では，この留保がなくなり，常に患者の明示の意思表示を必要とする一方で，名古屋高裁判決が，この留保のもとでは「真摯な嘱託または承諾」を必要として，積極的な意思を要求していたのに対して，東海大学病院事件判決では，たんに「明示の意思表示」にとどまっているところに，両判決で示された基準の相違があるとされている。苦痛緩和措置を尽くしたことに，さらに明示の意思表示を求めることは，実質的には積極的安楽死を封じるものではないかとする疑問も提起されている。

また，川崎協同病院事件最高裁決定は，患者の回復可能性，余命について的確な判断を下せる状況になく，患者の推定意思に基づくともいえないことを根拠に，抜管行為の許容を否定し，これと致死薬［ミオブロック］の投与を併せて殺人行為を構成するとしている。治療中止によって肉体的苦痛が作出された場合，これが許容されないとすれば，その苦痛から解放するための致死的措置（積極的安楽死）も許容されないことになる。

安楽死許容要件のまとめ

安楽死許容のための要件について，各類型に共通の基準は，① 基礎となる疾病の治癒不可能性と死期の切迫，② 耐え難い肉体的苦痛，③ 患者の意思との合致が挙げられるだろう。これに，この措置を施す主体が医師に限定されるのか，方法が限定されるのかという問

題が加わる可能性がある。また，それぞれの要件の存否のみならず，要求される程度が類型ごとに異なることもありうる。もっとも，「治癒不可能性」は「死の不可避性」と，また，「死の切迫」とは区別して検討すべきである。とりわけ，治療中止の時期について，ドイツでは，疾病の種類および段階を問わないことが，改正された世話法（事前指示法）に明文で規定されている。なお，②の要件が欠ける場合には，尊厳死（⇒**第13講**）の問題となることはあっても，安楽死の問題とはならない。

　いずれの措置においても，患者の意思に合致したものであれば，その他の要件が充足されていないとしても，同意殺人罪の成立にとどまるが，患者の意思に反したものであれば，殺人罪の成否が問題となる。

　CASEへの　アプローチ　安楽死の許容要件については，目下のところ，立法的解決はされておらず，学説も錯綜しているが，医師による安楽死の許容要件について一般的基準を示した東海大学病院事件判決の基準を参考にすると，CASEは，以下のように解決されるだろう。

　（i）CASE①について　　これは，消極的安楽死（治療中止）に当たる。Aは治癒不可能な病気に冒されており，がんの末期にあるが，抗がん剤治療によって数カ月延命が可能である状態が，死期の切迫した状態に当たるかという問題がある。この要件を充たすとすれば，Aの明瞭な意思表示（というよりも，真摯な嘱託）もあるので，抗がん剤治療の中止は正当化されることになるだろう。もっとも，この場合，Aは抗がん剤治療の中止によって死期が早まることを認識している必要がある。また，患者が拒否すれば医師の治療義務が解除されるとする見解によれば，この場合，治療義務が解除され，Xに不作為

による殺人罪・同意殺人罪が成立する余地はない。また，これを治療方法の選択の問題と捉えれば，患者が真意から拒絶する抗がん剤治療を継続することは，むしろ専断的治療となり，傷害罪が成立する可能性すらある。

(ii) CASE ②について　これは，間接的安楽死の問題となる。ここでも，①と同様に，Aの死期が切迫しているかどうかは問題となる。間接的安楽死については，積極的安楽死を許容するために要求される程度までは死期が切迫していなくてよいとするならば，これを充足すると考えられ，また，耐え難い肉体的苦痛の存在という要件も充足している。CASE ①と異なり，呼吸抑制剤を注射する段階では，Aの意識は明瞭ではなく，この時点における明示の意思表示は存在しない。ただし，間接的安楽死については推定的意思でも足り，本人の事前の意思，または，家族の意思を手がかりとして推定することができるとすれば，この要件も充足し，したがって，Xの措置はここでも不可罰とされる余地はある。もっとも，生命短縮を認識しつつ抗がん剤治療を拒否することだけからAの意思を推定するのは短絡的であり，また，Bの要求は，A本人の意思それ自体が反映されているのかどうか，慎重に検討しなければならない。

(iii) CASE ③について　これは，積極的安楽死の問題であるが，東海大学病院事件判決によれば，患者本人の明確な意思表示が必要とされるのにもかかわらず，これが欠けるために正当化されないことになる。この場合，Xには殺人罪が成立することになる。ちなみに，Bにも殺人教唆罪 (刑61条1項, 同199条) が成立する余地がある。

第 12 講　安　楽　死

3　患者の真の幸福を実現するために —— 今後の展望

安楽死法の立法と諸外国の制度

　川崎協同病院事件控訴審判決は，安楽死の許容要件については，司法判断によるべきではなく，立法によるかガイドラインによるべきであることを指摘している。積極的安楽死を含めて，安楽死の許容要件を定めれば，たしかに，法的安定性の観点からは，医師にとっては処罰される危険なしに患者の希望に添う措置を施すことが可能となり，これを求める患者にとっても自己決定を実現することが容易となる。

　オランダでは，1993 年に埋葬法を改正し（施行は 1994 年），積極的安楽死を実体法的には違法としつつ，一定の要件を充足すれば訴追しないこととした。さらに，2001 年には，安楽死等審査法によって実体法上も犯罪とならない場合を認めるに至り，また，ベルギーでも 2002 年に，ルクセンブルクでも 2009 年に積極的安楽死を合法化する法律が制定された（詳細については，後掲の文献を参照されたい）。

　他方，ドイツでは，1979 年に連邦医師会のガイドラインが公表され，1993 年，1998 年，2004 年および 2011 年に改訂されて現在に至っている。ここでは，医師による積極的安楽死は明確に禁止されている。さらに，前述のプッツ事件判決において，「作為による治療中止」の許容可能性を認めつつ，「治療関連性」のない死の惹起は依然として違法としている。さらに，2015 年には，日本と異なり従来は不可罰とされていた自殺関与のうち，自殺の業務的促進を処罰対象とし（刑法 217 条），死の積極的惹起による苦痛からの解放について，許容しない方向性を維持，強化している。

　また，日本でも，厚生労働省による「終末期医療の決定プロセス

のあり方に関する検討会」が開催され，2007年5月に「終末期医療の決定プロセスに関するガイドライン」が公表され，2015年には「人生の最終段階における医療の決定プロセスに関するガイドライン」として改訂された（http://www.mhlw.go.jp/file/06-Seisakujouhou-10800000-Iseikyoku/0000078982.pdf。このガイドラインにおいて，厚生労働省は，「終末期医療」に代えて，「人生の最終段階における医療」の語を用いている）。このほか，日本老年医学会（2012年），日本集中治療医学会，日本救急医学会，日本循環器学会（2014年），日本病院協会（2016年）などが，終末期医療についてのガイドラインを公表している。

　医療側からは，より明確で安定的な法的評価が望ましく，法的拘束力をもたないガイドラインよりも立法による解決が求められるかもしれないが，生を短縮する効果をもつ措置を立法で合法化するには慎重であるべきであろう。司法は，濫用の危険を防止するように努めたうえでガイドラインを尊重し，謙抑的な法適用をすることが求められる。

患者の推定的意思

　「治療義務の限界」のみを根拠として安楽死（とりわけ「治療中止」）が許容されるかどうかについてはなお検討の余地があるが，自己決定権尊重を安楽死許容の中心的根拠とすることには争いがない。措置の時点で患者の明確な意思表示がある場合にはそれに依拠すればよいとしても，その時点における本人の意思が明瞭でない場合には，生命尊重の原則に従って安楽死を全面的に禁止するか，推定的意思に基づいて許容するかのいずれかになる。推定的意思によって安楽死を許容するとすれば，患者の意思を推定する手がかりを明確にすることが望ましい。

　(i) 患者自身の事前の意思表示　　東海大学病院事件判決が示す

ように，第1に，患者の指示書等の書面による患者自身の事前の意思表示によって明確化することが考えられる。ドイツにおいて世話法に規定されたように，「事前指示」を制度化すること，また，それと併せて，対象者の意思を推定するための基準を明確化することも検討課題となろう。もっとも，インフォームド・コンセントは，具体的事情について認識したうえで決定をするというのが原則であるために，自分の置かれる状況について，そして，それに対する措置について，患者が事前に具体的に認識することが困難であることに留意すべきであるだろう。患者の事前の意思表示は措置実施時点の意思とは異なる可能性があることを考えれば，この差異を小さくするためにも，事前の指示書は措置時点に近い時点で作成され，更新されることが望ましい。

(ⅱ) 家族の意思　　第2に，家族による意思が患者自身の意思を推定する手がかりとなるとされている。前述のように，患者自身の意思は刻々と変化する可能性があること，患者自身が事前に自分に施される措置について書面をもって明確にすることは稀であること，とりわけ，急激に病状が進行する場合や事故などによって重傷を負う場合では，患者が自分に対する措置についてあらかじめ指示することは稀であることを考えれば，家族の意思に頼らざるをえない場合も多いだろう。

しかし，家族の意思と患者本人の意思は必ずしも一致していない。患者本人の生に対する思い，患者の肉体的苦痛は，本来は，本人しか理解できないはずである。家族は家族自身の立場からではなく，患者の立場に立って患者の意思を推定しなければならない。現在は財産管理に限定されている成年後見制度の活用なども検討すべきであろう。

4 ステップ・アップ

　安楽死を許容するかどうかという問題は，患者が肉体的苦痛から解放されるために生命を短縮するという自己決定権を刑法がどのように保護するのかという問題であるといえる。

　「患者に死ぬ権利があるのか」という問いかけに対しては，「生きる権利はあるが，死ぬ権利はない」という答えが用意されていることが多いが，読者の皆さんはどう考えるだろうか。また，「精神的苦痛を理由とした安楽死を許容すべきか」という問題は，オランダなどでは議論の対象とされているが，現在の日本では，これを否定することで学説・判例はほぼ一致しているといえるだろう。「死ぬ権利」を認めれば，「安楽死」はそこまで拡大する可能性がある。

　肉体的苦痛が存在する場合には，苦痛からも解放されたいし，生命もできる限り維持・延長したいと願うのが普通である。この両者が両立しえない場合にこそ，いずれかを選択しなければならないのであり，苦痛から解放されることを選択した場合，これを許容したとしても，「死ぬ権利」を認めることとは異質であろう。もっとも，苦痛からの解放と生命維持・延長が両立しうるにもかかわらず，医療制度や経済状況により後者を放棄せざるをえない状況にならないように，配慮しなければならないのは当然である。

　〈参考文献〉
　① 甲斐克則『安楽死と刑法〔医事刑法研究1〕』（成文堂，2003）
　② 甲斐克則＝谷田憲俊編『安楽死・尊厳死［シリーズ生命倫理学］』
　　（丸善出版，2012）
　③ 甲斐克則編『終末期医療と医事法（医事法講座第4巻）』（信山社，

2013)

④「特集 終末期医療をめぐる課題と展望」刑事法ジャーナル 35 号
（2013）94 頁以下

⑤ 盛永審一郎監修『安楽死法：ベネルクス 3 国の比較と資料』（東信
堂，2016）

⑥「特集 終末期医療と刑事法」刑法雑誌 56 巻 1 号（2017）1 頁以下

Bridgebook

第 *13* 講

尊 厳 死

延命医療技術発展の功罪

CASE

① 患者Aは，末期の肺がんで，都立B老人病院に入院，余命1カ月と診断されていた。Aは，肺がんによる閉塞性肺炎になり，低酸素血症および高二酸化炭素血症（高 CO_2 血症）により，人工呼吸器なしでは延命が難しい事態に陥った。Aは，すでに意識がなく，主治医Xは，家族に，人工呼吸器使用について説明を行った。家族はXにA作成のリビング・ウィルを渡し，それに基づく人工呼吸器の差控えを求めた。数年前にAは，夫の死を看取って以降，自分の死について考えるようになり，人工呼吸器の使用を拒否するというリビングウィルを公正証書により作成し，家族に託していた。この場合，Xは，どのような法的責任を負うか。

② 府立C救急病院に，患者D（20歳）が移送された。Dは，野球場で大きな事故にあい，大脳皮質に壊滅的かつ不可逆の損傷を被っていた。主治医Yは，Dが遷延性植物状態であると診断した。Dには人工呼吸器が装着され，栄養・水分補給が行われた。主治医Yおよび同僚の医師Eの見解は，Dの遷延性植物状態は，回復の見込みはないという点で一致していた。Dは，リビングウィル等を作成しておらず，家族にも，延命拒否の意思を表明していなかった。Dに対する人工換気，栄養・水分補給が続けられ1年が経過したが，遷延性植物状態のままだった。Dの父母FGは，家族での話合いの結果，Yに対し，Dへの人工呼吸器の使用，栄養・水分補給の中止を求めた。この場合，Yは，どのような法的責任を負うか。

151

第13講　尊　厳　死

1　延命医療技術発展の功罪

延命治療の中止事件

　人工延命治療の中止の是非をめぐり，議論が活発に行われてきた。とりわけ，2005年，羽幌病院事件でわが国において，はじめて，医師が，延命治療中止のために書類送検されて以降，尊厳死に関わる事件が続いている。同事件は，同病院で，患者（90歳）が，食事を喉につまらせ無呼吸状態で搬送されたが，人工呼吸器が外され死亡した事件である。その後，北海道県警が，家族への説明の不十分さや本人の意思も確認されていない等として，医師を殺人容疑で書類送検したが，最終的に不起訴処分になった。続いて，2006年，富山県射水市民病院で，終末期医療を受けている患者7人の人工呼吸器が外され死亡させていたことが明らかになり，医師が書類送検されたが，不起訴処分になっている。その後，和歌山県立医大病院紀北分院で，医師が，家族の希望を受け，余命が短い女性高齢患者の人工呼吸器を外し，死亡させたとして，医師が書類送検されたが不起訴処分になった。

何が問題になるか

　一連の延命治療中止事件により，近年，尊厳死をめぐる問題が注目されている。尊厳死とは，「新たな延命技術の開発により患者が医療の客体にされること（「死の管理化」）に抵抗すべく，人工延命治療を拒否し，医師が患者を死にゆくにまかせることを許容すること」である（参考文献④）。

　医療技術の発展は，従来であれば，生きることができなかった患者を，人工呼吸器，人工的栄養・水分補給等の延命治療によって，生かし続けることを可能にした。しかし，その一方で，末期患者ら

が，長期にわたり，延命治療を継続することによって肉体的・精神的苦痛を受け続けることもあり，延命治療の差控えや中止が問題になる。わが国には，終末期医療に関する指針がなかったことから，医療現場において，しばしば混乱が生じてきた。もっとも，2007年5月に厚生労働省による「終末期医療の決定プロセスに関するガイドライン（現在は「人生の最終段階における医療の決定プロセスに関するガイドライン」）」が公表された。そのほか，同年10月，日本救急医療学会は，「救急医療における終末期医療に関する提言（ガイドライン）」を決定している。

CASE の分析と問題点

　はじめに，CASE①では，余命1カ月の患者Aが，事前に，人工呼吸器の使用を差し控えるという意思を表明しており，家族が，「リビングウィル（living will）」にもとづき，医師に人工呼吸器の差控えを求めている。リビングウィルとは，延命治療を拒否する意思を事前に表明する書面のことである。CASE①においては，家族がAが作成した事前の意思表明にもとづき，人工呼吸器の差控えを求めた場合，主治医Xがその差控えを行うことが認められるのかという点が問題になる。

　他方，CASE②では，遷延性植物状態の患者Dが，事前に人工呼吸器の使用，栄養・水分補給の差控えや中止について意思を表明していないため，Dの意思は分からない。Dの父母FGは，家族の話し合いにより，主治医Yに，Dへの延命治療の中止を求めている。CASE②においては，主治医Yが，家族による代行判断により延命治療を中止することが認められるのかという点が問題になる。

153

第13講 尊厳死

2　考え方の道しるべ

　患者本人や家族が，延命治療の差控えや中止を求めた場合，それが認められるのか，認められるならば，その根拠と要件とは何かが問題になる。わが国では，これまで尊厳死が直接問題になった判例はなく，**東海大学病院「安楽死」事件判決**において，一般論として延命治療の中止が認められる根拠と要件が示されていたにすぎなかった。しかし，川崎協同病院事件判決において，さらに踏み込んだ議論が行われているほか，近年，学説においても活発に議論が行われている。ここでは，それらを概観する。

参考になる裁判例

　（ⅰ）**東海大学病院「安楽死」事件判決**　　同判決（横浜地判平7・3・28判時1530・28頁）の傍論において，裁判所は，わが国ではじめて以下のように述べ一般論として延命治療の中止を認めた（⇒事件の詳細は**第12講**）。治療中止は，「意味のない治療を打ち切って人間としての尊厳性を保って自然な死を迎えたいという，患者の自己決定を尊重すべきであるとの患者の**自己決定権**の理論と，……意味のない治療行為までを行うことはもはや義務ではないとの医師の**治療義務**の限界を根拠に，一定の要件の下に許容される」。

　その要件として，以下の3点が挙げられている。① 患者が回復不能の末期状態にあること，②「治療行為の中止を求める患者の意思表示が存在し，それは治療行為の中止を行う時点で存在すること」。患者による事前の意思表示は，治療の中止を検討する時に患者の推定的意思を認定するのに有力な証拠になる。中止についての意思表示については，一定の要件が満たされない場合には，事前の意思表示がない場合と同様に扱うこと。③ 治療の中止の対象とな

る措置は，すべてが対象となるが，どの措置をどの時点で中止するかは，死期の切迫の程度等を考慮し，医学的な適正さを判断し，自然の死を迎えさせるという目的に沿って決定されること。

　(ii) 川崎協同病院事件判決　　川崎協同病院事件判決（横浜地判平16・3・25判タ1185・114，東京高判平19・2・28判タ1237・153）（事件の詳細は⇒**第12講**）において，**終末期医療**に関して医師が刑事裁判によって裁かれ，医師の行為が殺人罪に該当するとされた。

　同地裁判決は，「治療中止は，患者の自己決定の尊重と医学的判断に基づく治療義務の限界を根拠として認められるものと考えられる」として，以下のように述べる。

　自己決定を認めるためには，患者が，回復不能で死期が切迫しており，患者がそれを正確に理解し判断能力を保持しているということが，その前提となる。回復不能で死期が切迫していることについては，治療や検査等を尽くし，他の医師の意見等も徴して確定診断がなされるべきであり，あくまでも「疑わしきは生命の利益に」という原則の下に慎重に判断しなければならない。死の迎え方を決定するのは，患者本人でなければならず，その前提として十分な情報が提供され，十分な説明がなされ，患者の任意かつ真意にもとづいた意思の表明がなされていることが必要である。

　同高裁判決は，地裁判決が示した患者の自己決定権と医師の治療義務の限界のアプローチについて検討し，いずれのアプローチにも解釈上の限界があり尊厳死の問題を解釈するには，尊厳死法の制定ないしガイドラインの策定が必要であり，司法が抜本的な解決を図るような問題ではない，と述べる。そして，本件については，いずれのアプローチからしても，医療中止行為は法的には許容されないものであって，殺人罪の成立が認められるといわざるをえない，と

した。

学説における議論

（i）延命治療の差控えと中止が認められる根拠とは　延命治療の差控えと中止が認められる根拠については，患者の自己決定の尊重と医師の治療義務の限界として認められると考える説が多い。それに対し，厳密には，患者の自己決定権ではなく，患者の尊厳において認められると考え，死ぬ権利の問題というよりも，人はあらゆる可能な手段を用いて生きる義務があるという論理で考えるべきであるとする説も主張されている。

（ii）認められる延命治療の差控えと中止とは　延命治療の差控えと中止は，原則として回復の見込みがない**遷延性植物状態の患者**や回復不能の末期の疾患を有する患者が望む場合にのみ認められることについては異論は少ないだろう。延命治療の内容は多様であるが，**差控えと中止**が認められる治療が何かについては，議論があるところである。わが国では，人工的栄養・水分補給，苦痛緩和処置は中止できないと主張する説もあるが，英米の判例（後述）では，人工的栄養補給の中止が認められている。

　また，延命治療の差控えと中止に関する議論では，それを差し控えることは許されるが，中止することは許されないという考え方も示される。これに対し，同じ治療内容に最初から差控えを認める以上，その中止を認めないのは，自己決定権尊重の趣旨から考えて論理一貫しないと主張する説もある。いずれにしても，延命治療の差控えや中止が認められるためには，本人の自己決定にもとづくことが原則となる。

（iii）患者の事前の意思表明がある場合とない場合　治療について決定する時に，患者本人に意思決定能力がない場合がある。**事前**

の意思表明がある場合には，その法的有効性と適用可能性が問題になる。それについては，一定の要件を備えていれば，法的に有効であり，自己決定権に基づき適用可能であると考えられる。しかし，わが国には事前の意思表明に関する法律がないことから，その法的有効性に対する疑問も呈されている。

　他方，本人が，事前に意思を表明していない場合には，代行意思決定が認められるのかが問題になる。本人が，家族などに口頭で治療に関する自身の意思を表明していた場合には，患者の意思を推定できる可能性があるが，それもない場合には，家族等の見解は，参考にされるにすぎないだろう。家族等の話から患者の意思が推定可能ならば，推定意思を尊重し，できない場合には，家族等の助言を参考に，患者の最善の利益にもとづき治療方針を決定することになろう。その場合，誰が患者の最善の利益を判断できるのかという問題が残る。

　わが国では，現在，意思決定能力を欠く成人患者の医療における意思決定の代行についての議論が行われている。医療における代行意思決定者が誰かについては議論が分かれている。代行意思決定者は限定した家族であるとする説や多職種の医療チームであるとする説等がある。成年後見制度に関する議論の中でも，医療における意思決定の代行について整備が必要であると指摘されている。議論の中では，解釈論において成年後見人等の医療への同意権を認める説もある。認める説でも同意権が認められる範囲に延命治療の差控えと中止を含めるべきではないとする見解が多数を占める。これらについては，今後，さらなる議論が必要であろう。

| CASEへの アプローチ | CASE①では，患者Aは回復不能の末期患者である。一定の要件のもとで本人が直接拒否した場合 |

第13講　尊　厳　死

と同様に，医師が患者の事前の意思表明に基づき，自己決定権を尊重して，人工呼吸器を差し控えることは，正当化できるだろう。しかし，リビングウィルに基づく拒否は，本人による直接の拒否ではないので，その法的有効性と適用可能性が厳格に解釈される必要がある。リビングウィルが，正しい情報に基づき作成されたか，自由な意思に基づいて作成されたか，作成時と現在の意思が一致するか等が慎重に考慮されなければならない。

　CASE②では，本人の意思が分からず，意思を推定できないのであるから，原則としては父母が延命治療の中止について代行意思決定することは正当化されない。遷延性植物状態患者Dの生存権が保障されるべきであり，医師は延命治療を中止することは認められず，それを継続しなければならない。

　医師は，家族と十分に話し合い，患者の最善の治療方針をとることを基本に医療ケアチームで慎重な判断を行う必要がある。

3　模索される終末期医療のあり方 —— 今後の展望

　延命治療の中止事件や川崎協同病院事件を契機に，終末期医療に関する議論が活発化している。延命治療の中止，尊厳死については，わが国には，2007年まで法律も，国レベルのガイドラインもなかった。そのため，延命治療の差控えや中止が問題になった場合，しばしば，患者本人，家族や医療者の悩みを大きくさせてきた。この問題については，日本学術会議，日本医師会，厚労省終末期医療に関する調査等検討会等が重要な報告書を出してきたほか，日本弁護士連合会も終末期医療に関する報告書を作成している。2006年9月，厚労省は，終末期における延命治療の開始，変更や中止などの方針

158

について，国による「終末期医療に関するガイドライン（たたき台）」を初めて公表し，2007年5月に「終末期医療の決定プロセスに関するガイドライン」を公表した。同ガイドラインは，2015年に「人生の最終段階における医療の決定プロセスに関するガイドライン」に名称が変更された。このほか，医療系の多くの学会が終末期医療をめぐるガイドラインを作成している。2007年に日本救急医学会は「救急医療における終末期医療に関する提言（ガイドライン）」を，2012年には日本老年医学会が「高齢者ケアの意思決定プロセスに関するガイドライン」を出している。2014年には日本集中治療医学会，日本救急医学会，日本循環器学会3学会が，「救急・集中治療における終末期医療に関するガイドライン：3学会からの提言」を公表している。2017年には日本臨床救急医学会が終末期の患者に対する救急隊員の対応について提言を公表している。これらのガイドラインは，厚労省のガイドラインと基本方針については大きく異ならない。ここでは，報告書とガイドラインについて説明しよう。

日本学術会議「死と医療特別委員会報告」

同報告書（日本学術会議，1994年ジュリ1061号（1995）70頁）は，延命治療の中止を尊厳死としてとらえ，回復の見込がない末期患者が自己決定により延命治療を拒否した場合には，過剰な延命治療は行われるべきではないとする。延命治療中止の条件として，① 患者が回復不能の状態に陥っていること，② 意思能力を有している時に患者が尊厳死を希望する旨の意思を表明していること，③延命医療の中止は，医学的判断にもとづき，担当医が行うべきであるが，医師と近親者との間で十分な話し合いにより，近親者が納得し，それを中止することが望ましいとする。さらに，同報告書は，書面による事前の意思表明を患者の意思確認手段とし，それにもとづく治療方

針の決定や延命医療の中止を認めるべきであろうと提言する。

日本学術会議は、2008年、亜急性型の終末期に限定して終末期医療のあり方について検討結果をまとめている。患者本人の意思が確認できないまま、終末期に入り、家族からの延命治療の中止を求められた場合について、厚労省と日本医師会と同様の立場に立つ。

🔖 厚生労働省「終末期医療に関する意識調査等検討会報告書」「人生の最終段階における医療に関する意識調査報告書」

厚労省の検討会は、1993年から一般国民、医師、看護職員、介護施設職員等を対象に終末期医療に関する意識調査を実施してきた。2014年の「人生の最終段階における医療に関する意識調査報告書」 (厚労省、2014年) によれば、意思表示の書面を作成しておくことについては、国民の69.7%が賛成しているが、賛成のうち、実際に作成しているのは、3.2%である。また、賛成のうち、事前の意思表示に関する法制化を求めているのは22.2%であった。人生の最終段階における治療方針を定めることを希望する相手については、一般国民は、「家族等のうち、自分のことを一番よく分かっている一人の方」が34%、「家族等が集まって話し合った結果」が44.6%、「担当する医師又は医療・ケアチーム」が10.4%、「他の人に決めてほしいと思わない」が5.3%だった。また、人生の最終段階における治療方針を定める人が決定した治療を行うことを法律で定めることについて、一般国民の19.4%が「定めてほしい」、46%が「定めなくてもよい」、13.3%が「定めるべきではない」と回答した。このほかさまざまな状況において希望する治療方針についてケースを6つに分けて調査している。

🔖 厚生労働省「人生の最終段階における医療の決定プロセスに関するガイドライン」

同ガイドラインでは，延命措置の不開始と中止の要件は定めず決定プロセスを示す。人生の最終段階における医療及びケアの方針決定は，① 患者の意思が確認できる場合には，インフォームド・コンセントにもとづく患者本人による意思決定を基本としてうえで，多専門職種の医療従事者から構成される医療・ケアチームとして行う，と定める。他方，② 患者の意思が確認できない場合には家族が患者の意思を推定できるならば，その推定意思を尊重し，できない場合には，家族と十分に話し合い，患者の最善の治療方針をとることを基本に，医療・ケアチームの中で慎重に判断を行う必要があると定める。

さらに，同ガイドラインは，患者・医療従事者間で妥当で適切な医療内容について合意が得られない等の場合には，複数の専門家からなる委員会を設置し，治療方針等についての検討と助言を行うことが必要である，とする。

わが国における終末期医療ルールのあり方とは

2012 年，超党派の国会議員による「尊厳死法制化を考える議員連盟」は，延命措置を希望しないという意思が明らかな終末期の患者の延命措置の不開始について (第1案)，(第2案は不開始と中止についても) 医師は責任を問われないとする「終末期の医療における患者の意思の尊重に関する法律案」を公表した。関連学会等からの反対もあり国会には提出されていないものの議論は続いている。

延命治療の差控えや中止に関わる法整備を行うか，上述のガイドラインで十分か，あるいはさらなるガイドラインを策定するかについては議論のあるところである。この議論においては，わが国の文化，考え方に即した制度のあり方を模索する必要がある。いずれにしても，延命治療を継続するにせよ，拒否するにせよ，本人の意思

による多様な選択が認められるべきである。

4 ステップ・アップ

　わが国では，これまで，英米の尊厳死に関する多くの判例と法状
況が紹介されてきた。英米では，一定の場合に，延命治療の差控え
と中止について裁判所に決定を求めることができ，判例の集積があ
る。そこで，ステップ・アップとして，英米の代表的な判例と法状
況を紹介しよう。

アメリカの状況

　(i) 代表的な判例　　① カレン・クィンラン事件判決　　1976 年，
カレン・クィンラン事件 (In re Quinlan, 70 N. J. 10, 355A, 2d 647 [1976]) にお
いて，世界ではじめて，裁判所において，尊厳死の問題が扱われた。
ニュージャージー州のカレン・クィンラン (21歳) は，原因不明の
呼吸停止により意識不明となり，遷延性植物状態に陥った。人工呼
吸器が装着されたが，彼女は数カ月後も，回復しなかった。カレン
は，人工呼吸器を外せば，生存は困難であると診断されていた。カ
レンの父は，裁判所に，自分を娘の後見人に任命し，人工呼吸器な
どの生命維持治療の中止を認める権限の付与を求めた。ニュー
ジャージー州最高裁判所は，プライバシー権は，憲法上認められた
不文の権利であるとして，治療拒否権を認め，治療拒否権は，医師
の治療義務，州の利益に優越する場合があると述べた。そして，決
定能力がない患者については，プライバシー権を後見人が代行でき
るとした。同事件判決以降，延命治療の差控えと中止に関しては，
数多くの判例が出されており，延命治療の差控えや中止に関し，患
者の事前の意思表明，家族や親しい友人の証言による本人の意思の

推定が行われている。

② ナンシー・クルーザン事件判決　　1990 年，ナンシー・クルーザン事件（Cruzan v. Director, Missouri Dept. of Health 110 S. Ct. 2841［1990］）において，合衆国最高裁判所がはじめて，延命治療問題に判決を下した。ミズーリ州のナンシー・クルーザン（25歳）は，交通事故により意識を喪失し，人工的栄養補給を受け，3 年が過ぎたが，回復の見込みはないと診断されていた。ミズーリ州では，「明白かつ説得力がある証拠」がなければ，その中止を認めないとする法律があり，裁判所において同州の法律の違憲性が争われた。最高裁は，生命保持という州の利益に照らし，患者の死を本人以外の者が招来することは許されないとし，州の尊厳死法の合憲性を認めた。しかし，その後，友人の証言により，本人が延命拒否をしていたと認められ，最終的に，延命治療の中止が認められた。

(ⅱ) 整備された制定法　　1976 年に，カルフォルニア州の自然死法により，リビングウィルが法制化されて以降，現在までにほとんどの州で尊厳死法や自然死法が整備されている。1985 年に，統一州法全米会議は，統一末期病者権利法を定めている。1990 年には，患者の自己決定法が統一法として成立している。同法は，医師には，患者に，終末期医療における患者の自己決定権行使の枠組みやリビングウィル等の作成について説明し，その作成へ協力する義務があると定めている。

イギリスの状況

(ⅰ) トニー・ブランド事件判決　　イギリスの判例において，遷延性植物状態患者への延命治療の中止がはじめて認められたのは，CASE ②のもとになった 1993 年のトニー・ブランド事件貴族院判決（［1993］All ER821）である。同判決以降，イギリスでは，遷延性植物

状態患者に対する延命治療の中止に関する数多くの判例が出されている。

トニー・ブランド（17歳）は，競技場の事故により遷延性植物状態に陥り，病院で，人工的換気，人工的栄養・水分補給を受けていた。医師らは，回復の見込みがないと判断し，ブラントへの延命治療を中止するべきであると考えていた。ブランドは，事前に延命治療に関する意思を表明していなかった。そこで，保険当局は，裁判所に，ブランドへの治療が合法的に中止できる旨の宣言を申し立てた。貴族院は，必然性の原則にもとづき，ボーラム（Bolam）基準（医師が医療上の見解を持つ責任ある集団がその当時受容していた慣行に従って行動していたことを立証すれば免責されるという治療および診断の過失の判断基準）に依拠し，自身や自分の状況を自覚できず，回復の見込みがない患者に人工的栄養・水分補給を含む医療を提供することは無益であり，その中止は，患者の「最善の利益」であると述べた。

(ⅱ) 制定法とガイドライン　　イギリスでは，2005年精神能力法が制定され，継続的代理人の代理権の範囲に治療に関する決定が含まれた。そのため，意思決定能力喪失後，能力喪失前に自らが選任した代理人に，自身の治療に同意してもらうことが可能になったが，生命維持治療への同意の拒否については，特別に授権するなどの厳格な要件が求められる。同法では，治療拒否のための事前の決定についても定められているが，生命維持治療に適用されるためには，より厳格な要件が求められる。

〈参考文献〉
① 唄孝一『生命維持治療の法理と倫理』（有斐閣，1990）
② 丸山英二「意思決定能力を欠く患者に対する医療とアメリカ法」法

律時報 67 巻 10 号（1995）

③ 町野朔=丸山雅夫=西村秀二=安村勉=山本輝之=清水一成=秋葉悦子=臼木豊編著『資料・生命倫理と法Ⅱ　安楽死・尊厳死・末期医療』（信山社，1997）

④ 甲斐克則『尊厳死と刑法［医事刑法研究　第 2 巻］』（成文堂，2004）

⑤ 町野朔『生と死，そして法律学』（信山社，2014）

⑥ 盛永審一郎・甲斐克則ほか「特集・終末期の意思決定：死の質の良さを求めて」理想 692（2014）

Bridgebook

第14講

臓器移植

臓器摘出の術前措置に本人の承諾は必要か

CASE 平成5年10月25日, Aは脳内血腫による激しい頭痛に襲われ, Y大学付属病院救急センターに搬送されて翌26日, 医師Zの執刀による除去手術を受けた。しかし27日午後には瞳孔散大, 対光反射消失, 深昏睡の状態となり, Zは, Aは脳死に近い状態であり死亡することはほぼ確実と判断した。28日, Aに対して脳死判定検査が行われ, 聴性脳幹反応はないが, 脳波は平坦ではないとの結果を得た。Aの治療チームのリーダーであった同センターの医師Xは, 移植のためAの腎臓の提供を受けたいと考え, 家族の意向を打診するようZに依頼した。29日, Xは2回目の脳死判定を依頼し, 前日と同じ結果を得た。30日, XはAの母Bおよび夫Cに腎臓の提供を承諾するよう申し入れ, その頃からZに代わってAの治療を担当する一方, 腎臓バンクのコーディネーターに腎臓提供の可能性があることを連絡, 31日, Bから承諾書の提出を受けた。同日午後8時頃, Aの血圧が60台に低下し死亡の危険が生じたため, Xは移植に備えてAの大腿部を切開して灌流液注入用のカテーテルを挿入した。11月2日, Aの心停止による死亡が確認されたため, 腎臓を移植に適した状態に保つため直ちにカテーテルに灌流液が注入され, 腎臓が摘出され, 2名のレシピエントに移植された。Xは, 臓器提供については家族から承諾を得ていたが, 心停止前に行ったカテーテルの挿入については承諾を得ていなかった。Xはどのような法的責任を負うか。

1 臓器摘出の術前措置に本人の承諾は必要か

遺族意思優先主義から本人意思優先主義へ

心停止後に移植用の腎臓を摘出する行為は，この事件当時，「角膜及び腎臓の移植に関する法律」(昭和54年法律63号，以下「角腎法」) の下で，本人が生存中に角膜又は腎臓の摘出について書面による承諾をしており遺族がそれを拒まない場合のほかに，本人意思が不明でも遺族の承諾があれば可能であった (3条3項)。しかし，判決の前年に，臓器提供に関する本人意思の尊重を基本理念に掲げ (2条1項)，脳死後の臓器の摘出については本人の生前の意思を不可欠の要件とする (6条1項)「臓器の移植に関する法律」(平成9年7月16日法律104号，以下「臓器移植法」) が成立した。同法の成立によって角腎法は廃止されたが，経過措置として，心停止後の角膜と腎臓については当分の間，従来どおり遺族の承諾による摘出が許されることになった。しかし本人意思への配慮から，そこには「本人の反対の意思表示がない限り」という新たな限定条件が付された (附則4条)。2009年に成立した改正臓器移植法 (現行法) によって，脳死後の臓器の摘出についても本人が生前に書面による反対意思を表明していない限り，心停止後の角膜と腎臓の摘出と同様，遺族の同意のみで摘出が可能となった (6条1項2号)。改正法の解釈をめぐっては学説に争いがある。これについては後述する。

術前措置に対する承諾権

CASE で問題とされたのは，心停止後の腎臓摘出のための術前措置として，心停止前に患者の身体にカテーテルを挿入する医学的侵襲行為について本人の承諾を要するかどうかであった。遺族の承諾のみをもって心停止後の腎臓摘出を許す旧角腎法の趣旨に照らせば，

167

術前措置についてだけ本人の生前の同意を要求するというのは現実的ではなく，術前措置についても遺族の承諾で足りるとしなければ，遺族の承諾にもとづく腎臓の摘出は事実上不可能になる。しかし，本人意思の尊重を基本理念に掲げ，脳死後の臓器摘出については単に臓器提供の承諾のみならず，前提となる脳死判定を受けることについても本人の承諾を要求する旧臓器移植法（6条3項）の趣旨に照らして考えると，心停止前に行われる術前措置についても，本人の承諾が要求されるべきことは当然と考えられる。

　裁判所は本件事案について，ドナーの生存中に術前措置としてカテーテルを挿入する行為は，患者の身体を傷つける非治療行為であるから，これを承認するドナー本人の確定的な事前の意思表示がなければ違法であるとの判断を示した（大阪地判平10・5・20判時1670・44）。

　しかしこれに対しては，判決は心臓死からの移植医療を事実上阻むものであるとして移植医療従事者から強い反発が見られた。この判決後に出された厚生省の通知は，術前措置が脳死後に行われることを条件に，遺族の承諾のみで足りるという立場を打ち出し，学説の多くもこれを支持している。この立場は，脳死を人の死とみなす今日の国際的な医学倫理には適合しているが，脳死相対説に立つ臓器移植法の立場から考えると，法的には生存している脳死者に対する非治療的な侵襲行為が遺族の承諾によって正当化されうると考えることは困難である。

　以下では，本人の自己決定権のうちに脳死選択権までをも包含する臓器移植法の論理と，脳死が生物学的・医学的な人の死であるという今日の科学的知見に立脚して医学倫理上正当に移植医療を実施してきた医師の論理の双方から問題を考察してみよう。そして，脳死選択説を採用した臓器移植法によって脳死概念が相対化し，臨床

現場にさまざまな混乱を招いていること，さらに，遺族は死後の身体に対する侵襲行為や臓器の摘出について承諾権を有するかについても考えてみよう。

2　考え方の道しるべ

脳死選択権を認めた旧臓器移植法

　旧臓器移植法は，脳死が「人の死」かをめぐる激しい議論に決着がつかないまま，双方の妥協を図るような形で成立した。それは一言で言えば，臓器移植の場面に限定して脳死の選択を認める法律である。すなわち，同法6条は「脳死した者の身体」を「死体」に含んでいる（1項）から，「脳死」を「人の死」と認めているのであるが，「脳死した者の身体」は，法律の要件にしたがって臓器の摘出が予定されている死体に限定されており（2項），そのためには本人が生前に脳死判定に従う意思表示を書面で行い，遺族がそれを拒まず，所定の脳死判定を経ていなければならない（2項）。

　したがって，法律の要件に従って臓器の摘出が予定されている脳死者のみが死者であり，それ以外の場合は，同じ脳死状態に至った者でも法的には死者ではないことになる。言い換えると，同法は死を相対化し，臓器提供意思を持つ者にだけ特権的に，脳死を自己の死として選択する権利を与えたものと言うことができる。改正臓器移植法はこれを変更して脳死説を採用したと解する見解も有力だが，従来どおり脳死相対説に立脚すると解する見解も根強い。

　脳死が人の死であることについて国民のコンセンサスが得られない中で，脳死を自己の死とするかを個人の自己決定に委ねるという異例な方法で，脳死からの臓器移植の道を開いた同法を高く評価す

169

る論者もある。しかしその反面，同法の成立によって，脳死選択権を行使しない者は，たとえ医学的には同じ脳死状態に陥っても，法的にはつねに生者として扱われることになった。これによって，医師は，法的には生存している臨床上の死者の取扱いについて，困難な課題に直面することになった。

脳死は生物学的な人の死である

　脳死が法律学上の人の死かどうかは，各人の自由な選択によって決定することが可能かもしれない。しかし脳死が生物学的な人の死であるという科学的事実については，自由な選択の余地はない。脳死が人の生物学的な死であることは，1959年にフランス人科学者ジュヴェーが医学雑誌『脳波検査法と神経生理学』に中枢神経系の死に関するレポートを最初に掲載して以来，しだいに広く一般に受容されるようになった今日の科学的知見である。全脳死の状態においては，生きている有機体を本質的に特徴づける性質，「全体としての有機体の機能にとって不可欠な身体の合一性」を欠くことが確認されたのである。これに対する異論としては，脳死後1週間以上生き延びた多くの小児の症例を掲げて反脳死説を展開したシューモン（小児神経学）の見解が日本でもよく知られている。しかし「残存する器官が生き延びた時間」というパラメーターによって，生きている有機体における全体としての活動 —— その有機体を構成する各部分間の交互的な相互作用 —— の有無を測ることはできない。シューモンの見解が十分な科学的根拠にもとづくものではないことは，すでに多くの神経学者や医学者によって論証されており，脳死が人の生物学的な死であることは，今日の科学者の間では一致した共通認識となっている（参考文献④・⑥）。

脳死＝蘇生限界点と認めたシドニー宣言

中枢神経系の死の発見は，まもなく臨床現場にも受容された。世界医師会は1968年の総会で「死に関する宣言」（シドニー宣言）を採択して，医師は従来の心臓死の時点のほかに，新たに「脳全体のすべての機能の不可逆的な停止」の時点を「死亡時刻」として決定しうることを明確にしたのである。シドニー宣言は，医科学技術の発達により，前進する一方のように考えられてきた延命技術の限界を正面から認めた点で，医学の歴史上，エポックメーキングな意義を持つといわれている。すなわち，現代医科学技術は，脳死後も人工呼吸器等を用いて患者の心臓をかなり長期間にわたって動かし続けることができる。しかし，ひとたび脳死に陥れば蘇生は絶対に不可能である。言い換えると，脳死の時点が蘇生限界点であり，以後，患者が不可逆的な死のプロセスに入ることを現代医科学技術はいかにしても妨げることはできず，脳死以降の蘇生術はもはや医学的な意味を持たない。

医学の限界を認めたシドニー宣言は，現代医学の敗北宣言のような受け止め方もされ，当時，必ずしも医療関係者に好意的に受け入れられたわけではなかったが，その一方で，脳死が蘇生限界点であることがはっきりと確認されたことによって，脳死者からの臓器移植という新しい医学への道が大きく開かれることにもなった。それまで蘇生術の中断やその時点についてしかるべき確実な基準を持たなかった臨床医にとって，自己のすべての技能を尽くして救命するよう職業倫理上義務づけられている患者の蘇生を，当時唯一の死の基準であった心停止の前に断念すること，まして第三者のためにその臓器を摘出することは，決して許される行為ではなかったからである。医師の職業倫理に照らして考えれば，脳死は生物学的・医学的な人の死であるという科学的事実の承認が，脳死患者に対する救

命義務から医師を解放すると同時に，脳死者からの臓器移植を可能にする大前提であり必要条件であったと言える (参考文献④)

CASEへのアプローチ

(i) 脳死前の術前措置について　CASE では，患者がカテーテル挿入時に脳死状態であったかどうか，医師が患者を脳死状態であると判断していたかどうかは明確にされていない。患者はカテーテル挿入の6日前には深昏睡，瞳孔散大，対光反射消失等いくつかの脳死の兆候を示し，主治医によって脳死に近い状態と診断されていたこと，5日前と4日前に心停止の時期を予測する目的で実施された2回の脳死判定検査では，聴性脳幹反応は見られなかったが脳波は平坦ではなかったこと，カテーテル挿入時には血圧が60台に低下し，死亡の危険が生じていたこと，が認められているのみである。脳死後の臓器摘出にそなえて，まだ脳死状態に至っていない患者にカテーテルを挿入する行為は，判決が述べているように，「生存している患者の身体を傷つける」非治療行為にほかならない。判決は，当該行為を承認する患者本人の確定的な意思表示があり，かつ，そのような意思表示があれば当該行為が社会的に許容されるといえるものでなければ不法行為に当たるとしている。このような非治療的な侵襲行為は，刑法上も当然に傷害罪 (刑204条) を構成する。違法性が阻却されるためには，まず被害者本人の承諾があることが最低限の要件である。したがって，心停止からの移植医療の現場で，このような術前措置が本人の承諾なく脳死前に行われてきたのであれば，それは「超えてはならない一線を超えた処置」(参考文献③) として，刑事法上も非難されなければならない。

(ii) 脳死後の術前措置について　これに対して，術前措置を脳死後に実施する場合は，遺族の承諾で足りるとするのが，この判決

後に示された厚生省の見解である。唄博士も，遺族の承諾による心停止からの移植の道を閉ざさないための「苦渋の選択」として，この方向を支持される。脳死を蘇生限界点を超えた医学的な死と見る今日の医学倫理に即して考えれば，脳死後の術前措置は生体に対する侵襲行為とはいえず，少なくとも傷害罪（刑204条）を構成することはない。民事上は，術前措置について誠実かつ十分な説明を尽くしたうえで遺族の承諾を得れば，遺族との信頼関係が構築され，訴訟防止にもつながると考えることもできるだろう（参考文献①・②）。

　しかし，たとえ竹内基準にもとづいて脳死と判定された場合でも，脳死体からの臓器摘出が予定されていない脳死者は現行法上は死者ではないとする見解に従えば，脳死後であっても，遺族の承諾のみによって術前措置を正当化することはやはり不可能である。相対的脳死説の立場を維持するのであれば，改正臓器移植法の下で遺族の承諾によって摘出が行われる場合（6条2項1号）でも，それが遺族自身の判断ではなく本人の推定的意思によるなど，実質的に本人意思に依拠することが不可欠の条件となる。

3　改正臓器移植法の課題 —— 今後の展望

法律学上の死と医学上の死との不一致による矛盾

　法律学上の死と医学上の死の不一致は，一般の人々の間にも医療現場にも深刻な矛盾をもたらしている。臓器移植法が，脳死からの臓器提供意思の中に，脳死を自らの死として選択する権利をも含めているのであれば，それは死を選ぶ権利を認めたものにほかならないから，——筆者はそれが許されてよいとは思わないが——，臓器摘出の要件は当然厳しいものとならざるをえない。CASE は，このよ

うな厳しい臓器移植法の規定が，今日の国際的な医学倫理に則って適正に行いうる医療実務（脳死後の術前措置）の実施を不可能なものにしてしまった一例と言うことができる。

また，脳死が人の医学的な死であるという客観的事実を明確にせずに死の選択を個人の自由に委ねている臓器移植法は，見方を変えれば，ドナーは同法の下では死を選択した者とみなされるということである。命の大切さは今日さまざまな場面で強調されているが，臓器移植法はこれとは矛盾したメッセージを伝える。少なくとも自分の命を大切にしたいと考えている人々は，自らの選択によって早期に生命を終わらせることに躊躇をおぼえ，残り少ない命を最後まで全うすることを選択するかもしれない。

死の選択を認める臓器移植法は，臓器の摘出に同意した遺族やレシピエントにも不当な苦しみを与えるおそれがある。彼らは後になってから，自分が大切な家族やドナーの命を縮めたのではないか，犠牲にしてしまったのではないかという誤った罪悪感に苦しむかもしれないからである。しかし当初の予定から大幅に遅れて 2009 年に臓器移植法の改正が実現したのは，当時深刻な国際問題となっていた臓器売買や移植ツーリズムの禁止と犯罪化，そして死体ドナーによる臓器移植の最大化を各国に要請する国際移植学会の「臓器移植と移植ツーリズムに関するイスタンブール宣言」（2008 年）を受け入れた結果である。もとより「イスタンブール宣言」は脳死説を前提に，臓器移植によって救済される病者への死後の臓器提供という善行を人々に呼びかけている。見知らぬ病者を救済するために，死後自らの身体の完全性を犠牲にして —— 文字通り身を削って —— 臓器を無償で提供するドナーの行為は，国際社会では賞讃される英雄的行為である。このような徳行が正当に評価されないことは，ド

ナーや遺族やレシピエントだけでなく，過大な負担を要求される困
難な移植医療に携わる日本の医療従事者にとっても極めて大きな不
幸である。

医師にもたらされたジレンマ

　最大の問題は，脳死が蘇生限界点であるという科学的事実が不明
瞭になってしまった点にある。シドニー宣言でも確認されたとおり，
脳死が人の死であることを承認することの意義は，それによって脳
死からの臓器移植が可能になることの前に，まず，脳死時が蘇生の
試みの終了地点であることを承認することにあった。医学倫理学上
は，脳死者からの人工呼吸器の取り外しは適正な行為であり，欧州
諸国では，脳死後の延命治療は一般に回避されるべき「執拗な治
療」として位置づけられている。

　終末期患者からの人工呼吸器の取外しが問題となった川崎協同病
院や射水市民病院など多くのケースにおいて，当該医師らは患者が
「脳死状態」にあったと主張していた。患者が本当に脳死に至って
いたのであれば，人工呼吸器の取外しは医学倫理にかなった正当な
措置であったことになる。しかし，現行法のもとではなお殺人罪
（刑199条）に問われる可能性がある。実際に，刑事裁判例の中には，
臓器移植法制定前のケースであるが，脳死者から人工呼吸器を取外
した医師の行為を「死期を早めた行為」として評価したものもある
（大阪地判平5・7・9判時1473・156）。医師は深刻なジレンマに陥らざるを
えない（参考文献④）。

適正な脳死判定

　脳死判定は臓器摘出の場合だけでなく，術前措置の実施に際して
も，延命治療の中止時期についても，適正に行われなければならな
い。しかし，現在の医学においては，脳死判定の決定的な科学技術

的基準は存在せず，最終的には医師の総合判断に委ねられる（シドニー宣言4）。最近はさまざまな補助器機も開発されており，20年以上も前に考案された竹内基準が必ずしも現在もベストとは限らないことは，医療現場からも指摘されている（参考文献⑤）。

　大切なのは，あらゆるケースに同じ方法を用いてマニュアルどおり，機械的に脳死判定を行うことではなく，一口に脳死といっても多様な症例を示す患者にそれぞれ適した方法を用いて，個々の患者が脳死に至ったかどうかをできるかぎり厳密に判定することである。本件事例の救急センターで聴性脳幹反応という独自の方法が用いられていたのもそのためであろう。

　しかし，患者Aの治療チームのリーダーであった医師Xが移植のための術前措置を実施していたことは明らかに医学倫理に反する。死の瞬間を決する医師が移植術の実施に直接関与してはならないことは，シドニー宣言にも明記されている（参考文献④）。判決は，XがAの救命に必要な治療を早期に放棄したという原告の訴えをしりぞけたが，Xの行為がその疑いを抱かせるものであったことは確かである。

4　ステップ・アップ

死後の身体に対する処分権の所在：本人主義か遺族主義か

　本人の書面による反対の意思表示の不存在を条件に，遺族の承諾で臓器の摘出を可能にした改正臓器移植法は，本人の書面による臓器提供の意思表示を不可欠の要件としていた旧法の「厳格な同意方式」を「拡大された同意方式」に変更したものとして理解されている（参考文献⑦）。しかし「イスタンブール宣言」にも示されたとおり，

臓器提供はドナー本人の排他的意思でなければならないと考える今日の国際的な医学倫理に照らせば，たとえ脳死が人の死であることを前提にした場合でも，本人の積極的な意思表示がない場合に，死後の臓器摘出を承諾する権利が自動的に遺族に移行すると考えることはできない。したがって，本人の反対の意思表示がない場合に遺族の同意によって臓器摘出を認めた改正法は，従来のオプト・イン形式からオプト・アウト形式に改めたものと解さざるをえないように思われる（参考文献⑥・⑧）。

　この問題は，死後の身体の処分権が誰に帰属するかという問題に収　斂する。民法は死体を物として位置づけているが，遺族が所有権を持つことまでは認めておらず，埋葬権，実質的には埋葬義務を認めるにとどまる。また，死体損壊罪の保護法益は社会的法益であるとする理解が一般的であるが，最近は死者の人格権を認める立場から，死者本人の人格的な利益であるとする見解も主張されている。今日の国際的な医学倫理学は，人の身体とその構成部分 —— 臓器，器官，組織 —— を「物」ではなく「人格」のカテゴリーに分類する。分子生物学の臨床応用技術の急速な進展によって，医療現場ではすでに組織移植が日常的に行われており，組織バンクの整備も急ピッチで進んでいる。臓器，器官，組織提供者の本人意思の尊重を貫きたいのであれば，国際的な枠組みに沿った統一的な法規制が不可欠である。

〈参考文献〉
① 丸山英二「施行後半年余を経た臓器移植法」法律時報70巻8号〔1998〕〔4頁〕
② 唄孝一「移植術前カテーテル挿入問題と倫理委員会」法律時報71

巻10号（1999）〔1頁〕

③ 粟屋剛「腎臓移植ドナーの承諾のない心停止前のカテーテル挿入行為—関西医科大学病院事件」医事法百選（初版）〔43〕

④ 秋葉悦子「Ⅲ　脳死と臓器移植」ホセ・ヨンパルト・秋葉悦子『人間の尊厳と生命倫理・生命法』（成文堂，2006）〔97 ～ 113 頁〕

⑤ 有賀徹「臓器移植法改正 —— 救急医療の現場から」ジュリスト1393 号（2010）〔48 ～ 54 頁〕

⑥ 秋葉悦子「我が国固有の倫理観と脳死下臓器移植」日本臨床 68 巻12 号（2010）〔2234 ～ 2238 頁〕

⑦ 甲斐克則「1　臓器移植法と医事法の関わり」甲斐克則編『臓器移植と医事法（医事法講座第 6 巻）』（信山社，2015）〔3 ～ 27 頁〕

⑧ 秋葉悦子「3　脳死・臓器移植と刑法」上掲『臓器移植と医事法（医事法講座第 6 巻）』（信山社，2015）〔52 ～ 70 頁〕

Bridgebook

第15講 人工妊娠中絶

人工妊娠中絶はどのような場合に認められるのか

CASE A女（39歳）ははじめて妊娠し、妊娠20週目に産婦人科医Xに羊水検査を申し出た。しかし、医師Xは検査を拒否し、高齢出産にともなう子どもの障害のリスクについての説明をとくに行わなかった。生まれてみると、子どもはダウン症に罹患していることが判明した。本来、妊娠中に羊水検査を受ければ、胎児がこの病気にかかっているかどうかを知ることができ、人工妊娠中絶を受けることができたはずである。そこでA女は、夫とともに、医師が羊水検査を実施しなかったことにより、人工妊娠中絶手術を受ける機会を喪失し、その結果、障害を持つ子が生まれたことについて医師Xに損害賠償を請求した。このような請求は、はたして認められるのか。

1 人工妊娠中絶はどのような場合に認められるのか

CASEでは、「望まない障害児の出生」に対する損害賠償が問題となり、「ロングフル・バース訴訟」と呼ばれる場合がある。胎児の障害を理由にした人工妊娠中絶（選択的妊娠中絶）はそもそも可能なのだろうか。

179

第15講　人工妊娠中絶

刑法上の「堕胎の罪」

人工妊娠中絶に関しては，刑法212条以下「堕胎の罪」の適用がまずは問題となる。刑法学説では，堕胎とは「自然の分娩期に先立って人為的に胎児を母体から分離，排出させること」とされ，胎児の生命を奪う行為に対して原則としては堕胎罪が問われることになる。同法212条では，「妊娠中の女子が薬物を用い，又はその他の方法により，堕胎したときは，1年以下の懲役に処する」とし，妊婦自身にも自己堕胎罪が適用されるほか，妊婦の嘱託または同意にもとづく第三者による堕胎（同意堕胎）も処罰対象となる。

母体保護法上の適応事由

これに対して，母体保護法（旧優生保護法，1996年改正）は，人工妊娠中絶を合法的に実施しうる適応事由を規定している。同2条2項は，「人工妊娠中絶とは，胎児が，母体外において，生命を保続することのできない時期に，人工的に，胎児及びその附属物を母体外に排出すること」としており，本人および配偶者の同意がある場合について，指定医師が施術するという条件により，合法的な中絶を受けることができる2つの適応事由を認めている。「妊娠の継続又は分娩が身体的又は経済的理由により母体の健康を著しく害するおそれのあるもの」（同14条1項1号，「身体的及び経済的理由」）および「暴行若しくは脅迫によって又は抵抗若しくは拒絶することができない間に姦淫されて妊娠したもの」（同14条1項2号，「倫理的理由」）である。

胎児に障害がある場合

以前は，この適応事由のほかに，親が遺伝病に罹患し，それが子に遺伝する可能性がある場合などが，中絶合法化の適応事由に含まれていたが，1996年の法改正時にこれらは削除されており，現在は存在しない。このように，母体保護法には胎児の障害を直接的な

理由として中絶を認める規定自体は存在しないが，胎児に障害がある場合に，まったく中絶を認めないとする立場がとられているわけでもない。

CASE のもととなっている事件は京都地裁平成 9 年 1 月 24 日判決（判時 1628・71, 判タ 956・239）であり，ここでは，39 歳という比較的高齢における妊娠でダウン症児が生まれる危険性があるかもしれない場合に，羊水検査の必要性や障害児出生の危険率の説明を医師が行わなかった点，さらに，妊娠 20 週目において羊水検査を実施しなかった点について，医師に過失があるかどうか，それによって，妊婦の出産を検討する機会や障害児の出生に対する精神的な準備をする利益が侵害されたかどうかが問題となる。

2 考え方の道しるべ

母体保護法 2 条 2 項・14 条 1 項 1 号

母体保護法 2 条 2 項にいう，「母体外において，生命を保続することのできない時期」は，厚生事務次官通知によって平成 3 年 1 月 1 日から，「通常妊娠満 22 週未満」と定められている。これは，通常の場合であり，「障害を持つ胎児」の場合についても，この期限を母体外生命保続期間とみなしうるかどうかについては議論の余地もあるが，原則として，障害のある場合とない場合との区別をしていない。

また，母体保護法 14 条 1 項 1 号については，羊水検査で障害の存在が判明した場合，この規定によって妊娠中絶が合法化されるか否かについては議論が分かれる。関連する事例では，母親が妊娠初期に風疹罹患し，胎児に感染している可能性が高い場合には，子の

第 15 講　人工妊娠中絶

出生を憂慮した結果「母親に身体的な負担がかかる可能性がある」との理由で，合法的な中絶の道を開く余地もあるとの判断がなされ，**親の出産選択利益**を認めた例（東京地判昭 58・7・22 判時 1100・89，判タ507・246 参照）がある。これに対して，本条項には，障害を持つ胎児を中絶するか否かを判断することまでは含まれないとする立場もあり（東京地判平成 4・7・8 判時 1468・116 参照），解釈は分かれている。

　他方，妊娠以前の段階については，不妊手術（参考文献①）や遺伝相談（参考文献②）に関連して，夫婦の家族計画の権利を認めたものがある（函館地判平 26・6・5 判時 2227・104）。

診療契約上の医師の説明義務および検査義務

　診療契約（準委任契約）においては，医師は患者に対してその状況を正しく説明するなど一定の**情報提供**を行う義務があり，そのために必要な検査等を行い，その検査結果を正しく伝えるなどの**注意義務**を課せられる。判例では，妊婦が妊娠初期に風疹に罹患した結果，障害児が出生した場合，医師には，妊婦の風疹抗体検査を適切に行い，妊婦が風疹に罹患したかどうか，胎児が障害を持つ可能性がないかを十分に説明し，妊婦らが出産するか否かを検討できるようにする必要があり（東京地判昭 54・9・18 判時 945・65），障害児の出生に対する精神的な準備を行うことができるようにする義務があるとされる。

　さらに，遺伝相談を受ける際において，医師は，病気について遺伝可能性を正確に熟知し，詳しく説明する必要があるとされ，これにもとづいて夫婦は妊娠するか否かについて検討する権利を持つとされた（参考文献③）。

損害賠償の範囲

　(i) 賠償責任の範囲　　診療契約における説明義務違反，あるいは，注意義務違反において，医師は，民法 415 条「債務不履行」ま

たは709条「不法行為」にもとづく**損害賠償責任**を負うことになるが，その場合の損害の範囲はどの程度認められるのか。CASEのような事例では，障害を持つ子の出生という事実と，中絶されてその子が出生しなかった状況との比較という，きわめて困難な判断が求められる。

　このような事例における損害の原因たる「障害児の出生」自体に対する医師の責任は，そもそも存在しない。なぜなら，その直接的原因は，ウイルス感染，染色体異常，遺伝的要因などであるからだ。したがって，認められる損害賠償責任は，医師の過失と相当因果関係にある損害についてのものとなる。先天性風疹症候群児の場合には，医師がなすべき妊婦の抗体検査や障害児の出生する可能性についての説明を怠った結果，親が中絶をするか否かの選択機会を逸した際に，**自己決定の利益**が侵害されたことに対する慰謝料が認められる傾向がある。このほか，母体保護法14条1項1号にもとづく中絶選択の利益はないとしながらも，障害児出生に対する精神的な準備をする利益が阻害されたとの理由から，医療者側に，予期しない障害児の出生からくる親の精神的苦痛に対する慰謝料の支払いが命じられる可能性がある。

　(ⅱ) 賠償の範囲　　たとえ慰謝料請求が認められたとしても，障害児の養育治療にかかる医療費や付添費，特殊教育費など，障害にもとづく実質的な経済的損害については，障害そのもの評価が困難であり，また，**医師の過失**との間に相当因果関係が存在するとはいいがたいとして，損害賠償請求を認めないとする立場が有力である（東京地判平4・7・8判時1468・116）。障害を持つ子の出生によって生じた費用を「損害」と認めることが子の存在自体を「損害」とみなすことになるとする見解も有力であり，このような損害賠償請求の主張

183

第 15 講　人工妊娠中絶

が，障害者差別を助長するとの見解もある。医師に対する損害賠償請求を認めない判例の多くもこの立場をとっている。ただし，PM病児の事例 (参考文献②) では，医師の過失と損害との間には因果関係があると判断され，子の介護や家屋改修費等の経済的負担に対する損害賠償が認められている (東京高判平 17・1・27 判時 1953・132 参照)。さらに，損害賠償を認めることが子の存在を否定することにはならないと言明されている。

CASEへの アプローチ　CASE のもとになる判例 (前出) では，妊婦が妊娠 20 週を過ぎており，当時，検査結果を得るためには少なくとも約 2 週間が必要であったため，合法的な妊娠中絶を受ける期限を超過することとなる。したがって，検査を実施しなかったことにより出産検討機会を奪われたとする原告の主張は認められなかった。また，障害児出生に対する精神的な準備をする利益が阻害されたとの訴えについても，当該妊娠年齢におけるダウン症児の出生率が 1 % と比較的低いこと，また，胎児の障害を理由とする人工妊娠中絶 (選択的妊娠中絶) を認めるか否かという**倫理的**な問題から，何歳を基準としてダウン症の危険性の説明をするかは**医師の裁量**の範囲内であり，積極的に説明する義務まではないとして，医師への損害賠償請求も認められなかった。

　しかしながら，わが国において**出生前診断**が禁止されていない以上，かりに人工妊娠中絶の期限である妊娠満 22 週未満に十分な時間的余裕をもって妊婦が羊水検査を希望した場合には，医師は，自ら検査について説明し，検査を実施するか，そうでなければ，適当な施設で説明や検査が受けられるように情報提供を行うなどの援助をする義務があるとも考えられる。

184

3 生命の選択という問題 —— 今後の展望

現行の母体保護法には，胎児に障害があることを理由として中絶を認める規定（胎児条項と呼ばれる場合がある）が存在しない。母体保護法への改正以前には，胎児の障害を理由にした，「身体的および経済的理由」の緩い解釈の是非問題が明確に議論されることは少なく，ある程度黙認されてきた状況があった。しかしながら，1996年，「優生的表現の削除」を受けた法改正によって状況は変化し，裁判所も「障害の存在」を明確な理由として中絶することを公には認めにくい状況にある。

障害者の差別か

たしかに，障害だけを理由に胎児の中絶を認めるとすれば，それは障害者差別だと反論されるかもしれない。しかしながら，現在では羊水検査等による出生前診断によって胎児の状況を誕生以前に知る診断技術があり，それ自体が禁止されているわけではない。また，諸外国では，胎児の病気や障害を理由にした中絶を認める国も少なくないことから，選択的妊娠中絶をまったく認めないとすることも困難なのではないだろうか。世界的な晩婚化傾向に伴う高齢妊娠の増加により，一人当たりの出産回数の減少が起こり，数少ない子どもが健康であることを願う親の希望が一方にある。また，診断技術の向上により，母親の採血だけで簡便に障害の可能性を判定する新型出生前診断（この検査では，陽性・擬陽性の判定のみで，その後羊水検査による確定診断が必要）が一部で実施されている。仕事などのため出産を遅らせた結果，やむにやまれぬ状況で出生前診断を選択する女性やカップルも少なくない。

第 15 講　人工妊娠中絶

法律に代わる基準

　日本産科婦人科学会は，1988 年 1 月「先天異常の胎児診断，特に妊娠初期絨毛検査に関する見解」を公表し，出生前診断を実施する場合のガイドラインを提供した。1994 年以降，母体血清マーカー検査が利用可能になると，1999 年 6 月，(旧) 厚生省が設置した審議会における出生前診断に関する専門委員会が「母体血清マーカー検査に関する見解」(http://www1.mhlw.go.jp/houdou/1107/h0721-1_18.html#houkoku) を報告し，医師は，妊婦に対し積極的には検査の存在を知らせる必要はないとしている。平成 25 年 6 月，日本産科婦人科学会は，診断技術の進歩を受け，「出生前に行われる遺伝学的検査および診断に関する見解」(http://www.jsog.or.jp/ethic/H25_6_shusseimae-idengakutekikensa.html) と改訂している。

望ましい自己決定のために

　かりに，妊婦自身が検査を申し出る際には，その意思を尊重しなければならない場合もある。検査によって障害が判明すると，妊婦は困難な判断を迫られる。出生前診断に関連して少なからず重要なことは，検査を実施するか否かにかかわらず，障害を持って生活する子どもの状況を含め，事前に十分な情報提供とカウンセリングがなされたうえで，検査を受けるか否かを妊婦自身が判断すること，そして検査を実施した場合には，その結果を妊婦やその家族が慎重に検討できるようにすることである。出生前診断で判明する病気の種類は染色体異常など一定のものに限られているが，いかなる障害の場合に中絶を認めるのかという問題もより複雑である。

　障害者を差別してはならないという見解はもちろん正論ではあるが，現在，障害者を抱えている家族の現状やその負担の大きさを考慮すれば，これを非倫理的だとして批判することも一概にはできな

186

い側面もあるのではないだろうか（参考文献④）。

4　ステップ・アップ

「ロングフル・バース訴訟」のほか，アメリカやフランスでは，医師の過失がなければ障害を持った自分の出生は回避されたはずだとして，障害者本人が「ロングフル・ライフ訴訟」を提起した例もある。しかしながら，多くのケースでは損害算定の困難性，医師の過失との相当因果関係の不存在，生命の尊さという価値を理由に，損害の存在そのものが認定されない傾向が強い。

　障害者を抱える家族やその本人が裁判に訴えて損害の存在を主張する背景には，そのような人たちの経済的負担あるいは精神的負担が大きいことがある。医師側が，出生後の訴訟リスクを回避するために，積極的に出生前診断を勧める傾向もあった。根本的な問題は，障害のあるなしで中絶が認められるかどうかではなく，本当の意味で，女性の「**性と生殖に関する自己決定権**」（リプロダクティブ・ヘルス／ライツ）が十分に尊重されているかどうかではないだろうか。生まないという選択だけでなく，障害があっても生むという選択が可能な社会であれば，このような訴訟自体の意義が薄れる可能性もあると思われる。選択的妊娠中絶の責任は，女性の自己決定だけに帰されてはならないのではないだろうか（参考文献⑤）。

〈参考文献〉
① 丸山英二編『出生前診断の法律問題』（尚学社，2009）
② 服部篤美「望まない妊娠出産事件 ── PM 病事件」医事法百選〔64〕〔140〜141 頁〕

③ 服部篤美「先天性風疹症候群児出生事件」医療過誤百選〔6〕〔22〜23頁〕

④ 辰井聡子「生命倫理と堕胎罪・母体保護法の問題点 —— 人工妊娠中絶をめぐって」現代刑事法42号（2002）〔40〜48頁〕

⑤ 松尾智子「妊娠中絶における女性と胎児（序論）権利衝突という視点を超えて」ホセ・ヨンパルト＝三島淑臣＝笹倉秀夫編『法の理論21』（成文堂，2001）〔157〜176頁〕

Bridgebook

第*16*講

生殖補助医療

生殖補助医療技術の発展により生じる難問

CASE

① 妻Bは，子宮頸部がん治療のため，子宮摘出手術を受けた。この際，Bは，将来代理懐胎により子を得ることも考慮に入れ，卵巣を温存した。その後，Bとその夫Aは，AとBの遺伝子を受け継ぐ子を得たいと考え，Aの精子とBの卵巣から採取した卵子を顕微授精させ，できた受精卵をアメリカのX州で代理出産契約をした代理母Eの子宮に移植し，Eは双子を出産した。X州裁判所より，生まれた子らはA，Bの子であるという命令が出され，A，Bを子らの父母とするX州出生証明書が発行された。A，Bらは子らを連れて帰国し，Y区役所にA，Bを子らの父母とする出生届を提出したが，不受理とされたため，不受理処分を不服として家庭裁判所に取消しを求めた。当該取消しは認められるか。また，本件において，卵子は依頼者（妻B）のものであったが，卵子が第三者により提供された場合には結論が異なるだろうか。

② 夫Cは慢性骨髄性白血病治療のため，骨髄移植手術が決定したが，手術に必要な大量の放射線治療による無精子症が危惧された。そこで，Cの精子が凍結保存されることになった。Cは，手術前妻Dに対し，自分が死亡してもDが再婚しないならば自分の子を産んでほしいと述べた。Cの手術は成功し，凍結保存精子を用いて体外受精を行う計画が立てられたが，実施に至る前にCは死亡した。Cの死後，Dは医師にCの死亡を伝えないままCの凍結保存精子を用いた体外受精を受け，1年後これにより懐胎し，その後無事に出産した。このように父Cの死後に凍結保存精子を使って懐胎，生まれた子に，父との法律上の親子関係を成立させられるだろうか。

189

第 16 講　生殖補助医療

1　生殖補助医療技術の発展により生じる難問

　生殖補助医療の発達により，民法制定当時予測しえなかった形で
子どもが生まれ，その場合，子どもと親との法律上の親子関係を認
めうるかということが問題となる事例が出てくるに至った。たとえ
ば，CASE ①は，代理懐胎のケースであるが，懐胎・出産した人
（E）と遺伝上のつながりのある母（B）が異なるということは，生
殖補助医療技術の発展なしにはありえない。また，CASE ②は夫の
死後，その凍結保存精子を使って妻が懐胎をしたという，死後生殖
に関する問題であり，これも生殖補助医療技術なしには考えられな
い。このように生殖補助医療の発展により，不妊の夫婦が子どもを
得ることができるようになった反面，生殖補助医療技術を歯止めな
く利用することによる問題も指摘されている。

　そこで，本講においては，CASE ①②にあげられているような特
定の生殖補助医療により生じうる問題とこれを制約すべき理由につ
いて述べる。さらに，2 において，制約すべきだと考えられる生殖
補助医療により子どもが生まれた場合に，その子と法律上の親子関
係を成立させうるのは誰かについて判例・学説の整理を行う。ある
生殖補助医療を制約すべきかという問題と，その技術により生まれ
てきた子の法律上の親子関係の問題とは，関連はしているが，別の
問題である（たとえば，死後生殖によって生まれた子と父との間に法律上の親子関
係を認めるとしても，それにより，直ちに死後生殖という技術を制約なしに利用しうる
という結論には結びつかない）ことから，両者を分けて述べる。

　まず，生殖補助医療のあり方については，2000 年に(旧)厚生省の
厚生科学審議会先端医療技術評価部会の生殖補助医療技術に関する
専門委員会が，「精子・卵子・胚の提供等による生殖補助医療のあ

190

り方についての報告書」を公表した。この報告書においては，① 生まれてくる子の福祉の優先，② 人をもっぱら生殖の手段として扱うことの禁止，③ 安全性に配慮すること，④ 優生思想の排除，⑤ 商業主義の排除，⑥ 人間の尊厳を守ること，という 6 つの原則が示され，その結果，代理懐胎は禁止されている。この報告書を受け，2003 年 4 月に厚生労働省厚生科学審議会生殖補助医療部会は，「精子・卵子・胚の提供等による生殖補助医療制度の整備に関する報告書」を公表した。この報告書においても，代理懐胎は認められていない。ただし，日本学術会議は後述の通り，原則禁止だが，厳格な要件の下での例外を認めると提言する。

　死後生殖の問題についても特に①⑥が問題となり，当事者の望みによって本来の生殖の摂理までも変えてしまう，人間の「尊厳性」にかかわることであるから，死後生殖は認められないとするのが多数説である（参考文献② 196 頁，参考文献④ 103 頁）。前記厚労省の報告書も，提供者が死亡した場合には，精子等は廃棄されるべきであるとしている。

2　考え方の道しるべ

法律上の母子関係成立に関する民法の考え方

　法律上の母子関係成立に関する規定は，非嫡出子（法律上の夫婦ではない男女の間に生まれた子）の場合にのみ存在し，民法 779 条に「嫡出でない子は，その父又は母がこれを認知することができる」と規定される。そこで，法律上の母子関係を成立させるために，母からの認知（子を自分の子であると認めること）が必要かが争われてきた。裁判所は当初，非嫡出子の母子関係も認知により成立するとしていたが，現

在の判例は，母とその非嫡出子との親子関係は，原則として母の認知を必要とせず，分娩の事実により当然に発生するとしている（最判昭37・4・27民集16・7・1247）。このような判例の変遷には，非嫡出子について，父子関係は証明困難なのに対し，母子関係は妊娠分娩という明白な事実を伴うので，母子関係は分娩，父子関係は認知により成立するという戦前の学説の影響があるといわれる（参考文献③31頁）。これと同様の考え方に立てば，民法上規定のない嫡出子（簡単にいうならば，法律上の夫婦間に生まれた子）の場合においても，子を妊娠分娩した者が法律上の母親となる。そして，民法は，自然生殖を念頭において制定されていることから，法律上の母子関係成立についてはこのような分娩主義を採っている。

代理懐胎における母子関係

民法の採用する分娩主義によれば，CASE①のように代理懐胎が行われた場合，法律上の母子関係は，代理母Eと子との間に成立することになり，子の親となることを望んだBとの間には母子関係は成立しない。このような結論はやむをえないのだろうか。

学説においては，このような場合にも分娩主義を維持することについて正面からの異論はほとんどないし（参考文献①），最高裁判例においても同様である。ただ，CASE①のもとになった有名な代理懐胎事件において，東京高等裁判所が出生届不受理処分の取消しを認めたため，Y区の許可抗告を受け，最高裁が原決定を破棄自判していることから，東京高裁の決定理由と最高裁の決定理由を取り上げ，整理する。

（ⅰ）東京高裁　東京高裁は，この場合の事案においては，前述のような代理出産を禁止する6つの理由に当てはまる事情がないと判断している。さらに，わが国の民法が代理出産という事態を想定

していなかったからといって，人為的な操作による懐胎または出生
のすべてがわが国の法秩序の中に受け入れられないとする理由はな
いと述べ，「わが国では代理懐胎を否定するだけの社会通念が確立
されているとまではいえない」（筆者傍点）とし，Ｙ区に対して出生
届を受理するよう命令した（東京高決平18・9・29民集61・2・671）。

　(ii) 最高裁　　Ｙ区の許可抗告を受けた最高裁は，この決定を破
棄し，外国裁判所の裁判が，わが国でも有効となる場合（公序良俗に
反しない場合（民訴118条3号））とは，それがわが国の法秩序の基本原則
ないし基本理念と相いれないとされないことであるとしたうえで，
つぎのように判示した（最決平19・3・23民集61・2・619）。

　「実親子関係は，身分関係の中でも最も基本的なものであり，
様々な社会生活上の関係における基礎となるものであって，単に私
人間の問題にとどまらず，公益に深くかかわる事柄であり，子の福
祉にも重大な影響を及ぼすものであるから，どのような者の間に実
親子関係の成立を認めるかは，その国における身分法秩序の根幹を
なす基本原則ないし基本理念にかかわるものであり，実親子関係を
定める基準は一義的に明確なものでなければならず，かつ，実親子
関係の存否はその基準によって一律に決せられるべきものである。
したがって，わが国の身分法秩序を定めた民法は，同法に定める場
合に限って実親子関係を認め，それ以外の場合は実親子関係の成立
を認めない趣旨であると解すべきである。以上からすれば，民法が
実親子関係を認めていない者の間にその成立を認める内容の外国裁
判所の裁判は，わが国の法秩序の基本原則ないし基本理念と相いれ
ないもの」であり，わが国には受け入れられない。

　さらに，CASE ①の後半の問題について最高裁は，「現行民法の
解釈としては，出生した子を懐胎し出産した女性をその子の母と解

第 16 講　生殖補助医療

さざるを得ず，その子を懐胎，出産していない女性との間には，その女性が卵子を提供した場合であっても，母子関係の成立を認めることはできない」として，卵子が依頼者（妻B）のものであっても，第三者により提供された場合であっても結論は異ならないとした（第三者の卵子提供による代理懐胎により生まれた子と依頼者たる妻との間の法律上の母子関係を否定したケースとして，大阪高決平 17・5・20 判時 1919・107 がある。この結論は最決平 17・11・24 で維持された（読売新聞 2005・11・25 朝刊））。

　以上のように，A，B夫婦と子との法律上の親子関係を認めようとする立場の根拠は，① 当該具体的な代理出産契約は，前述の代理出産を禁止する理由に当てはまらないということと，② 民法が想定していないことを理由に親子関係を否定するのではなく，現在の社会通念において否定されているとはいえないのだから親子関係を認めてもいいというものである。

　これに対して，認めないとする立場（最高裁）は，① 代理出産は一般的に人間の尊厳を損なう等，代理出産を禁止する前述の6つの理由に当てはまること，② 親子関係は，身分関係の中でも最も基本的なものであり，③ 単に私人間の問題にとどまらず，公益に深くかかわる事柄であり，④ 子の福祉にも重大な影響を及ぼすため，民法上規定していない場合には，これを認めないとする。

　考え方としては，最高裁のほうが説得力があろう。それは，親子関係を認めるという東京高裁決定は，その具体的な個別の代理出産契約についてしか妥当しないものであるし，その場合の代理出産について，本当に人間の尊厳に反しないか，人をもっぱら道具として利用していないかということを詳細に検討していないこと，また，代理出産により出生した子と依頼者夫婦との親子関係を認めることにより，代理出産一般に与える影響について考慮していないこと，

194

さらに，民法で想定していないことについて，代理懐胎を否定する
だけの社会通念が確立されているとまではいえないとしているが，
親子関係という基本的な身分関係にかかわり，個人の意思のみでは
左右できない公益に関連し，一義的に明確な基準を一律に適用すべ
き事柄について，民法の規定がないならば，民法はこれを認めてい
ないと解釈するのが素直であり，立法を待たずに，認めていないと
まではいえないと解釈するのは困難だからである。

CASE①への
アプローチ　最高裁は，わが国の**身分法秩序**を定めた民法は，
同法に定める以外の場合には親子関係の成立を認
めない趣旨だと解すべきであるとし，民法が親子関係を認めていな
いＡ，Ｂと子らの間にその成立を認める内容のＸ州裁判所の裁判は，
わが国の法秩序の基本原則ないし基本理念と相いれないとして受け
入れられないとした。これによると，わが国における子らの法律上
の母は代理母Ｅということになる。したがって，出生届不受理処分
の取消しは認められない。

　また，卵子を提供したのがＢである場合と第三者である場合とで
は，結論は異ならない。それは，民法が分娩主義を採用しており，
卵子提供の有無によって母子関係が決定されるという考え方を採用
していないからである。

　しかしながら，CASE①において母子関係を認めるとする説も有
力である。この説の理由は何かについて考えてみよう（ヒント：子の
福祉）。

法律上の父子関係成立に関する民法の原則

　法律上の父子関係について，婚姻している夫婦間で懐胎された子
（嫡出子）の場合には，その子には嫡出の推定が働く（民772条）。これ
に対して，婚姻していない男女間の子（非嫡出子）については，父が

195

認知することにより法律上の父子関係が成立する（民779条）。そして，父親が死亡した後も，子やその法定代理人は，3年間は認知の訴えを提起することが可能である（死後認知，民787条ただし書）。

死後生殖の場合の父子関係

　夫Cの死後，妻Dが懐胎して生まれた子と父親であるCとの間に法律上の親子関係を成立させうるかが問題となっている。まず，CASE②における子は，父の死の1年後に懐胎されていることから，婚姻中に懐胎した子ではなく，婚姻解消から300日経過後に懐胎した子なので，嫡出の推定を受けない（民772条）。それでは，非嫡出子として法律上の父子関係を成立させることが可能だろうか。

　(i) 判　例　　何としてでも父子関係を認めたいと考えたDは，死後認知（民787条ただし書）の訴えを起こした。これに関する判例の状況は以下のとおりである。第1審である松山地方裁判所の判決では，これが否定され父子関係が否定された（松山地判平15・11・12家月56・7・140）が，第2審である高松高等裁判所の判決では死後認知が認められ父子関係が肯定された（高松高判平16・7・16家月56・11・41）。しかし，最高裁はこのような場合における死後認知を認めず，父子関係が否定された（最判平18・9・4民集60・7・2563）。なお，内縁関係にあった男性の死後，死後生殖を行い生まれた子の母が，子の法定代理人として死後認知の訴えを起こしたが，これが認められなかったケース（東京地判平17・9・29家月58・5・104，その控訴審である東京高判平18・2・1家月58・8・74，その上告審である最判平18・9・8（読売新聞2006・9・9朝刊））もある。

　松山地裁判決は，「法律上の父子関係が認められるか否かは，子の福祉を確保し，親族・相続法秩序との調和を図る観点のみならず，用いられた生殖補助医療と自然な生殖との類似性や，その生殖補助

医療が社会一般的に受容されているか否かなどを，いわば総合的に検討し，判断していくほかはないのである」としたうえで，「このような人工受精の方法は，自然的な受精・懐胎という過程からの乖離が著し」く，精子提供者を父とする社会的な認識は乏しいとして，請求を棄却した。最高裁も，同様に，「このように，死後懐胎子と死亡した父との関係は，……法律上の親子関係における基本的な法律関係が生ずる余地のないものである。そうすると，その両者の間の法律上の親子関係の形成に関する問題は，本来的には，死亡した者の保存精子を用いる人工生殖に関する生命倫理，生まれてくる子の福祉，親子関係や親族関係を形成されることになる関係者の意識，更にはこれらに関する社会一般の考え方等多角的な観点からの検討を行った上，親子関係を認めるか否か，認めるとした場合の要件や効果を定める立法によって解決されるべき問題であるといわなければならず，このような立法がない以上，死後懐胎子と死亡した父との間の法律上の親子関係の形成は認められないというべきである」と判示している。

　これに対して，死後認知を認めた高松高裁判決は，認知の訴えは，自然血縁的な親子関係が存することを法的親子関係の設定の基礎とし，その客観的認定によって，法的親子関係を設定することを認めた制度だから，懐胎時に事実上の父が生存していることを，認知請求を認める要件とすることはできないとし，他方で，死後の懐胎について父の同意を必要とするとし，本件では，夫の真摯な同意があったと認定して，死後認知を認めた。

　(ⅱ) 学　説　　学説の中には，懐胎時に父が存在しない子を母が意図的につくり出している死後生殖において，その子にはそもそも父が存在していないのだから，父子関係を認める法的な必要性は見

197

いだしえない（参考文献②197頁），あるいは，このような親子関係を認めないことが「社会の正義秩序を体現する法規範の命ずるところ」である（参考文献④103頁）として親子関係を認めない説がある。

これらの学説においても，「子の福祉」を重視しているが，当該生まれてきた子に父親が存在することがその子のためになるという観点のみから考えるのではなく，父が死亡した後に懐胎したことの意味について子がどのように考えるかということや，これから生まれてくる可能性のある子の福祉という視点からもみているということが注目される。他方，死後生殖を行うべきではないが，責任を子に転嫁すべきでないということ，人工授精臨床の実情（最初だけ夫婦が受診し，その後は妻のみ受診），自然生殖においても偶発的な死後懐胎がありうることとの均衡，**死亡概念の相対性**（凍結保存精子が夫の死後使われ，妻が懐胎・出産した場合，生まれた子との関係では夫は死亡していなかったことになり，当該夫婦の婚姻関係も解消していなかったとして，婚姻中に懐胎した嫡出子として扱う）を認める考え方から，生まれてきた子は亡父の同意があれば，その嫡出子となるとする説（参考文献⑤）もある。高松高裁と同様に非嫡出子となるとする説もある（参考文献③416頁）。

CASE ②への
アプローチ

最高裁は，死後懐胎子と死亡した父との関係は，民法が定める法律上の親子関係における基本的な法律関係が生ずる余地のない関係であり，立法により解決すべきであるが，いまのところ立法がなされていない以上，父（C）の死後に凍結保存精子を使って懐胎され，生まれた子には，Cとの間に法律上の親子関係を成立させえないとした。CASE ②は，このように考えることができるであろう。

3 遅れる立法化とその動向 ── 今後の展望

　CASE①のような場合について，なお，いまだ立法化には至っていないのであるが，前述のとおり，厚労省生殖補助医療部会の報告書においては，代理懐胎が禁止されている。もし，代理懐胎が禁止されているという政策を採るならば，代理懐胎により生まれた子と依頼者との間に母子関係が成立しないという考え方を採用することに合理性がある。ただ，いくら法律で禁止しても，禁止された行為を行う人間が出てくることは想定される。

　そこで，禁止された行為により子が生まれた場合の母子関係についてどのように考えるべきかが問題となる。(旧)厚生省の生殖補助医療技術に関する専門委員会の報告書を受けて，2003 年 7 月に法務省法制審議会生殖補助医療関連親子法制部会が公表した「精子・卵子・胚の提供等による生殖補助医療により出生した子の親子関係に関する民法の特例に関する要綱中間試案」によれば，民法の原則である分娩主義は維持されており，最高裁の結論と同じになる。生殖補助医療により出生した子の親子関係に関してもいまだ立法化がなされていないが，最高裁判所も指摘しているとおり，立法化することが望ましいと考える。

　CASE①などを受け，代理懐胎に世間の注目が集まる中，法務大臣および厚生労働大臣の諮問を受けた日本学術会議は，2008 年 4 月に，代理懐胎は法律による規制が必要であり，それに基づき原則として禁止することが望ましいが，医学的，倫理的，法的，社会的問題などに配慮し，母体の保護や生まれる子の権利や福祉を尊重し，先天的に子宮を持たない女性および治療として子宮の摘出を受けた女性に限り，厳重な管理の下に，代理懐胎の試行的実施（臨床試

験）を行うことが考えられること，代理懐胎をはじめとする生殖補
助医療について議論する場合は，生まれてくる子の福祉を最優先と
すべきことなどを提言した（「代理懐胎を中心とする生殖補助医療の課題—社
会的合意に向けて—」）。

4 ステップ・アップ

CASE ①において，子らとの実親子関係を否定された A，B 夫婦
が，子らとの間に法律上の親子関係を成立させるためにはどのよう
な制度があるか。特別養子制度（民 817 条の 2 以下）を利用することは
可能か。立法論として，代理懐胎という生殖補助医療を禁止する場
合，代理懐胎により出生した子と依頼者夫婦（たとえば，CASE ①の A，
B 夫婦）との間の実親子関係を認めないとしても，さらに禁止に違
反した者に対する制裁あるいは禁止違反を抑止するために，特別養
子縁組まで禁止すべきであるか，考えてみよう。

なお，性同一性障害者の性別の取り扱いの特例に関する法律（以
下，「特例法」とする。）に基づく審判により女性から男性への性別変更
が認められた者が，その後婚姻し，その妻がその者の同意のもとで
ドナーからの精子提供を受けて出産した事例について，最高裁は，
3 対 2 と意見が分かれたものの，その者を生まれてきた子の法律上
の父親であると認めた（最決平 25・12・10 裁時 1593・4）。その理由は，
特例法 4 条 1 項に性別の取り扱いの変更の審判を受けた者は，法律
に別段の定めがある場合を除き，その性別につき他の性別に変わっ
たものとみなすと規定されているため，本件で性別変更の審判を受
けた者は男性として扱われ，夫として婚姻し，婚姻中に妻が懐胎し
たときには，民法 772 条の規定に基づき，生まれてきた子は当該夫

200

の子と推定されるべきだからである。しかし，ここで問題が生じる。それは，性別変更の審判を受けた者については，生殖能力との関係上，妻との性的関係によって子をもうけることができないのは明らかであるという点である。そして，それを理由に772条の嫡出推定を認めないとするかについては，学説上も最高裁裁判官の間でも考え方が分かれているが，最高裁は，先例に従い，772条の推定を受けない場合とは，「妻がその子を懐胎すべき時期に，既に夫婦が事実上の離婚をして夫婦の実態が失われ，または遠隔地に居住して，夫婦間に性的関係を持つ機会がなかったことが明らかであるなどの事情が存在する場合」（いわゆる「外観説」）であるとしている。そうすると，戸籍の記載により夫が特例法に基づき性別変更を認められた者であるから妻との性的関係によって子をもうけることは不可能であることが明らかであるということは，上記の場合に該当しないという結論に傾きがちであるが，「外観」の範囲をめぐっては解釈の余地があるため，必ずしも決定的なものとはいえないだろう。そこで，最高裁は次のように理由を補強しており，これが最大のポイントであると考えられる。すなわち，妻との性的関係によって子をもうけることは想定できないとしても，「一方でそのような者に婚姻することを認めながら，他方で，その主要な効果である同条による嫡出の推定についての規定の適用を，妻との性的関係の結果もうけた子であり得ないことを理由に認めないとすることは相当でないというべきである。」読者の皆さんは本件についてどのように考えるだろうか。なお，下級審判例ではあるが，事前に夫がドナーの精子による人工授精を行うことに同意していれば，父子関係を認めるとしたものがあるが，それらとの均衡・平等という点について（東京高決平10・9・16家月51・3・165，大阪地判平10・12・18家月51・9・71），戸籍

記載上明らかであるということで異なる扱いを正当化できるだろうか，それとも当事者のプライバシー侵害となるのかという点からも考えてみよう。

〈参考文献〉

① 「特集・生殖補助医療の課題」ジュリスト 1243 号（2003）〔14 頁〕

② 松川正毅「妻が夫の死亡後に夫の冷凍精子を体外受精して出産した子が，死後認知を求めた請求が棄却された事例」判例時報 1861 号（2004）〔頁数は各箇所参照〕

③ 中川善之助=米倉明編『新版注釈民法(23)』（有斐閣，2004）〔頁数は各箇所参照〕

④ 水野紀子「死者の凍結精子を用いた生殖補助医療により誕生した子からの死後認知請求を認めた事例」判例タイムズ 1169 号 98 頁（2005）〔頁数は各箇所参照〕

⑤ 家永登「亡父の凍結精子による出生子の法的地位」専修法学論集 95 号（2005）〔175 頁以下〕

⑥ 中村恵「生殖補助医療における同意の法的意味 —— 最近の判例を素材として」ジュリスト 1339 号（2007）

⑦ 医事法百選（第 2 版）〔88〕，〔89〕，〔90〕

⑧ 本田まり「生殖補助医療」，永水裕子「代理懐胎」甲斐克則編『レクチャー生命倫理と法』（法律文化社，2010）

⑨ 甲斐克則編『生殖医療と医事法（医事法講座第 5 巻）』（信山社，2014）

Bridgebook

第 *17* 講

再 生 医 療

再生医療技術やクローン技術の人への臨床応用はどこまで許されるか

CASE 　かねてからクローン技術に強い関心を抱いていた産科婦人科クリニックの医師Xは，A女（40歳）およびその夫Bから，同夫婦の子どもC（3歳）が不慮の事故で死亡したため，「Cの代わりになる子どもが欲しいので，どんな技術を使ってでも，Cによく似た子どもを妊娠・出産したい。お金はいくらでも出すから何とかお願いします」と再三懇願され，「そこまでおっしゃるなら，何とかしてみましょう。患者さんの希望をかなえるのも医療ですから」と3,000万円で了解し，その場で現金を渡された。その後，医師Xは，その技術の説明を十分にしないまま，内密裏にA女の卵子とCの体細胞を用いたクローン技術で複数のヒト・クローン胚を作り，A女を妊娠させようとその胚をA女の子宮に戻すことを3度試みたが，技術が伴わず，妊娠には至らなかった。Xは，どのような法的責任を負うか。

1 再生医療の現状と法的枠組

一 般 法

　世界の最先端を行く日本の再生医療の分野は，法的に十分に整備されていない点が多い。もちろん，伝統的な刑法典上の規定（殺人

罪（刑法199条），傷害（致死傷）罪（刑法214条，215条），業務上過失致傷罪（刑法211条1項）等）に抵触すれば，刑罰での対応もありえようが，それは稀有であろう。また，通常想定される不法行為に基づく民事法上の損害賠償（民法709条）も考えられるが，想定外のリスクの場合には，適用が困難であろう。そのような中，「再生医療」の名を語り，安全性の裏付けもないまま海外から患者を呼び寄せて営利を図る医療機関が出現して事故を起こしたりして，大きな問題となったことから，法的責任追及の間隙を埋めるべく，いわゆる再生医療関係3法が成立した。「ヒト幹指針」（正式名称は「ヒト幹細胞を用いる臨床研究に関する指針」（平成18年7月3日；平成22年11月1日全部改正，平成25年10月1日全部改正））と呼ばれた倫理指針方式からハードな法規制に転換したことは，医事法上，いかなる意味を有するかを検討しなければならない（詳細は参考文献③参照）。

再生医療関係3法

　再生医療関係3法とは，2013年に成立した「再生医療を国民が迅速かつ安全に受けられるようにするための施策の総合的な推進に関する法律」（平成25年法律第13号：「再生医療推進法」ともいう）および「再生医療等の安全性の確保等に関する法律」（平成25年法律第85号：「再生医療等安全性確保法」ともいう）と2012年に薬事法が改正されて名称変更された「医薬品，医療機器等の品質，有効性及び安全性の確保等に関する法律」（昭和35年法律第145号：「薬機法」ともいう）のことを指称する。

　それらの法律に先んじて成立したのが，2000年11月30日，「ヒトに関するクローン技術等の規制に関する法律」（以下「ヒト・クローン技術等規制法」という）である。以下に述べるクローン技術も，再生医療の範疇に入る。

2 クローン技術で人を誕生させることは許されるか

ヒト・クローン技術等規制法誕生の経緯

1997年2月にイギリスのロスリン研究所で体細胞クローン羊ドリーが誕生したとの報告（誕生自体は1996年）がなされて以来，国内外でクローン技術の人への応用が懸念され，それを法的に規制しようという動きが世界で広がった。日本でも，1998年1月より科学技術会議生命倫理委員会にクローン小委員会が設置されて規制の検討を加え，クローン技術の人への応用に対する法規制を打ち出したのを受けて，2000年11月30日，「ヒトに関するクローン技術等の規制に関する法律」（以下「ヒト・クローン技術等規制法」という）が国会で成立し，2001年6月より施行されることになった。生命の発生に関わる技術的操作に対する国による法的歯止めの先駆的法律が，日本でも誕生したわけである。

本法は，生命倫理や医事法の観点からのみならず，刑事罰を伴うものであることから，刑法的観点からも重要な内容を含んでいる。しかし，まだ本法が適用された例はない。また，個体産出に至らないクローン技術の応用である「治療的クローン」といわれるものについては，法規制はなく，ガイドライン（指針）で対応している。そこで，本講では，架空のCASEを設定して，クローン技術等規制法の概要を理解しつつ，その意義・射程範囲，そしてその問題点ないし今後の課題について考えてみよう。

ヒト・クローン技術等規制法の目的・意義・構造

（i）その目的について　ヒト・クローン技術等規制法は，20カ条，附則4カ条からなり，国会附帯決議7項目が付されている。同法の目的は，ヒトまたは動物の胚，または生殖細胞を操作する技術

のうち，クローン技術ほか一定の技術が，その用いられ方のいかんによっては特定の人と同一の遺伝子構造を有する人（クローン個体）もしくは人と動物のいずれであるかが明らかでない個体（交雑個体）をつくり出し，またはこれらに類する個体の人為による生成をもたらすおそれがあり，これにより人の尊厳の保持，人の生命および身体の安全の確保ならびに社会秩序の維持に重大な影響を与える可能性があることにかんがみ，クローン技術等のうちクローン技術または特定融合・集合技術により作成される胚を人または動物の胎内に移植することを禁止するとともに，クローン技術等による胚の作成，譲受けおよび輸入を規制し，その他当該胚の適正な取扱いを確保するための措置を講ずることにより，人クローン個体および交雑個体の生成の防止ならびにこれらに類する個体の人為による生成の規制をはかり，もって社会および国民生活と調和のとれた科学技術の発展を期することにある（1条）。

　本法は，あくまで，人クローン個体の生成のほか，交雑個体（キメラおよびハイブリッド）作成も禁止の対象にしている。そのため，目的規定だけでも長く，ややわかりにくくなっているし，専門用語も多い。しかし，何よりも，「人の尊厳」を根拠として明文化したことは重要である。

　(ii) その意義について　　本法は，人の出生への人為的操作に対する法的規制として先駆となるものであり，しかも刑事規制をかなり含んでいる点で，規制に向けた国家の積極的態度が如実に表れたものといえる。この問題は，生命操作において技術的に一線を超える力を持ってしまった人類に対して突きつけられた共通の避けて通れない問題となっている。たしかに，本法が「社会および国民生活と調和のとれた科学技術の発展」を基本的視座に据えている点は，

妥当である。しかし，同時に，憲法上の研究の自由との兼ね合いを含む問題もあり，何より，本法で保護しようとするものは，「人の尊厳」，「人の生命および身体の安全」，「社会秩序の維持」であるが，その内実を深化・具体化し，保護法益や行為形態をはじめとする内容を明確化する必要がある。

（ⅲ）その構造について　本法20カ条の条文の構造は，1条の前記目的規定を受けて，2条に24個の専門用語についての定義規定が置かれ，3条に中心ともいえる禁止規定が置かれている。すなわち，3条は，「何人も，人クローン胚，ヒト動物交雑胚，ヒト性融合胚又はヒト性集合胚を人又は動物の胎内に移植してはならない」と規定し，その違反行為に対しては，16条で10年以下の懲役もしくは1,000万円以下の罰金（併科される場合あり）が予定されている。これは，このような行為を試みただけで処罰する規定であり，これを企行犯という。同条以下は，それを遵守させるための諸規定であり，文部科学大臣による特定胚取扱い指針策定義務規定（4条）に続き，指針遵守義務規定（5条），特定胚作成・譲受・輸入の届出（6条），計画変更命令等（7条），実施制限（8条），偶然の事由による特定胚の生成の届出（9条），記録（10条），特定胚の譲渡等の届出（11条），特定胚の取扱いに対する措置命令（12条）が規定されている（なお，2001年12月5日に文部科学省は，「特定胚の取扱いに関する指針」を告示し，施行した）。

また，個人情報保護規定が13条にある。さらに，手続規定として，文部科学大臣による報告徴収（14条），職員による立入検査（15条）が規定されている。最後に，罰則規定（16条〜20条）がある。

本法は，3条の禁止規定を別とすれば，監督行政庁への届出義務とその一定の違反行為に対して刑罰を科すという点で，行政監督官庁の権限に重きを置いた行政刑法の性格を有する。煩雑な部分もあ

るが，事柄の性質上やむをえないであろう。なお，本法で「胚」とは，「一の細胞（生殖細胞を除く。）又は細胞群であって，そのまま人又は動物の胎内において発生の過程を経ることにより一の個体に成長する可能性のあるもののうち，胎盤の形成を開始する前のものをいう」（2条1号）。

CASE の問題点

CASE では，患者の希望をかなえるためとはいえ，このような技術を使うことが本法に抵触するのではないか，また，結果的に妊娠しなかったが，そのことが本罪の成否に影響するか，という点が最大の問題となる。また，民事法上の問題点として，当該技術について十分な説明をしていなかった点，および既存の禁止法があるにもかかわらず実施した点で，3,000万円の返還の有無や損害賠償責任の有無が問題となる。

3　考え方の道しるべ

CASE のような事例は，世界中で今のところ確認されていない。しかし，動物段階では開発が進んでいることから，人への応用も予断を許さない。そこで，基本的論点について整理しておこう。

処罰根拠と保護法益

なぜクローン技術を用いて人個体をつくろうとする行為が犯罪となるのか。処罰根拠と保護法益については争いがある。

（ i ）安全性　　第1に，安全性（裏返しとしての危険性）があげられる。これは，およそ刑事規制をする場合に最も説得力がある根拠であり，クローン技術についても現段階では決定的である。そもそもほんとうにこの技術が有害なのか不明であるとして処罰をすべきでないと

208

いう見解もあるが，とりわけクローン技術を個体産出に応用した場合，生まれてくる子どもが生命体として細胞分裂の作用をつかさどるテロメラーゼ（テロメア伸長酵素）がすでに減少している可能性もあるといわれており（これをテロメア仮説という），そうだとすると，出発点において人の生命体として大きなリスクを伴う可能性がある。刑法は，このような事態を放置できないであろう。

(ⅱ) 両性生殖の原則と子どもの福祉　　第2に，両性生殖の原則と子どもの福祉が重要である。クローン問題を大人の出産願望だけで片づけてはならない。生まれてくる子どもは，父親と母親の両方が生殖に関与してこそ自己のアイデンティティーを保持しうる。ところが，体細胞クローン技術で生まれてくる子どもは，父親が生殖に関与していない点で，その成育に大きな不安定要因を残す懸念がある。また，周囲の社会環境にも影響をうける懸念がある。

(ⅲ) 女性の人権　　第3に，女性の人権があげられる。夫婦間の体外受精を超えて，卵子提供，代理出産等，生殖補助医療技術は次々と開発されているが，それがかえって女性にプレッシャーを与えつつある。「自己決定」の名の下に，そのような新規の技術の使用を余儀なくされることは，本来の出産の枠を超えており，場合によっては女性を「子どもを産む道具」にしてしまうという声はしばしば聞かれる。そのきわめつけが，体細胞クローン技術による妊娠・出産であろう。たしかに，この技術には，そのような側面があることは否定できない。それは，女性の出産環境に配慮するという本来のリプロダクティブ・ヘルス／ライツという枠を超えたものであり，女性の人権を脅かすものといえよう。したがって，そこでは，女性の自己決定権を持ち出すことはできないであろう。

人間の尊厳

第17講　再生医療

　結局のところ，クローン技術による個体産出の問題は，「人を手段としてのみ用いてはならない」(哲学者カントの命題) という「人間の尊厳」に求めるほかないであろう。そして，安全性／危険性という障害がクリアーされても，人間の尊厳をめぐる議論は，そう簡単にはクリアーできないように思われる。

　本法の保護法益に関していえば，従来の個人的法益の枠を超越したものと考えるべきであり，むしろ「人間の尊厳」を根底に据えた「種としてのヒト生命の統一性」とでもいうべき新たな社会的法益として考えるべきである (参考文献① 17頁)。したがって，個人の自己決定とは本質的に馴染まない領域と考えるべきであり，当該女性が体細胞ヒト・クローン個体やキメラないしハイブリッドを望んでも，正当化はできないというべきである。本法が「人の尊厳」という表現を取り入れ，かつ国会附帯決議の六が，「生命科学分野における研究は，医療等においては高い有用性が認められるものの，人間の尊厳の保持及び社会秩序の維持等に重大な影響を与える危険性も併せ持つことにかんがみ，その研究が，倫理的に，また，慎重に行われるよう十分な措置を講ずること」と述べているのは，この脈絡で理解すべきである。

CASEへのアプローチ　ヒト・クローン技術等規制法3条 (前出) に照らして考えると，CASEのX医師は，技術的に未成熟であってA女が妊娠には至らなかったものの，同条がこのような人クローン胚を胎内への移植行為を試みただけで処罰する規定であり (企行犯)，X医師の違反行為に対しては，10年以下の懲役もしくは1,000万円以下の罰金 (併科される場合あり) が考えられる (同16条)。また，当該行為が技術的に未成熟であることを承知でA女らから3,000万円をもらったのであれば，別途，刑法上詐欺罪 (刑246条1項)

210

が成立する余地がある。

なお，民事法上は，A女らが，「約束が違う。お金を返して」と民事訴訟を起こした場合，本来的にはこのような契約は不法な原因にもとづくものであるから有効な契約とはいえず，3,000万円について返還請求権を行使できない（民708条の不法原因給付）。ただ，A女らがこれを正当な医療行為と信じていた場合には，Xに対して不当利得にもとづく返還請求を提起することができる（民703条）。

4 クローン技術と再生医療 ── 今後の展望

クローン技術は相当な勢いで進んでおり，ヒト個体の産出を目的としない治療的クローンという技術もある。これは，おもに臓器移植における提供臓器不足を解消すべく，胚性幹細胞（ES細胞）を用いて再生医療という観点からクローン技術を応用しようとするものである。ヒトES細胞とクローン技術を組み合わせると，生命体としての人の在り方まで変える力を持つといわれている。また，人工多能性幹細胞（iPS細胞）が日本の山中伸弥教授により2006年に作製されて以来，再生医療は，皮膚，細胞シート，角膜等について臨床研究から臨床試験・応用の段階にきており，医薬品の開発を含め，今後のさらなる応用が期待されている。しかし，想定内のリスク（がん化等）や想定外のリスクもありうるので，被害者に対する補償の問題も射程に入れた慎重な研究・開発が望まれる。そして，生殖細胞の作成については，「ヒトiPS細胞又はヒト組織幹細胞からの生殖細胞の作成を行う研究に関する指針」（平成22年5月20日）により，禁止されている。

なお，ヒトES細胞（「ヒト胚から採取された細胞又は当該細胞の分裂により

生ずる細胞であって，胚でないもののうち，多能性を有し，かつ，自己複製能力を維持しているもの又はそれに類する能力を有することが推定されるもの」（「ヒトES細胞の樹立に関する指針」（平成26年11月25日）2条5号））を樹立するためには，体外受精卵をつくったあとに胚盤胞まで培養し，さらにそこから内部細胞塊を特殊な条件で培養してES細胞を作り，実験的に使用するだけに，法と倫理の葛藤問題が生じ，ヒト胚に人格性を認める立場からは批判が強い（参考文献②）。ヒト胚の法的地位をめぐる議論を深化させる必要がある。

5 ステップ・アップ

　再生医療については，国内でも海外でもさらに議論や臨床応用が積み重ねられている（参考文献③）。再生医療3法の見直しも迫られるであろう。その際に，血液や組織などの試料（検体）とそれに付随する診療情報などを保管し，医学研究に活用するための「バイオバンク」を活用せざるをえず，日本でも，情報管理やインフォームド・コンセントの確保等を含め，そのための法整備が不可欠である。

〈参考文献〉
① 甲斐克則『生殖医療と刑法』（成文堂，2010）
② ホセ・ヨンパルト・秋葉悦子『人間の尊厳と生命倫理・生命法』（成文堂，2006）〔114頁以下〕
③ 甲斐克則編『再生医療と医事法（医事法講座第8巻）』（信山社，2017）

Bridgebook

第18講

遺伝をめぐる医療

遺伝情報は誰のものか

CASE　2006年，乳がんと診断されたB（45歳女性）は，Zの経営する病院に勤務する医師Xの勧めにより，同病院の遺伝子診療部でカウンセリングを受け，家族性乳がんに関する遺伝子検査を受けた。この結果，Bの乳がんは，BRCA1変異を原因とする家族性乳がん（常染色体優生遺伝）であることが判明した。遺伝子診療部のY医師は，Bの1人娘であるA（25歳）も同じ病気にかかるリスクを負っていることを説明し，このことをAに告げるようBを説得したが，Bはこれを拒否した。Yは，Aを呼んで直接リスクについて説明することも考えたが，Bの反対にあって断念した（なお，Bは，翌年死亡した）。

　2016年，35歳となったAは，BRCA1変異を原因とする家族性乳がんと診断され，リンパ節への転移等も告知された。同年，Aは，Aのカルテを入手・閲覧し，Bが同じ家族性乳がんで死亡したことを知るに至った。そこでAは，Bの診察時（2006年当時）に，Yから直接リスクを告知されていれば，一定の予防的措置をとることができ，深刻な損害を回避できたとして，Zに対して損害賠償を請求した。Aの請求は認められるか。

1 遺伝情報は誰のものか ——「個」の論理から「集団」の論理へ?

遺伝学研究の発展と新たな問題

2003年4月,ヒトゲノムの全塩基配列を決定するためのヒトゲノム計画が終了し,現在,われわれは「ポストシークエンス」と呼ばれる時代を生きている。そこでは,遺伝性疾患の原因遺伝子や,生活習慣病と遺伝子との関連性などが次々と明らかにされ,2007年1月にも,九州大学と東京大学との共同研究によって,脳梗塞を起こしやすい遺伝子が発見されたとの報道があった。

このような遺伝学研究の急速な発展は,個々人の遺伝子多型を調べ,それぞれの体質に合った薬を処方するといった,いわゆる「テーラーメイド医療」に途をひらくなど,医療の発展に大きく貢献することが期待されている。しかし,そう楽観してばかりもいられない。病気の遺伝的・家族的つながりを強調する遺伝学研究の発展は,「患者」を「個人」としてではなく「家族全体」として捉えることを要求するため,「個人」の自律や自己決定権を重視してきた医事法の基本原理に重要な影響を与えうるからである。こうして,医師の法的義務が,患者本人だけではなく,潜在的患者としての遺伝的家族(血縁者)にまで及ぶのか,具体的には,医師は目の前の患者だけをインフォームド・コンセントの対象とすれば足りるのか,などの問題が提起されている(「患者」概念の変容)。

基本原理の揺らぎ

基本原理としての「自律モデル」がより動揺するのは,家族の利益と患者本人の利益とが対立する場面である。これはさらに,①「現在」存在する水平的家族が問題となる場面と,②「将来」存在する垂直的家族が問題となる場面とに分けられる(次頁上図参照)。

1 遺伝情報は誰のものか──「個」の論理から「集団」の論理へ？

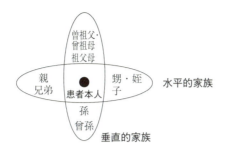

　CASEのように，遺伝医療に従事する医師が，患者本人の反対にもかかわらず，「現在」存在するその子どもや兄弟の利益のために，患者の遺伝情報を直接開示すべきかといった問題は，前者①に属する。

　②の問題としては，遺伝子治療をめぐる問題をあげることができる。とくに，生殖細胞系列の遺伝子治療は，その影響が次世代（垂直的家族）にまで及ぶため，単純に「わたしだけの問題」とはいえなくなる。そこでは，患者の自己決定が子孫に対する「責任」によって制限される可能性もある。この点，文科省・厚労省による「遺伝子治療等臨床研究に関する指針」（平成27年8月全部改正）は，生殖細胞の遺伝的改変を目的とした遺伝子治療，遺伝的改変をもたらすおそれのある遺伝子治療を禁止している（指針第1章第7参照）。

基本原理の再認識

　遺伝医療の発展は，もちろん，「自律モデル」を慎重に考慮しなければならない場面もつくり出す。たとえば，本人の同意すらない遺伝子検査は到底許されるものではない。この点，アメリカの連邦控訴裁判所も，「ある者の健康または遺伝子構成（genetic make-up）以上に私的かつプライバシーの利益を伴う領域はほかにない」と述べ，健康診断の一環として行われた政府職員に対する専断的な遺伝子検

215

査（具体的には鎌状赤血球性貧血に関する検査）を違憲と判断している（Norman-Bloodsaw v. Lawrence Berkeley Laboratory, 135 F.3d 1260（9th Cir.1998））。また，かりに遺伝子検査に同意していたとしても，その結果が本人の将来的な健康状態を（冷酷なほど正確に）占うことがあるだけに，検査結果を「知らないでいる権利」は，なお本人に留保されているべきだろう（遺伝医学関連学会「遺伝学的検査に関するガイドライン」〔平成15年8月〕Ⅲ1参照。なお，同ガイドラインを見直した日本医学会「医療における遺伝学的検査・診断に関するガイドライン」〔平成23年2月〕には，「知らないでいる権利」の記載はない）。

　ちなみに，最近では，「遺伝情報」という言葉の多義性を踏まえて，「遺伝情報」を，①塩基配列を文字列で表記した「ゲノムデータ」と，②塩基配列に解釈を加えた「ゲノム情報」（遺伝性の疾患リスクに関する情報等）とに分類して捉える見解が一般化している（ゲノム情報を用いた医療等の実用化推進タスクフォース「ゲノム医療等の実現・発展のための具体的方策について（意見とりまとめ）」〔平成28年10月〕）。本章でいう「遺伝情報」は，基本的には後者②を意味している。①のゲノムデータは，単なる塩基の羅列という側面もあるが，一定のまとまりをもてば個人識別性を帯びることとなり（個人識別符号としての性格），この場合には個人情報保護法（平成27年改正）にいう「個人情報」として扱われる。②のゲノム情報は，個人情報のなかでも特に慎重な取扱いが求められる「要配慮個人情報」に該当する場合がある（CASEにおける家族性乳がんに関するようなゲノム情報が要配慮個人情報に分類されることは言を俟たない）。個人情報保護法は，要配慮個人情報の取得には原則として事前に本人の同意を得ることが必要であると規定しており（17条2項），同法上も，要配慮個人情報に当たるゲノム情報を取得するための遺伝子テストを行うには，確実に本人の事前同意を得ることが必要と

なった。

「個人」から「家族全体」へ？

しかし，遺伝医療の発展が提起するより本質的な問題は，上述のように，「自律モデル」から「家族中心モデル」への変容可能性にあるということを忘れるべきではない。CASE が提起する問題も，まさにこの点と関連している。医師は，従来のように，もっぱら目の前にいる患者Bの利益を重視すべきなのか，それとも，Bの背後にいるその家族Aの利益にも配慮すべきなのか，という問題である。

2 考え方の道しるべ

日本には，上記の問題に対して直接の解答を与える判例はいまだ存在していない。また，活発な学問上の争いが存在しているわけでもない。他方，アメリカでは，設問と同様の問題がすでに裁判所で争われており，学界における議論の蓄積も豊富である。そこで，アメリカの学説と裁判例を通して，CASE のポイントを整理していくことにしたい。

遺伝子例外主義 (genetic exceptionalism)

（i）遺伝子例外主義とは　　アメリカでは，1でみたような問題状況に対応しようと，1990年代から，「遺伝子例外主義」と呼ばれる考えが登場している。すなわち，「遺伝情報は，特別な保護または格段の例外的取扱いを受けるに値するほど他の医療情報と異なる」とする立場（T.マーレイ），「遺伝情報は，その収集および伝播を管理する新たなルールを必要とするほどラディカルに，他の個人情報とは異なる」とする立場（J.ジーター）である。

遺伝情報は，①「未来の日記 (future diary)」と称されるほど高い

217

未来予見性をもつこと（J.アナス），②血縁者間共有性をもつこと，③保険・雇用の場面において差別的に利用されるなど，一定の社会的スティグマと関連していることなどが，この考えの根拠とされる。ユネスコの「ヒト遺伝情報に関する国際宣言」（平成15年）も同様の考えを示している。

　(ii) 遺伝子例外主義の応用　　遺伝情報の独自性・異質性を踏まえれば，遺伝情報の収集場面としての遺伝子検査には，検査目的，予想される検査結果・内容（被検者の利益・不利益等），精度（診断の限界），家族が同じ遺伝子変異を有している可能性などを含む十分な説明がなされたうえでの同意が強く要求されよう（家族性腫瘍研究会倫理委員会による「家族性腫瘍における遺伝子診断の研究とこれを応用した診療に関するガイドライン」（平成12年）参照）。

　とくに，ハンチントン病など，いまだ治療法や予防法のない病気の発症を予測する遺伝子検査を実施するには，その結果が本人に与える影響等を考慮して，通常とは異なるレベルの説明義務が医師に課されるべきとも考えられる。また，先にみた遺伝情報のセンシティヴ性を踏まえれば，一般的医療情報の場合とは異なる厳重な安全管理措置や，第三者提供の制限が法的に要求される可能性もある。

　(iii) 遺伝子例外主義への批判　　いま述べた遺伝子例外主義に対しては，①多因子（遺伝）疾患（たとえば心臓病や糖尿病）にかかわる情報など，「遺伝情報」の中にも未来予見性の低いものがあること，②他方で，HIVや無症候性のB型肝炎にかかわる情報など，遺伝情報以外の医療情報にも未来予見性の高いものがあること，③ほとんどの病気が何らか遺伝子に関連しているとすれば，遺伝情報と一般的医療情報とを区別することは実際に困難であること，④遺伝情報だけを「特別扱い」することは，逆に公平性を害するおそれ

があることなどから，近年，批判も強い。

　また，⑤「血縁者間共有性」を強調する遺伝子例外主義は，遺伝情報に対する血縁者の権利利益を前景化するために，CASE のように患者—家族間に利益の対立がある場合には，逆に患者個人のプライバシー権・自己情報コントロール権を弱める方向に作用しうる（遺伝子例外主義の両義性）。このような点をふまえれば，遺伝子例外主義は，なお突き詰めた検討を要する議論といえよう。

アメリカの裁判例・学説

（ⅰ）開示義務説　　アメリカの裁判例の中には，遺伝情報の血縁者間（家族間）共有性を強調する方向で，遺伝子例外主義的な考えを部分的に受容するものがある。たとえば，家族性大腸ポリポーシス（若年で大腸がんになる遺伝性疾患）に関する患者遺伝情報の子どもへの開示が問題とされた事件で，州中間上訴裁判所は，事件当時の医学的知見に照らし，将来その家族に遺伝的条件による損害が及ぶことが予見可能である場合，医師は，「リスクを抱えているとみなされる者に対して，遺伝的に伝達される病気による回避可能な損害について警告する義務」を負うと述べた。医師の義務は，「患者の利益を超えて，その近親者（immediate family）にまで及ぶ」としたのである（Safer v. Estate of Pack, 677 A. 2d 1188（N. J. Super. Ct. App. Div. 1996））。

　このように，家族への直接的開示を医師の「義務」として積極的に認める立場（開示義務説）は日本でもみられるが（参考文献⑥は，医師は，患者本人の反対にもかかわらず，「もう一人の患者」としての血縁者に対し一定の作為義務を負うとしている），アメリカでは，少なくとも以下にあげる 3 つの理由から厳しい批判にさらされている。

　第 1 に，先にあげた Safer 判決は，第三者への警告義務を認めてきた感染症の事案を引用しているが，そもそも遺伝性疾患は感染症

とは性質が異なる，とする批判である。たとえば，遺伝性疾患のリスクは生まれつき備わっているから，感染症の場合と同じようにそれを伝える緊急の必要性がない。また，感染症患者と異なり，患者自身の行為が家族に損害を与えるわけではないから，守秘義務を解除する正当性にも乏しい。第2に，直接的開示が義務化されることで，「知りたくない」家族の権利が不当に侵害される可能性がある。第3に，開示義務説は，「自律モデル」から「家族中心モデル」への急激な転換を強く示唆する。遺伝情報を「個人のもの」というより「家族のもの (family property)」とみる開示義務説は，「個」を重視する「自律モデル」から大きく逸脱するというのである。

(ⅱ) 開示特権説　　上記のような批判をふまえて，アメリカでは，近時，開示特権説が有力に説かれている。

この説は，① 患者自身に告知させる試みが失敗に終わり，② 損害発生の可能性が高く，その損害が深刻かつ予見可能であり，③ アットリスクな家族が確認可能であり，④ 病気が予防可能・治癒可能であるか，医学的に受容されている基準において早期のモニタリングが当該リスクを減じられると解される場合であって，かつ，⑤ 開示しないことによってもたらされる損害が，開示することによってもたらされる損害よりも重い場合にかぎって，例外的に守秘義務の解除を認め，その場合でも，直接開示を行うかどうかについて医師の「裁量」を認めようとする立場である (アメリカ人類遺伝学協会，ASHG)。

ただ，同説においても，担当医師は，患者に家族が負うリスクを説明し，患者自身によってこのリスクが伝えられるよう努力する (専門家としての) 義務を負っているとされ，かりにこの説得を怠っていれば，事後にその家族から損害賠償を請求されることがありうる

（説得義務については，Pate v. Threlkel, 661 So.2d 278（Fla. 1995））。基本線とし
て「自律モデル」を維持しながら，遺伝情報の血縁者間共有性にも
配慮する考えとして注目に値しよう。

| CASEへの
アプローチ | 　以上の検討を踏まえ，あらためて CASE をみれば，
Aの請求が認められるのは上記の開示義務説を
とった場合に限定されることがわかる。開示特権説では，2で述べ
たように，Aに対するCの直接的開示は医師の義務とはみなされな
いからである。また，開示特権説においても，医師は，病気の遺伝
的性質を説明したうえ，必要な場合にはそのリスクを家族に伝える
よう患者を説得する義務を負うとされるが，設問においてYはこれ
をはたしている。したがって，この点からもAの請求を認めること
は困難であろう。

　では，CASE において，Yが，Bの遺伝情報をAに直接開示する
ことはできたのであろうか。開示特権説の上記基準に照らすと，①
と③の要件は満たしている。②を考えてみると，乳がんによる損害
は深刻なものといえるうえ，最近では，BRCA１変異を有する者が
乳がんを発症する確率もある程度明確となってきた（たとえば，
BRCA1 変異がある女性が 80 歳までに乳がんを発症する確率は 72 ％ともいわれる）。
この点，②の損害発生要件や予見可能性要件を満たすようにも思わ
れる。ただし，予防的乳房切除などのドラスティックな予防法はあ
るものの（米女優アンジェリーナ・ジョリーが乳がん予防のための乳房切除手術を
行ったことは記憶に新しい），いまだ「効果的な」予防法とはいえず，④
要件を満たすかどうかは疑わしい。そうなると，⑤不開示による損
害が開示による損害を上回るとはいえず（ここでは，開示によって遺伝的
差別が惹起される可能性なども考慮に入れるべきである），結論的に，Aへの直
接的開示は許されず，むしろAとの関係で守秘義務違反が成立する

可能性がある。

なお，2007年8月，家族性乳がんに関する遺伝子検査（BRCA検査）が日本人にも有効であるとの新聞報道がなされた（朝日新聞2007年8月20日）。このような臨床研究の成果・発展は，上記基準の「あてはめ」に重要な影響を与える。いうまでもないが，CASEのような遺伝医療をめぐる法的問題に具体的結論を与えるためには，医学研究の発展に細心の注意をはらっておく必要がある。

3　日本の類似事案から —— 今後の展望

CASEに似た日本の裁判例をふまえると，今後，日本において，Yの直接的開示義務が認められると考える余地もある。たとえば，医師は，伴性劣性遺伝であるPM病と診断された第1子の診察時に，診療契約関係にない家族（患者の両親）に対して，次子のPM病発症蓋然性等について正確に説明する信義則上の義務を負うとした判例がある（東京地判平15・4・25判時1832・141。控訴審も同旨）。

しかし，同判決は，家族からの質問がなされ，医師があえてそれに答える場合に，医師は正確な情報提供義務を負うとしたものであり，医師による積極的開示を認めたものではない。むしろ判決は，「遺伝病という極めて微妙な問題に関して，家族又は本人に対し，どのように説明をすべきかは極めて難しい問題である」とし，「誰にどこまでの範囲を説明するか，あるいはどのような表現を用いて説明するか」は，「専門家たる医師の裁量に属する部分が存することは否定できない」と述べている（その意味では開示特権説に近い）。

また，家族に対するがん告知を診療契約に付随する義務として認めた最高裁判決（最判平14・9・24判時1803・28）もあるが，本判決も，

家族への開示が患者本人の利益につながることを前提にしたもので，家族の利益をベースに医師の開示義務を認めたものではない。このようにみると，日本の裁判所も，あくまで「自律モデル」を基本線として，CASE のような問題を判断していく可能性が高いだろう。

なお，CASE と関連して，2006 年当時，Aがまだ子どもであった場合や，問題となる病気がハンチントン病であった場合，あるいは，比較的浸透率等がはっきりしている家族性大腸がんであった場合などを考えてみると，より理解が深まると思う。

<h2>4 ステップ・アップ</h2>

以上のことと関連して，つぎのような問題を考えてみよう。

遺伝子解析研究を行う研究者Yは，生前に得ていた同意を根拠に，故人Aの遺伝情報を収集し，データベース化しようと試みたが，遺族であるC（Aの子ども）の反対を受けた。YはCの要求を受け入れる義務を負うだろうか。

本来，個人は，自己の情報をコントロールする権利を有しても，他者の情報をコントロールする権利は有しない。しかし，先にも述べたとおり，血縁者間共有性をもつ遺伝情報の場合，この「大前提」が疑わしくなる。

家族は，患者・被検者の遺伝情報につき，一定のコントロール権をもつかもしれないからである。この点，厚労省・文科省・経産省の「ヒトゲノム・遺伝子解析研究に関する倫理指針」（平成25年2月全部改正）は，遺族を含む代諾者等からインフォームド・コンセントの撤回があった場合，原則として提供者にかかわる試料や研究結果を廃棄しなければならないとしており（指針第3.7（10）参照），上記問

223

題を考えるうえでのヒントになる。また，アイスランドの最高裁判所は，家族は被検者の遺伝情報についてプライバシーの利益を有するとし，15歳の少女が，亡き父の遺伝情報が国家の保健データベースに転送され，包含されることを拒否する権利を有すると判断した (Guomundsdottir v. Iceland, No.151/2003 (Nov. 27, 2003) (Ice.))。しかし，この判決に対しては，自律モデルを維持する立場からの批判もある。

〈参考文献〉
① 丸山英二「遺伝子診断・遺伝子検査をめぐる法律問題」宇都宮譲二監修『家族性腫瘍』(中山書店，1998)〔158頁以下〕
② 樋口範雄「遺伝病の告知と法の役割」同編著『ケーススタディ　生命倫理と法』(有斐閣，2004)〔13頁以下〕
③ 山本龍彦「血縁者への遺伝情報開示」福嶋義光監修・玉井真理子編『遺伝医療と倫理・法・社会』(メディカルドゥ，2007)〔150頁以下〕
④ 山本龍彦『遺伝情報の法理論』(尚学社，2008)
⑤ 甲斐克則編『遺伝情報と法政策』(成文堂，2007) 所収の諸論文
⑥ 服部篤美「望まない妊娠・出産を回避する選択」宇都木伸＝塚本泰司編『現代医療のスペクトル』(尚学社，2001)〔125頁以下〕
⑦ 浅井篤・服部健司・大西基喜・大西香代子・赤林朗『医療倫理』(勁草書房，2002)〔275頁〕
⑧ 横野恵「三省合同会議での議論と今後の展望」NBL1103号 (2017)〔26頁以下〕

Bridgebook

第*19*講

ヒト由来物質の利用

ヒト由来物質はどのように使われているか

CASE　Xの母親Aは，難病のためY病院に入院し，治療を受けていたが，回復することなく死亡した。主治医Bは，「この病気のより良い治療法を見つけるため，病理解剖させてほしい」と申し出てきた。これに対してXは，解剖と解剖後の内臓の保存を承諾した。しかしその後，骨が採取され，骨髄（骨の内部にある）が保存・検査されていたことがわかった。

　Xは，この骨髄や，先に保存を承諾した内臓やそこから得られた顕微鏡標本について返還を求めることはできるだろうか。病理解剖の承諾の際，「骨はとらないでほしい」との希望を明示的に伝えていた場合には，結論は変わるだろうか。

1　ヒト由来物質はどのように使われているか

医学研究におけるヒト由来物質の利用と社会的な規制の必要性

　医学は，患者の死体を解剖することにより発達してきた。また，学生が医師になるために，献体された方の死体を解剖することも広く行われている。解剖された後の臓器の一部や組織は，標本とされ，これも研究や教育に用いられている。さらに，新しい医療技術（腹腔鏡手術など）の開発やその習得にも死体が必要である。

225

患者の血液なども研究に用いることができる。近年広く行われている遺伝子解析研究においては，目標の配列を増幅する技術（PCRなど）を用いることができるから，試料はきわめて少ない量で足りるし，ゲノムシークエンス技術は，現在のところまだ意味の分からない遺伝子配列を明らかにするかもしれない（その場合，思わぬ時にその意味が判明することになるかもしれない）。

血液や臓器の一部などのヒト由来物質は，場合によっては本人の死後——たとえば，ヒーラ細胞は 1951 年に亡くなった女性に由来するが，現在でもなお世界中で広く使われている。ちなみに，この女性の遺族が研究利用の同意をしたのは彼女の死から 62 年後，2013 年のことである——，本人から離れたところで使われる。また，その多くは，死後の解剖のように遺族が悲しみにくれているときに，あるいは手術のように患者の生死や健康が問題となる場面で採取されるために，遺族や患者にとってはその後の研究利用にまで気が回らないことが多いであろう。さらに，死体の取扱いについて社会が一定の想い——その想いを裏切ることに対しては刑事罰をもって臨む（刑 190 条参照）——を有していることからすると，個人的法益という観点だけで問題を解決することも適切でない。社会的な規制が必要なゆえんである。

✏ ヒト由来物質に関する規制：その 1 —— 古典的な対処 ——

（ⅰ）死体および死体由来のもの　　死体の「需要」に「供給」が追いつかない時代には，死体の盗掘が行われてきた（実は，現在でも，あとからみるように，盗掘まがいの事件が起きている）。このため，各国は，研究・教育目的での死体の解剖とその後の保存・利用を認める法律を制定してきた。わが国においては，1949 年の死体解剖保存法が，公衆衛生や教育のための死体の解剖のほか，死体の全部または一部

の保存について規定している。① 大学病院等で遺族の承諾を得て保存すること（17条），② 解剖をした医師が保存すること（18条，この場合には保存のための事前の承諾は必要はなく，ただし後で遺族から引渡を求められた場合には返さなければならないことになっている），その他，③ 都道府県知事の許可と遺族の承諾を得て保存すること（19条），が認められる。また，医学教育におけるいわゆる系統解剖（なお，各大学ごとに白菊会という団体があり，全国組織として，日本篤志献体協会がある）に関しては，1983年の「医学及び歯学の教育のための献体に関する法律」がある。生前に大学に献体の意思を示した人の意思が尊重されるよう，死体解剖保存法のルールを一部変更し，本人の献体の意思が書面により示されており，遺族の拒否がない場合または遺族がない場合については，遺族の承諾は不要とされている（4条）。

このような規制は，ヒト由来物質の適切な取扱いを遺族の承諾と知事の許可（大学や解剖を行った者が保存を行う場合には知事の許可は不要である）により確保しようとするものであり，その具体的な利用の仕方について規制するものではない。その意味では，事前・包括型の規制と呼ぶことができよう。

(ii) 生体由来のもの　　生体から分離されたヒト由来物質については，死体とは異なり，法規制はない。そのため，「一般の社会通念に反しないように処置されれば差し支えない」（昭和25年2月2日医収第67号）とされる。

◤ ヒト由来物質に関する規制：その2──新しい規制──

この規制とは別に，研究の中身を問題とする規制がなされるようになってきている。

アメリカ合衆国などにおいては，ヒト由来物質の研究利用は，個人識別が可能であれば（つまり本人がわかる場合に限り），人を対象とする

227

研究（⇒**第7講**）として扱われ，規制がされている。その中身は，インフォームド・コンセントと**倫理審査委員会**での承認である。ただし，ヒト由来物質は，ごくわずかな侵襲で採取することができ，本人から離れたところで使われるために採取の後で本人を物理的に侵害することもないから，（採取への同意とは別に）研究利用の同意を必要とするか，必要としたとして目的を限定しなければならないかは問題になりうる。アメリカ合衆国の規則によれば，倫理審査委員会の判断によっては，インフォームド・コンセントなしに研究を行うことが認められることになろう（これを consent waiver（同意の免除）という）し，新たな規則（2017年1月公布，2018年1月より施行予定）はいわゆる包括同意（broad consent）を認めている。

わが国においても同様の規制がなされているが，その根拠は，「人を対象とする医学系研究に関する倫理指針」「ヒトゲノム・遺伝子解析研究に関する倫理指針」など，中央省庁が作成した「指針」である。これらは，法律上の根拠がないものであるから，一方では法律によらずに研究の自由が制約されているのではないかとの疑いがあり，他方では，その違反に法的な罰則をつけることができないから（国からの補助金の取りやめなどの制裁はありうる），本人の人格的利益や権利が十分に護られないかもしれないという疑いも残る（ただし，第17講でみたように，「特定胚の取扱いに関する指針」は，クローン技術規制法にもとづくものであり，指針違反は法律の罰則規定の対象となりうるし，いわゆる再生医療と，医薬品や医療機器を用いた研究のうち未承認や適用外のものなどについては，それぞれ法律が作られている（⇒**第17講**，**第7講**））。

これら規制は，研究計画（プロトコールという）の事前審査，研究状況の継続的な審査などにより，研究の科学的・倫理的妥当性や，そこにおける被験者の人権の保護を確保しようとするものであり，前

述の古典的な規制とは異なるものであろう。**中身規制型**とでもいうことができようか。この規制においては，人体実験と同様，同意の撤回が認められていることも特徴的である。

2 考え方の道しるべ

民法は，権利の主体である人と，権利の客体である物（有体物（民85条））を分けている。ヒト由来物質は，いってみれば，この前者から後者に移り行くどこかに位置する。では，どこに位置するのであろうか。

ヒト由来物質の性質

民法（とりわけ財産法）の通説によれば，生きている人には物権の成立を認めるべきではないが，切り離された身体の一部や死体は物であり，その上に**所有権**が成立するとされる。ただし，とりわけ死体については，その内容は，通常の物の場合の所有権とは異なり，埋葬・祭祀・供養を行う権能と義務と（であるから放棄は許されない）を内容とする特殊のものと考えられる，ともされる（大判昭2・5・27民集6・7・307）。

所有権が誰に属するかも問題となる。切り離された身体の一部については，新たに物ができたとすると無主物先占による所有権の取得（民239条）の問題となるとも考えられるが，古い判決は，傍論で，本人が所有権者になるとする。その理由はこうである：生きている人の身体は人格者を構成するものであるから，身体それ自体は所有権の目的とはなりえない。しかし，身体の一部であったものは，身体と分離したときは有体物として所有権の目的となりうる。法律上明文規定はないけれども，その所有権は，先占者に属するとするよ

りは，分離前に当該部分が身体の一部となっていた者の所有に属すると考えるのが条理に適する。遺骨も同様に有体物として所有権の目的となりうるが，本人は存在しないので，その相続人の所有に帰する（大判大10・7・25民録27・1408）。ただし，相続制度が変わった第2次世界大戦後は，判例は，遺骨を祭祀財産（民897条）に準ずるものとして扱っている（最判平1・7・18家月41・10・128など）。

　一方で，ヒト由来物質を単に物と扱うことには異論もある。人格権はその人の部分＝物質にも及んでおり，ヒト由来物質は「人格秩序」の下にあるから，その扱いにおいては「財貨秩序」と拮抗し，むしろ「財貨秩序」は制約されるべき，とするのである（参考文献①）。上述のように，ヒト由来物質を物と扱うにしても，その特殊性を排除して，一般の動産と同様に扱ってよいというわけにはいかない。

ヒト由来物質をめぐる当事者の関係

　(i) ヒト由来物質が死体に由来する場合　　では，先に説明した死体解剖保存法とこの民法の規定とはどのような関係に立つのであろうか。ある判決は，この点につき，死体解剖保存法上の遺族の承諾は，「死体の全部又は一部の……保存を保存法や他の公法的規制との関係で正当化するものにすぎず，死体の所有者との関係では……寄付（贈与），使用貸借等の私法上の契約に基づいてされるもの」だという。そして，この承諾の基礎には，「互いの目的と感情を尊重しあうという高度の信頼関係が存在することが不可欠である」という（東京地判平12・11・24判時1738・80）。一方，同じ事件に関して，別な判決は，死体解剖保存法17条は18条とは異なり遺族の引渡請求の規定を有しないことを理由として，遺族は「臓器等の所有権について……大学に譲渡するという贈与契約を締結したものと解するのが相当である」とする（東京地判平14・8・30判時1797・69）。

平成 12 年判決には，遺族と大学との間の関係について，贈与か使用貸借か（あるいはそれ以外か）について判断を避けたという問題点が指摘されている。贈与であれば完全に所有権が移転し，かりに書面によらない贈与であっても履行後は撤回はできない（民 550 条）のに対し，使用貸借であれば，所有権は移っておらず，その使用についても借主の自由には任されない（同 594 条）という違いがあるのに，これらを同一に扱っているというのである。しかし，この点は，まさにヒト由来物質の性質からくる不明確さであるのかもしれない。つまり，ヒト由来物質が死体から得られた場合，それは死体や遺骨と同じように（程度の差はあるかもしれないが）死者の想い出を呼び起こすものであり（ただし参考文献⑦），それゆえ，遺族からすれば「離れ難い」ものである。よって，この離れ難さゆえに，いったんその保存や利用を承諾したとしても，その承諾は一定の留保を有しているものであって，場合によっては承諾を撤回（将来に向かって承諾を取り消す）できると考えるべきことになる。

(ii) ヒト由来物質が生体に由来する場合　また，ヒト由来物質が生体から得られた場合には，保護されるべき者としては，遺族でなく本人が登場することになる。自分の体の一部に対しては，追憶を呼び起こすということはないから，この点での要保護性は低いようにも考えられ，所有権を放棄したものと扱ってもよさそうである（たとえば，床屋で切ってもらった髪の毛を持って帰る人はいないであろう）。しかし，本人が生きているということからすると，そのプライバシーが明らかになるなどのおそれもあり，本人が気にしていないからといって自由な利用を認めてもかまわないとはいいきれないであろう。

CASEへのアプローチ　(i) 民法上の扱い　CASE の場合，民法上は，骨髄や内蔵，それらを加工した顕微鏡標本が「物」

にあたり，遺族がその利用を認めたと理解したうえで，返還が認められるかは，遺族と大学との間の契約がどのようなものであったかによることになろう。もし，所有権が移転していない，あるいはその利用に（黙示的にせよ）一定の留保（平成12年判決の「高度の信頼関係」）が付されていたとすると，Ａはその返還を求めることができるということになろう。

　一方，完全に所有権が移転していたとすれば，まずはその対象が問題となることになるが，前述のように，法律上は事前・包括型の規制があるのみであるから，遺族の承諾も（そして所有権が移転する対象も）包括的なものと解される可能性がある（ただし，骨はとらないでくれと特に伝えた場合には，骨はこの対象からは外れることとなろう）。骨も含め包括的に所有権が移転したものと解される場合，錯誤（民95条：骨がとられるとは思わなかったという事情を動機の錯誤と解せば，無効となるためには（黙示であっても）そのことが表示されていたことが必要になろう），詐欺（同96条：骨は採取しないとの虚偽の説明があった場合はともかく，不説明による詐欺の主張は難しいかもしれない），その他，公序良俗や信義則違反といった一般条項を主張することはできるにせよ，Ａが返還を求めることは困難であろう。

　当事者がヒト由来物質の扱いにつき特に取り決めていた場合はともかく，通常，とりわけ遺族は，承諾にあたって，そのような詳細について考えをめぐらしてはいないであろう。よって，どのような契約であったのかについては，単に当事者の内心の意思を探究するのでは足りず，それを社会的に確定することが必要となる。それに際しては，ヒト由来物質がどのように取り扱われるべきかに関する社会的な規範が根拠となるべきである。もし，人体実験の枠組みを用いるとすると，同意の撤回として，返還が認められるべきことになる。しかし，以下のような問題がある。

(ⅱ) 本人側の権利は制限されるべきか　　先のヒーラ細胞の場合でいえば，ヒーラさんが，自分の細胞は目の前にいる研究者誰某だけが使ってもよいという条件をつけていたとしたら，その研究者がヒーラ細胞を使って得た研究の結果を他の研究者が確かめることができず，その結果は信用されないことになってしまう。研究の世界においては，試料および成果を研究者の間で広く共有し，新しい知見を他の研究者による追試によって確かめることが必要だからである。また，いつでも同意の撤回が可能であるとすると，研究者は，目の前にあるヒト由来物質は同意が得られているもので，その同意はまだ撤回されていないことを常に確認しなければいけないことになる。そこから重大な知見が得られたとしても，同意が撤回されてしまえば，その知見を公表し，他の研究者や社会一般と共有することができなくなってしまう。

　人体実験の場合に同意の撤回が認められているのは，人格を有する人が研究成果を出すための「手段」に堕することのみならず，その人が時間的，物理的に拘束され，場合によってはさまざまな処置を施されるからである。一方で，ヒト由来物質の場合には，切り離された物が用いられるだけともいえる。よって，ヒト由来物質の利用の場合には，人体実験におけるほどは広く同意の撤回を認めなくてもよいのかもしれない。現に，アメリカ合衆国においてその旨を判示する判決がある。ある研究者が大学を移る際に，患者に手紙を書き，大学への試料の提供を撤回し，この研究者が移動先に試料を持っていくことを認めるよう大学に申し入れてほしいと依頼した。多くの患者はこの依頼に応え，大学と研究者および患者との間で紛争になった。裁判所は，サンプルは大学のものだとして研究者の主張を退けたほか，患者は研究参加への同意の撤回ができるけれども，

233

それは，これ以上の試料の提供はしないというだけであって，すでに提供したものの返還を求めることはできないとし，研究者・患者側の主張を退けた（Catalona v. Wash. Univ., 552 U.S. 1166（2008））。

3　あるべき議論の方向性 ── 今後の展望

　わが国においては，死体に関しては制定法による定めはあるが，それ以外にヒト由来物質を包括的に取り扱う法律はなく，その扱いについて社会的な規範が形成されているとはいえない状況にある。よって，本人や遺族と大学との関係についても，民法が定める典型契約のどれに該当するのか，あるいはどれに近いのかにつき，議論は定まっていない。その一方で，ヒト由来物質は医学教育や研究に現に使われているし，また，海外からの輸入もされている。おそらくは，医学や研究現場が適切と考える方法で保存，利用されているものと思われるが，その基準が社会的に求められるものに合致している保証はない（イギリスでは，医学界での臓器保存の慣行が，子を亡くした親の期待に反したものであったことが以下のような問題を引きおこした）。この問題は，患者や遺族も含む社会全体に関することであるから，医学界内での議論にとどまらない，広いフォーラムでの議論が必要であろう。事件が起こってから，感情的に対応することは，誰にとっても不幸なことである。

　イギリスにおいては，ヒト由来物質の取扱いにつき，生体由来，死体由来を問わず，制定法（2004 年の人組織法）によって包括的に対処がなされることとなった。ヒト由来物質の保存については法律によって設立された機関（Human Tissue Authority）の免許が必要とされ，その保存や利用について同意が必要であること（同意が得られない場合

の利用は deemed consent（みなし同意）による。先のアメリカ合衆国のように同意の免除とは呼ばない）が規定されている。これは，病理解剖後の臓器の保存が適切になされていなかったことが大スキャンダルとなり，ヒト由来物質の取扱いについて議論が行われた成果である。ここでは，人体実験の規制を類推しそれとの要保護性の軽重を考量するというアメリカ合衆国のようなやり方ではなく，ヒト由来物質そのものの取扱いが問題とされたのである。

4　ステップ・アップ

（ⅰ）ヒト由来物質の違法な取扱いを理由とする処罰　　刑法190条にいう領得には死体または死体の一部の占有を取得すること（買受けも含む）も含まれる（大判大 14・10・16 刑集 4・613）から，ある研究者が別な研究者から死体やその一部をもらいうけることもこの構成要件に該当しそうであるが，わが国においては，研究に関し，ヒト由来物質の違法ないし不適切な取扱いが刑法上問題とされたことはない。

　しかし，近年アメリカ合衆国で発覚した事実によると，医学教育での死体の「需要」は足りているが，これ以外の分野，たとえば，手術機器メーカーが外科医に練習させるための死体はきわめて不足しており，このため，大学医学部の献体プログラム（willed body program）のために献体された死体や，散骨のために火葬されるはずの死体が横流しされ，高値で売られているという。ある事件においては，火葬場の所有者が，火葬のために託された死体を解剖したうえで横流ししていたとして懲役 20 年の判決が言い渡された（なお，この被告人に対する 2 遺族からの損害賠償請求においては，遺骸の違法な解剖を理由と

して，それぞれ 90 万ドルと 70 万ドルの損害賠償が命ぜられている）。日米の刑罰の考え方や量刑相場に違いがあるとしても，懲役 20 年というのは妥当であろうか。

(ii) ヒト由来物質の区別　　死体そのものとその一部（たとえばごく小さな顕微鏡標本）とでは，本人を想い起こさせる強さが異なるから，これらを別異に扱うべきか。また，遺族の承諾なく死体を得た者がそれに何らかの手を加え，財産的な価値がつくに至った場合，加工（民 246 条）によって加工者に所有権が認められることがあるか。前者について，前述した東京地裁平成 12 年判決は，プレパラート標本も死体の一部ではあるから特別扱いはされないとするし，イギリスの新しい法律も，細胞が含まれていればすべてその対象とする（法律制定の際は，プレパラート標本は別に規定すべきだとか，性質の違いにより取扱いを異にすべきだとかいう議論もあった）。どう考えるべきであろうか。

(iii) 財産的利益に対する権利　　研究成果が財産的な利益を生み出した場合はどうなるか。たとえば，ヒト由来物質を用いた研究からすばらしい成果が得られ，特許が認められた場合，本人は特許権について何らかの権利を有するだろうか。研究者や大学が企業から得た財産的利益についてはどうであろうか。

アメリカ合衆国での判決として，以下の 2 つがある。まず，白血病の治療のため脾臓の摘出術を受けた患者が，この切り取られた脾臓細胞を用いて行われた研究から得られた財産的利益について権利を主張したムーア事件について，カリフォルニア州の裁判所は，二転三転したが──高裁は患者の主張を認めた──，州最高裁は，患者は摘出後の自己の細胞に対して財産的利益は有さないとし，ただし，財産的利益が生じうるか否かは医師の判断に影響を及ぼす可能性のあることであるから，手術前に説明する義務があるとした

（Moore v. Regents of the University of California, 271 Cal. Rptr. 146, 793 P 2d 479, 1990）。

　また，カナバン病という特殊な病気（アシュケナジー系ユダヤ人に多い）の解明のために協力していた患者たちが，自分たちの血液や家系図を使って確立された遺伝子診断の方法に対して特許がとられ，自由に診断を受けられなくなったとして，病院や医師を訴えたグリーンバーグ事件においては，裁判所は，患者からの請求をすべて退けた（Greenberg v. Children's Hosp., 264 F. Supp. 2d 1064（S. D. Fla. 2003））。これら2判決の結論をどう考えるか。

　〈参考文献〉
① 唄孝一・宇都木伸・佐藤雄一郎「ヒト由来物質の医学研究利用に関する問題(上)(下)」ジュリスト1193号，1194号（2001）
② L. アンドリューズ=D. ネルキン（野田亮=野田洋子訳）『人体市場──商品化される臓器・細胞・DNA』（岩波書店，2002）
③ 米本昌平『バイオポリティクス──人体を管理するとはどういうことか』（中公新書，2006）
④ 佐藤雄一郎「病理解剖標本の無承諾保存事件」医事法百選〔46〕，粟屋剛「病理解剖標本返還請求事件」医事法百選（第2版）〔97〕
⑤ 米村滋人「医学研究における被験者意思と倫理委員会」ジュリスト1339号（2007），同『医事法講義』（日本評論社，2016）第5章
⑥ 樋口範雄「人体試料と法の考え方」法学教室325号（2007）
⑦ 辰井聡子「死体由来試料の研究利用──死体損壊罪，死体解剖保存法，死体の所有権」明治学院大学法学研究91号（2011）45-86頁

Bridgebook

第*20*講

小児医療

子どもの同意能力と父母の親権

CASE 患児A（3歳）は，先天性の心臓疾患を有している。
主治医Xによれば，Aの心機能はやや低下してきており，手術が必要な状態にある。手術が成功すれば，Aはほぼ健康な人と同じ生活がおくれる見込みであるが，手術が行われないと，Aの生命に重大な影響がある危険性がある。しかし，この手術を両親B，Cが「Aの体を傷つけたくないので，民間療法などを使って自分たちで治したい」と拒否している。Aの手術の同意を得るために，医師Xはどのような法的手続をとることが可能か。

1 子どもの同意能力と父母の親権

医師が医療を提供する場合，①患者の生命・健康の維持・増進のために必要であるという「医学的適応性」，②医学的に認められた正当な方法であるという「医術的正当性」，③患者の同意，という3つの要件を満たしたとき，医師の医療行為ははじめて刑法35条にいう正当業務行為に該当する。ただし，患者の同意については，患者が医療に同意するとき，医療に必要な判断能力（同意能力）を有している必要がある。子どもの場合，同意能力が認められる場合と

認められない場合があり，同意能力が認められない場合には通常親権を行う父母（以下，「親」という）が第1の同意権者となる。

　子どもの医療に対する同意を考える際に，子どもの医療に対する同意能力とはどのような能力なのか，子どもは同意能力をいつから有するようになるのか，子どもは成長発達の途上にあるので子どもがどのような状態に成長すれば同意能力を有していると推定できるのか，子どもの同意能力を誰が何をもって判断するのか，という問題が存在する。

　また，子どもに同意能力が認められない場合，子どもの医療に対して親が同意をすることになるが，親権をもつ親の医療に対する同意の範囲が問題となる。

　CASE の場合，Aは3歳であるから同意能力は明らかに認められないので，子どもの同意能力の有無に関する問題は生じず，心臓の手術の際に親の同意が必要となる。しかし，Aの親B，Cは健康を回復する見込みのある手術の同意を「民間療法などを使って自分たちで治したい」と拒否している。そこで，親は子どもに必要な治療の同意を拒否できるのかという親権者の医療に対する同意の範囲の問題が生じる。また，親の子どもの医療に対する同意の拒否により子どもの生命・身体に重大な影響がある場合，わが国では現行法制度においてどのような法的手続をとることが最善か，という問題が生じる。

2　考え方の道しるべ

子どもの医療に対する同意能力

　わが国では，民事法上の成年は20歳（民4条）であり，未成年者

は原則として民事法上の無能力者とされる。つまり，未成年者は，ひとりで完全な社会生活を営むことができない未熟な存在であるため，父母の親権に服する（民818条1項）ことになる。しかし，未成年者でも婚姻をしたときは成年に達したものとみなされる（民753条）ことにより，それまで親権に服していた未成年者は親権から解放され，法律行為をなすことができる。しかし，医療に対する同意能力と法律行為をなす能力は異なるとされ，婚姻していない未成年者には法律行為をなす能力は認められないが，医療に対する同意能力は認められる場合がある。

（i）同意能力とは　医療に対する同意能力とは，「患者本人において自己の状態，当該医療行為の意義・内容，及びそれに伴う危険性の程度につき認識し得る程度の能力」（札幌地判昭53・9・29判時914・85，判タ368・132）である。このような同意能力があれば，未成年者であろうと，「本人の承諾を要する」（前掲）とされている。

わが国が1994年に批准した「児童の権利に関する条約」12条1項は，「自己の意見を形成する能力のある児童がその児童に影響を及ぼすすべての事項について自由に自己の意見を表明する権利を確保する。この場合において，児童の意見は，その児童の年齢及び成熟度に従って相応に考慮されるものとする。」（政府訳）と，子どもの意見表明権を認めているが，その意見表明権を考慮する際には子どもの年齢と成熟度に従うよう限定を付している。

（ii）同意能力の判断基準　子どもの医療に対する同意能力は，子どもの年齢と成熟度にもとづき，医療行為の意義・内容，危険性の程度について認識できる能力を判断すべきであると考えられている。

年齢に重きをおく学説は，年齢で同意能力が形成される時期を確

定しようとする見解であり，法的明確性と実務上有益であることに基づいている。平成20年2月28日，日本輸血・細胞治療学会などから成る宗教的輸血拒否に関する合同委員会が公表した「宗教的輸血拒否に関するガイドライン」は，この見解を採用している。

成熟度に重きを置く学説は，一律にボーダーラインとしての年齢を設定せずに各個人の同意能力を尊重しようとする見解であり，年齢では医療に対する同意能力の有無を判断できないことにもとづいている。また，同意能力の問題は，一定の年齢を一般的に限界とすることにより，法的安全性を保障することが問題なのではなく，子どもの具体的な保護の必要に係わる問題であるから，同意能力を有するまでに成熟しているかどうかが個別的に判断されなければならないとされる。

同意能力を有するまでに成熟しているとは，どのような状態をさすのか，あるいは成熟度の判断の基準，誰が成熟度の判断をするのかという点について，多くの学説は言及していない。また，子どもの医療に対する同意能力に関して，比較法的な研究は重ねられているが，わが国では裁判という形で争われたことはない。

親の子どもへの医療の同意拒否と児童虐待

「児童虐待の防止等に関する法律」2条3号は，いわゆるネグレクトに関する規定であり，親の子どもへの医療の同意拒否はネグレクトの一態様であるというのが一般的な理解である。「医療ネグレクト」あるいは「メディカル・ネグレクト」と呼ばれている。医師は，児童虐待の早期発見に努め（児童虐待5条1項），児童虐待を受けたと思われる児童を発見したときには児童相談所等に通告する義務を負っている（同6条1項）。したがって，医師は，親の子どもへの医療の同意拒否を児童相談所等に通告する義務がある。子どもの緊急の程度

にもよるが，児童相談所等への通告の前に，看護師等の他職種を含めたチームでの話し合いや病院内臨床倫理委員会への相談等がなされるのが一般的である。

親の子どもへの医療の同意と親権

未成年者は父母の親権に服し，親権を行う者は，子の利益のために子の監護および教育をする権利を有し，義務を負う（民820条）。親権には，子の身上に関する権利・義務（身上監護権）と子の財産に関する権利・義務（財産管理権）がある。子のために行われる各種の医療行為に対する同意は，身上監護権に含まれると考えられている。平成23年，「民法等の一部を改正する法律（平成23年法律61号）」により，民法820条に「子の利益のために」という文言が追加され，親権が「子の利益のため」のものであることが明確化された。したがって，親が回復の見込みのある医療の提供の同意を拒否するとき，子の利益を守るという親権の本来の目的から外れていると考えられる。

なお，親権は，父母の婚姻中は，父母が共同して行う（民818条3項）必要があり，子どもの医療に対する同意は父母いずれか一方ではなく，両者の同意を必要とする。しかし，一般的には片方の親の同意があれば，他方の親を代理していると考えられている。法律上婚姻関係にない父母の間に生まれた子どもについては，原則として母が親権を行使し，父が行使するのは父母間で協議が成立するか，調停または審判があった場合に限られる。離婚した場合は，我が国は単独親権制を取っているため，父母の一方のみが親権を行使する。

医療ネグレクトへの法的対応

従来，医療ネグレクトにより子どもの生命・身体に重大な影響がある場合については，親権喪失を本案とした親権者の職務執行停止

及び職務代行選任の保全処分が利用されていた。しかし，親権をすべて奪う親権喪失制度には，① 医療ネグレクトについては，本来の制度の趣旨や目的に合わない利用である，② 医療ネグレクトは一定期間親権を制限すれば足りるにもかかわらず，過剰な制限になるおそれがあるなどの問題が指摘されていた。このような状況の下，前述の「民法等の一部を改正する法律」により，親権喪失制度の要件の見直しとともに，必要に応じて適切に親権を制限できる親権停止制度が新設された。

　親権喪失制度とは，「父又は母による虐待又は悪意の遺棄があるときその他父又は母による親権の行使が著しく困難又は不適当であることにより子の利益を著しく害するとき（民834条）」に，子，その親族，未成年後見人，未成年後見監督人又は検察官の請求により，家庭裁判所において，その父又は母の親権を喪失させる審判をすることができる制度である。親権全部を喪失させる効果の大きい制度であることから，親権喪失の原因がある場合でも，2 年以内にその原因が消滅する見込みがあるときは親権喪失の審判をすることができない（同条ただし書）とされている。上述の「民法等の一部を改正する法律」により，親権喪失制度の要件の見直しが行われ，「子の利益を著しく害する」ことが明示された。

　(ⅰ) 親権停止審判による措置　　親権停止制度とは，「父又は母による親権の行使が困難又は不適当であることにより子の利益を害するとき（民834条の2第1項）」に，子，その親族，未成年後見人，未成年後見監督人又は検察官の請求により，家庭裁判所において，その父又は母の親権を一定期間停止させる審判をすることができる制度である。また，児童福祉法33条の7により，児童相談所長にも親権停止の請求の権限が与えられている。親権停止の期間について

243

は，「親権停止の原因が消滅するまでに要すると見込まれる期間，この心身の状態及び生活の状況その他一切の事情を考慮して，2年を超えない範囲内で（同条2項）」家庭裁判所が定める。

医療ネグレクトについては，医師から通告を受けた児童相談所長が家庭裁判所に親権停止の審判を請求し，審判の確定により親権が停止した後，未成年後見人又は親権を代行する児童相談所長等が医療行為に同意することにより，医療機関は必要な医療行為を行うことができる。この措置は，審判の確定までに一定の日数を必要とするので，医療行為を必要とする子どもが確定を待つことができる状態のときに用いられる。

(ⅱ) 親権停止審判の請求を本案とする保全処分による措置　医療行為を必要とする子どもが親権停止審判の確定を待つことができない状態のときには，親権停止審判の請求を本案とする保全処分による措置がとられる。児童相談所長が親権停止の審判を請求した場合に，これを本案として，本案の審判の効力が生じるまでの間，親権者の職務の執行を停止し，更に必要に応じて職務代行者を選任する審判前の保全処分を申し立てることができる（家事審判規則第74条）。家庭裁判所は，申立てにより，子の利益のため必要があるときは，親権者の職務の執行を停止し，また必要に応じて，その職務代行者を選任する。保全処分の決定により職務代行者が選任された場合には職務代行者が，職務代行者の選任がないときには子どもの措置内容に応じ，児童相談所長や施設長が医療行為に同意し，医療機関は必要な医療行為を行うことができる。

(ⅲ) 児童福祉法第33条の2第4項による措置　生命・身体に危険が生じている緊急事態であるにもかかわらず親権者等による医療行為への同意を得られない場合（緊急に親権者等の意向を把握できない場合

を含む）には，児童福祉法第33条の2第4項を根拠として児童相談所長が医療行為に同意し，医療機関が必要な医療行為を行うことができる。前述の「民法等の一部を改正する法律」は，児童福祉法第33条の2第2項において，「児童相談所長は，一時保護を加えた児童で親権を行う者又は未成年後見人のあるものについても，監護，教育及び懲戒に関し，その児童の福祉のため必要な措置をとることができる。」とし，同条第4項において，「第二項の規定による措置は，児童の生命又は身体の安全を確保するため緊急の必要があると認めるときは，その親権を行う者又は未成年後見人の意に反しても，これをとることができる。」ことを明確化した。この監護，教育及び懲戒の権限は，おおむね親権の身上監護権に該当すると解されており，このなかに治療同意権も含まれると解されている。

　(iv) 方法の選択　　親権停止審判による措置，親権停止審判の請求を本案とする保全処分による措置，児童福祉法第33条の2第4項による措置のいずれの方法を選択するかは，医療行為を行う緊急性の程度により判断する。医療行為が行われなかった場合の生命・身体への影響の重大性を前提として，医療の観点からの時間的な緊急性のみならず，各手続きに要する日数等の時間的余裕などの諸事情も考慮に入れ，時間的な観点から緊急の程度を個別事案ごとに判断する必要がある。

　親権停止審判による措置，親権停止審判の請求を本案とする保全処分による措置を撮った場合であっても，保全処分の決定又は親権停止審判の確定がなされる前に，児童の状態が急変するなどにより生命・身体の安全確保のために緊急に医療行為が必要となった時には児童福祉法第33条の2第4項による措置により対応する。

　(v) 子どもの身柄　　親権停止審判の申立てをした場合，親が強

硬に子の引き取り要求をする可能性もある。一時保護又は施設入所等の措置がとられていない子どもについては，一時保護所に収容する一時保護や病院に保護を委託する一時保護委託を行う。一時保護や一時保護委託は行政処分なので，親の引取り要求を拒むことができる。

(vi) 医療行為が実施された後の対応　　必要な医療行為が実施された後は，児童の福祉の観点から親権又は職務執行を停止された者が再び親権を行使することに支障がないと判断される場合や，一時保護を継続する必要がないと判断される場合には，児童相談所長は，親権停止等の審判の確定後であれば，その取消しを申し立て，本案である親権停止等の審判が継続中であれば，その申立ての取下げや一時保護の解除を行うなど，実施後の状況を踏まえ適切に対応する。

CASEへの
アプローチ

CASE の場合，Aは3歳であるから同意能力は明らかに認められないので，心臓の手術の際に親の同意が必要となるが，Aの親B，Cは回復が見込まれる手術への同意を拒否している。親による回復が見込まれる手術への同意拒否は医療ネグレクトにあたるので，医師Xは児童虐待防止法第6条にもとづき福祉事務所又は児童相談所に通告する。児童相談所長は，Aを病院に一時保護委託したうえで，医療の観点からの時間的緊急性と手続きに要する時間的余裕などの諸事情を考慮して，いずれの方法を選択するかを判断する。Aは心機能がやや低下しており，親権停止の審判の確定を待つ余裕はないと考えられるが，緊急に手術をしなければならない状態でもない。そこで，手続きに要する時間的余裕等を勘案することになるが，親権停止審判の請求を本案とする保全処分の措置をとっても時間的に間に合う場合には親権停止審判の請求を本案とする保全処分を申し立てる。しかし，保全処分が確

定するまでに，Aの状態が悪化するときは，児童福祉法第33条の2第4項に基づいて，児童相談所長が医療行為に同意し，緊急に手術を受けさせることができる。

3 望まれる法整備 —— 今後の展望

親権停止制度は一時的に親権を全面的に停止する制度なので，親への過度の干渉となり，さらに親権停止中に選任される未成年後見人に対して医療以外の身上監護権の行使などの過重な負担を強いることになる。そこで，他の虐待のない医療ネグレクトの場合には，親権を全面的に停止するのではなく，親権の一部を制限する制度の導入が望まれる。

4 ステップ・アップ

CASEにおいて，手術に対する親B，Cの同意が得られずにAが死亡した場合，親B，Cまたは医師Xは法的責任を負うのか考えてみよう（手術拒否と死の間に因果関係があるものとする）。

児童虐待防止法14条2項は，「児童の親権を行う者は，児童虐待に係る暴行罪，傷害罪その他の犯罪について，当該児童の親権を行う者であることを理由として，その責めを免れることはない。」と定めている。親B，Cが子どもを適切に監護する義務があるにもかかわらず，必要な医療を提供せずに子どもに死という重大な法益侵害を与えてしまったことを考慮すると，B，Cは不作為による殺人罪（同199条）または保護責任者遺棄致死罪（同219条）あるいは過失致死罪（同210条）による責任を負う可能性があると考えられる。

医師Xに関しても，親を説得するなどの何らかの方策を漫然ととらずにいる場合には，親と同様に，不作為による殺人罪（同199条）または保護責任者遺棄致死罪（同219条）あるいは過失致死罪（同210条）による責任を負う可能性があると考えられる。しかし，看護師等を含めたチームで話し合いをする，病院内臨床倫理委員会に相談するなど，Aの生命を救うべき方策を積極的に模索している間に，Aの状態が急変した場合には，Xの責任は問えないであろう。

なお，同意能力のない子どもへの親の治療拒否によって引き起こされた死亡に対する裁判例は，わが国には現在まで存在していない。

〈参考文献〉

① 「医療ネグレクトにより児童の生命・身体に重大な影響がある場合の対応について」雇児総発 0309 第 2 号平成 24 年 3 月 9 日

② 磯谷文明「医療ネグレクトに関する法知識」小児科 57 巻 11 号（2016）〔1345 〜 1351 頁〕

③ 保条成宏「医療ネグレクトにおける親権の制限 —— 親権の一時的制限制度の導入を契機として」日本社会福祉学会第 60 回秋季大会（2012）〔352 〜 353 頁〕

④ 松生光正「輸血拒否に関する刑事責任」中山研一先生古稀祝賀論文集編集委員会編『中山研一先生古稀祝賀論文集　第 1 巻　生命と刑法』（成文堂，1997）〔147 〜 176 頁〕

⑤ 甲斐克則「輸血拒否と医師の刑事責任」甲斐・医事刑法 I〔53 〜 63 頁〕

⑥ 久藤克子「未成年者の医療に関する自己決定権 —— 信仰に基づいた輸血拒否事例を素材として」広島法学 26 巻 4 号（2003）〔137 〜 159 頁〕。

Bridgebook

第 *21* 講
精神科医療の基本原理と関連法制度

精神科医療は特殊なものか

CASE 　大学在学中に統合失調症にかかったAは，就職後のストレスにより病状が悪化し，ある夜，他人の敷地に無断で入り込み，住居侵入容疑で逮捕された。警察署に留置中奇異な言動を繰り返したため，検察官はAを不起訴処分としたうえで，都道府県知事に通報した。その結果，Aは意思に反してX病院に入院させられた。Aは繰り返し退院を要求したが，かなわなかった。Aの友人Bは，Aの入院を知り，見舞いに駆けつけたが，病院側に面会を断られた。

① 感染症患者は意に反して入院させられることがあるが，他者に病気を感染させるわけではないAの入院は，それと同等の正当化根拠をもつだろうか。

② 患者の意思にもとづかない入院形態には，どのようなものがあるだろうか。強制入院以外に，一般の医療とは区別される精神科医療に特有な医療制度があるだろうか。

③ X病院がBの面会を拒否したのは妥当だろうか。法は，患者の権利を守るためにどのような保護策を用意しているだろうか。

249

第 21 講　精神科医療の基本原理と関連法制度

1　精神科医療は特殊なものか

　人は病気にかかったとき，自ら受診して場合によっては入院する。患者が退院したいと思えば，法的にそれを妨げることは誰にもできないはずだ。ところが，その病気が精神疾患であれば，事態は一変する。CASE のような成り行きを不思議と思わない人の方が多いかもしれない。それはなぜだろうか。そこには，精神疾患の患者は「病識がない」，あるいは「自他に対して危険だ」という拭いがたい観念がある。こういった認識が，長年精神科医療を身体疾患の医療から明確に区別し，特別の原理で運用することを許してきたのである。

精神科医療法制の歴史

　日本最初の精神科医療関係法規である 1900 (明治33) 年の精神病者監護法は，いわゆる座敷牢に患者を閉じ込める「私宅監置」を合法化した。道府県が精神病院を設置すべきとする精神病院法 (1919〔大正8〕年) 制定後も，その状況はほとんど変わらなかった。日本精神医学の開拓者・呉秀三をして，「我が国十何万の精神病者は，この病を受けた不幸のほかに，この国に生まれた不幸をも重ねているといわなければならない」といわしめる惨状が長年続いたのである。

　日本国憲法制定後，1950 (昭和25) 年の精神衛生法は，私宅監置を廃止し，都道府県の精神病院設置義務と入院制度を定めた。ところが，この法律では，精神科の患者が自らの意思で治療を受けることは想定されておらず，すべての入院患者が非任意 (強制) 入院であった。多くの患者が閉鎖病棟に収容され，電話・手紙・面会も制限され，「電パチ」と患者に恐れられた電気けいれん療法や人格を変容させるロボトミー手術が，患者本人の同意なしに行われるのも

250

まれではなかった。そうしたなかで，1984 年，患者が看護者のリンチで死亡するという信じがたい事件が発覚した（宇都宮病院事件）。国際的にも衝撃を与えたこの事件は，患者の権利をほとんどかえりみない日本の精神科医療制度の問題性を白日のもとにさらすことになり，法改革の機運を高めた。1987（昭和 62）年改正（「精神保健法」に名称変更），1995（平成 7）年改正（「精神保健及び精神障害者福祉に関する法律」に名称変更。以下，「精神保健福祉法」）等の数次の改正は，このような背景のもとで，患者の権利にも配慮した精神科医療制度を打ち立てるものとなったのである。

2 考え方の道しるべ

精神科医療制度の特徴

（ⅰ）強制入院　　精神科医療制度には，他の医療にはみられない特徴がいくつもある。

精神保健福祉法は，精神科病院の管理者が「本人の同意に基づいて入院が行われるように努めなければならない」（同 20 条）と定めている。驚くべきことに 1987 年改正ではじめて規定されたこの任意入院は，精神科医療を一般の医療に可能な限り近づけようとするものであるが，まったく自由なわけではなく，「医療及び保護のため入院を継続する必要があると認めたときは」，72 時間の退院制限を許している（同 21 条 3 項）。

同法はまた，患者本人の意思によらない入院形態として，措置入院，緊急措置入院，医療保護入院，応急入院を定めている。措置入院は，「精神障害のために自身を傷つけ又は他人に害を及ぼすおそれがある」精神障害者を都道府県知事の権限で入院させる制度（同

29条1項）であり，緊急措置入院は，措置入院の手続を採ることができないほどの緊急性を有する場合に，自傷他害の「おそれが著しい」精神障害者を，72時間以内に限って入院させることのできる手続（同29条の2第1項）である。

これらの自傷他害を要件とする入院形態とは異なり，医療保護入院（1987年改正前は「同意入院」と呼ばれていた）は，「医療及び保護のため入院の必要がある者」であって任意「入院が行われる状態にないと判定された」精神障害者を，精神科病院の管理者が家族等（配偶者，親権者，扶養義務者，後見人・保佐人）の同意を得て入院させるもの（同33条1項・2項）であり，応急入院は，家族等の同意が得られないほど緊急の場合に，「直ちに入院させなければその者の医療及び保護を図る上で著しく支障がある者」であって任意入院が行われる状態にない精神障害者を，応急病院指定精神科病院の管理者が，72時間以内に限って入院させる制度（同33条の7第1項）である。

(ii) 保護者制度　　保護者（後見人または保佐人，配偶者，親権者，それ以外の扶養義務者のうちから家庭裁判所が選任した者〔精神旧20条1項・2項〕。これらがいない場合は市町村長〔同旧21条〕）の制度は，精神科医療の特殊性を象徴する存在だった。保護者は，精神障害者に治療を受けさせる義務，自傷他害を防止・監督する義務（1999年廃止）などを負わされていた。医療保護入院への同意も保護者の役割だった。未成年者を保護する親権者ならともかく，成人の患者の治療について他者が法的義務を負うという他に類のない制度であり，廃止論を含め長年激しく議論されてきた。この制度は2013年の改正でようやく廃止された。

(iii) 入院患者の行動制限　　入院後の処遇について，精神保健福祉法は，医療・保護に不可欠な行動制限を行う権限を病院管理者に与えている（同36条1項）。かつては，患者宛の信書の受信の制限・開

封は許されるとしており（1957年厚生省通知），さらに現実の運用では発信の開封も許容されていた。このような実態が精神科病院の閉鎖的体質を強めたとの反省のうえに立って，現在では，信書の発受の制限，都道府県・地方法務局等の職員や弁護士との面会や電話の制限を「原則として行えない行動制限」（同36条2項，昭和63年厚告128号），隔離と身体的拘束を「精神保健指定医でなければ行えない行動制限」（同36条3項，昭和63年厚告129号）として，規制を加えている。

> **CASEへの
> アプローチ** （i）強制治療システムの正当化根拠
> ── CASE ①について　①　自傷他害の防止

　強制入院に代表される強制治療システムは，憲法が保障する身体の自由（憲13条・31条），居住・移転の自由（同22条），自己決定権（同13条）等を制約するものであるのは明らかである。CASE ①の問いに，われわれはどう答えればよいだろうか。

　人が意思に反する治療を強制されるのはどういう場合だろうか。強力な根拠としてまず思いつくのは，都道府県知事による感染症予防のための入院措置（感染症の予防及び感染症の患者に対する医療に関する法律19条・20条）のような「他害の防止」であろう。従来，精神保健福祉法による措置入院は，感染症予防と同列に扱われて問題視されてこなかった。しかし，精神障害者の「**自傷他害のおそれ**」は，感染症拡大のおそれと同等の正当化理由といえるだろうか。そもそも精神障害者が一般に自他に危険であるとする根拠は存在しない。また，行政解釈（昭和63年厚告125号）は，「自傷」を自殺企図等，自己の生命・身体を害する行為，「他害」を殺人・傷害・暴行・性的問題行動・侮辱・器物破損・強盗・恐喝・窃盗・詐欺・放火・弄火等，他人の生命・身体・貞操・名誉・財産等または社会的法益等を害する行為（原則として刑罰法令に触れる程度の行為）としているが，学説からこ

第 21 講　精神科医療の基本原理と関連法制度

の基準は広きにすぎるとの批判も寄せられている。

　② **医療・保護の必要性**　つぎに，パターナリズムにもとづいて，自ら受診しない患者本人の「医療・保護の必要性」を理由に治療を強制する場合がある。その典型例が，医療保護入院である。学説の中には，「他害」を要件とする措置入院についても，他害防止自体が本人の保護の一種であるから，これもパターナリズムに立脚すると捉える見解もある。

　強制入院を憲法の観点から検討した判例はほとんどない。わずかに，東京地裁平成 2 年 11 月 19 日判決（判時 1396 号 95 頁。医事法百選（初版）〔32〕）が，医療保護入院（当時は「同意入院」）を「人身の自由の剥奪」になりうるものと認めつつ，合憲としている。この判断は，「他の疾病と異なり，精神障害においては，本人に病気であるとの認識がないなどのため，入院の必要性について本人が適切な判断をすることができず，自己の利益を守ることができない場合がある」という認識に支えられている。たしかに，そのような患者もいるだろうが，一般に精神障害者が医療に関する判断能力を欠くということはできない。

　医療保護入院は，入院が長期化しやすく，患者と保護者の間にあつれきが生まれることも少なくなかった（東京地判平 22・4・23 判時 2081・30。医事法百選（第 2 版）〔100〕にその悲劇的な例がみられる）。保護者制度の廃止に伴い，精神保健指定医 1 名の判断による入院とする見直し案もあったが，結局，「家族等のうちのいずれかの者の同意」という形となり，批判する声も強い。

　CASE の A が問われたのは，住居侵入罪だった。前出の行政解釈に従えば「他害」に該当し，措置入院の対象となるのは当然ということになる。しかし，アメリカの判例の中には，「拘束されなけれ

254

ば自他の身体に直ちに危害を及ぼす顕著な可能性がある」場合に強制入院を限定するものもある。他者の住居（財産）を侵しはしたものの身体を傷つけたわけではないＡの強制入院に，疑問の余地がないわけではないのである。

(ⅱ) CASE ②について　　患者本人の意思にもとづかない４つの入院形態が用意されるとともに，入院患者の行動制限という精神科医療特有の制度がある。1987 年改正以来，いずれの制度も一定の改善がみられるものの，人権保障の観点からなおいっそうの精査が求められる。なお，2005 年から「心神喪失等の状態で重大な他害行為を行った者の医療及び観察等に関する法律」（心神喪失者等医療観察法）が施行され，強制入院制度は新たな局面を迎えている（後述）。

(ⅲ) CASE ③について　　（都道府県の職員や弁護士ではない）患者の友人Ｂの面会を病院が許さなかったことは，現行法（前述）のもとでは，違法であると断ずることはできない。しかし，面会・通信は医療上・人権上重要な意義をもつから，「原則として自由に行われることが必要である」（昭和 63 年厚告 130 号）。制限されるのは「医療又は保護に欠くことのできない限度」（精神 36 条 1 項）に限られ，その理由を診療録に記載するとともに，適切な時点でそれを患者・保護者に知らせるものとされている（昭和 63 年厚告 130 号）。無制約に面会制限が許されるわけではないことに注意が必要である。

3　二重三重の患者の権利保護の仕組み —— 今後の展望

　このように，人権の観点から精査すれば，多くの人が疑わない強制入院制度の正当化根拠にも実は疑問の余地があることがわかる。そうだとすれば，患者の権利を守るために，二重三重の保護策を備

えておくことが必要である。

患者の権利を擁護する仕組み

精神保健福祉法には，前出の面会・通信の自由の他，患者の権利を擁護する仕組みがいくつか用意されている。

まず，精神科診療経験 3 年以上等の要件を備える**精神保健指定医**が，入院の必要性・入院継続の必要性・行動の制限の必要性などを判定し（同19条の4），また，患者の処遇が違法・不適当なときに管理者に報告する（同37条の2），といったチェック機能を果たすよう期待されている。

都道府県に置かれる**精神医療審査会**も，措置入院・医療保護入院の必要性の審査（同38条の3），退院・処遇改善請求の審査（同38条の5），という重要な役割を演ずる。

さらに，入院患者や家族は都道府県知事に対して，**退院または処遇改善を請求することができる**（同38条の4）。この請求を精神医療審査会が審査し，都道府県知事が退院または処遇改善を命ずる（同38条の5）。これを実質化するために，入院時に患者は退院請求の権利等について記載した書面を受け取ることになっているし（同21条1項・29条3項・29条の2第4項・33条の3・33条の8），閉鎖病棟内にも公衆電話を設置し，都道府県担当部局の電話番号を掲示する等の措置が求められている（昭和63年厚告130号）。

CASE におけるＡの退院請求が都道府県知事に対してなされたものであるとすれば，病院内部のみで処理することはできず，精神医療審査会の審査等の手続を経なければならない。

以上の法定の制度の他，一般の医療における法理，たとえばインフォームド・コンセントの原則（⇒**第4講**）が精神科医療においても原則として妥当することはいうまでもない。したがって，患者本人

256

の同意のないロボトミー手術は違法であるし（札幌地判昭53・9・29判時914・85。医事法百選（第2版）〔44〕），患者本人を診察せずに投薬することはできる限り避けることが望ましい（千葉地判平12・6・30判時1741・113。医事法百選（第2版）〔104〕）。しかし，後者の判決は，精神科医療の実態を踏まえてその例外を認める。精神科医療における特殊性をどう評価し，原則に対する例外をどの範囲で認めるかは，困難な課題である。

　以上のほか，入院患者が自分の気持ちを代弁する人（代弁者，アドボケーター）を選べる仕組みを導入すべきとの提案もある。

4　ステップ・アップ

　(i) 2005年施行の心神喪失者等医療観察法は，精神障害により心神喪失または心神耗弱の状態で重大な他害行為（殺人・放火・強盗・強姦・強制わいせつ・傷害）をなした者に対して，精神障害を改善するために，地方裁判所に置かれる裁判官と医師（精神保健審判員）の合議体の決定により，強制入院・強制通院という形で医療を受けさせて，社会復帰を促進することを目的としている。CASE のAは住居侵入罪だから対象外だが，もし傷害罪等を犯せばこの法律によって処遇されることになる。これまでは措置入院等の枠組みで処遇してきた人々に対する新たな制度を，どう評価すべきだろうか。

　この法律の制定以前，心神喪失等で無罪・不起訴となった者についてもっぱら医療的判断のみで処遇が決められることにより再犯が防げないこと，また重大な他害行為をなした患者によって病院の治療環境が悪化することなどが指摘されていた。

　① この法律によって，上記の問題は解決に向かうのだろうか。

従来は身柄拘束に至らなかった軽い傷害の事例でも，医療観察法により強制入院されることがあるとの指摘もある。社会の安全保持と個人の自由との葛藤に目を背けず，議論を続けることが求められる。

　② この法律の目的は，「他害の防止」(社会防衛) だろうか，それとも，対象者の「医療の必要性」だろうか。前者であるとすれば，再犯予測の正確性が問われるであろうし，後者であれば，提供される医療が社会復帰に結びつくものであることが要求されよう。この法律に批判的な人びとからも，指定入院医療機関における物的・人的体制が充実しており，精神科医療に一定の進歩があった，との評価がなされている。他方，一般精神科医療がもっと充実すればこのような特殊な制度は不要なのではないか，との声もある。

　⑪ 日本の精神科医療の最大の問題は，世界の中で異例なほど入院患者数・入院日数が多く，入院に偏重した体制が続いていることだ。国もこれに手をこまねいているわけではなく，2013年の精神保健福祉法改正で，精神科病院管理者に，医療保護入院患者の退院後の生活環境に関する相談・指導する人 (精神保健福祉士等) を選任し (精神33条の4)，患者・家族からの相談に応じ情報提供を行う相談支援事業者等との連携 (同33条の5) や，退院促進のための体制整備 (同33条の6) を義務づけている。今後の展開が注目される。

〈参考文献〉
① 精神保健福祉研究会監修『四訂　精神保健福祉法詳解』(中央法規出版，2016)
② 大谷實『新版　精神保健福祉法講義 (第2版)』(成文堂，2014)
③ 日本弁護士連合会刑事法制委員会編『Q＆A心神喪失者等医療観察法解説 (第2版)』(三省堂，2014)
④ 浅野詠子『ルポ　刑期なき収容 —— 医療観察法という社会防衛体

制』（現代書館，2014）
⑤ 横藤田誠「強制治療システムとその正当化根拠」町野朔編『精神医療と心神喪失者等医療観察法』ジュリスト増刊（2004）
⑥ 横藤田誠『法廷のなかの精神疾患』（日本評論社，2002）

Bridgebook

第22講

精神科医療と損害賠償

精神科医療における医療事故

CASE 統合失調症が進行して社会的適応機能が著しく低下した患者Aについて、Z県知事は他害のおそれがあるとして、精神保健福祉法にもとづいてX病院への入院措置をとった。Aは、入院後、被害者妄想をいだいて他の患者を殴ったり、また開放的な作業療法実施中に無断離院をしたりと問題行動をたびたび起こしていた。しかし、X病院は、無断離院の要注意患者であるAの開放的な作業療法を実施する際にも特別の看護態勢を定めず、また医師Yも引率看護師らに特別の注意を払うよう指示しなかった。このような状況において、Aは、病院の治療の一環である院外散歩中に離脱し、通行人Dを刺殺した。
① 被害者Dの遺族Eは、誰を相手に民事責任をいかなる法的根拠で追及することができるか。
② 開放化医療の下で、精神病患者Aの治療について医師Yにはどの程度の裁量が容認されるか。

1 精神科医療における医療事故

精神科医療においては、患者の転倒骨折事故や突然死のほかに、患者の自殺、患者間の傷害・死亡事故、患者による第三者に対する

傷害・死亡事故など，さまざまな事故が発生する。なかでも，統合失調症や躁うつ病などの患者の自殺・自殺未遂や傷害・死亡事故が起こったときには，精神科医療で一般的に行われる開放処遇に事故の原因があるとして，事故の発生を防ぐために精神病患者を厳重に管理すべきとの意見が投げかけられる。患者にとって自由度が高い開放処遇は，患者による自傷他害の危険性をつねにはらんでいるからである。しかし，患者を病院・医師の厳重な管理下におくことは，患者の自由や人権上の配慮を無視することであり，患者の社会復帰を目的とする精神科医療の理念に反するもので，原則として入院形態を問わず否定される。精神科病院の入院患者への行動制限は，医療または保護のために医師が必要と判断したときに限られる（精神保健福祉法 36 条）。そこで，精神科医療においては，精神科医療の理念と事故防止措置との調和をいかに図るか，ということが問題となる。

2 考え方の道しるべ

精神障害者の自傷・他害事故と医療側の責任

（ⅰ）精神障害者の自傷事故　　精神科医療では，患者が自殺すれば医療目的が達せられなくなるので，医師は，患者の症状から本人に危険が及ぶ可能性が著しく高いと判断した場合，自殺を防止するために患者の行動を制限することができる。

今日の精神科医療においては，開放処遇や看護・看視方法などの選択は医師の裁量に属するので，病院・医師等は，看護・看視などが著しく不適切でなければ，患者に自殺の具体的な危険性（強度の自殺念慮や急迫の自殺企図）が認められないかぎり，開放処遇の下では直

接的な自殺防止策や厳重な管理をしなくても，義務違反があったとはされない（福岡高那覇支判平22・2・23判時2076・56：医事法百選（第2版）〔101〕）。また，通院療養中の患者が，医師の来院の指導や入院の指示にもかかわらず，その指導・指示に従わずに自殺した場合にも，病院・医師に義務違反はなかったとされる。他方，患者が閉鎖病棟や保護室に収容されている場合には，患者の自殺の具体的な危険性がなくなるまで自殺の防止が治療の主たる目的にすえられるべきであるから，病院・医師は直接的な自殺防止策や厳重な管理措置をとらなければならない。患者の自傷事故における病院・医師等の義務違反は，開放処遇や看護・看視方法などの選択といった医師の裁量について判断されることはなく，医学的管理のもとで看護・看視などが適切に行われていたか否かによって判断される。

　なお，一般病院内で精神障害者が自殺した場合には，精神科医療の理念と自殺防止措置との調和は問題とならず，精神科病院事例とは異なる判断がなされる余地がある。

　(ⅱ) 精神障害者の他害事故　　精神科の医師は，患者の症状から周囲の者に危険が及ぶ可能性が著しく高いと判断した場合，他の患者や第三者を殺傷しないように患者の行動を制限することができる。

　精神科病院内で入院患者が他の患者を殺傷した場合（大津地判平12・10・16判タ1107・277：医事法百選（第2版）〔103〕）には，病院・医師等が患者の外出・帰院や危険物の持込みへの注意など看護・看視の義務を怠っていたり，事故発生後の対応に不備があれば，病院・医師等に義務違反が認められる。また，開放処遇下にある入院患者が院外作業療法中に無断離院などをして病院外で殺傷事故を起こした場合（最判平8・9・3判時1594・32，判タ931・170：医事法百選（第2版）〔102〕）には，病院・医師は，看護者らに対する具体的な注意や指示を与える

など適正な看護態勢を定めるべきであるから，これを怠れば，病院・医師に過失が認められる。患者の他害事故における病院・医師の義務違反は，医師の裁量の範囲との関連ではなく，病院・医師等の看護・看視の内容との関係で判断されることは自傷事故の場合と同様である。

　(iii) 病院・医師の注意義務違反　　精神科医療では，患者の自傷他害の危険性と精神疾患の治療効果との関連において，治療方法の選択についての医学的判断は，医師の裁量として許容される。そのため，医師の医学的判断が，自傷他害事故の防止にとって有効でなくても，医師の裁量について義務違反が認められることはない。もっとも，病院の保護・看護態勢，医師・看護者による治療・看護，医師の看護者に対する指示，または病院・医師の事故発生後の対応に不備があった場合には，病院・医師の義務違反が認められる。精神障害者の自傷他害については，精神科医療の専門家である精神科医をもってしても，患者の自傷他害事故の発生を事前に予測することはきわめて困難である。病院・医師の義務違反は，① 抽象的な危険によってではなく，患者の事故前の徴候（自殺念慮・自殺企図の有無・程度）による具体的な危険性によって患者が自傷他害事故を起こすことを予見できたかが判断された上で，② 患者のおかれた医療施設の医療水準および精神科医療における医師の裁量に照らして，病院・医師がいかなる具体的な防止措置をとることが必要かつ可能であったかによって判断される。具体的には，医師は，事故の発生が予見される患者の自傷他害を防止するために，自傷他害の用具となる器具の除去，病状や言動の重点的観察，保護室の使用やナースステーションの近くへの部屋替え，看護者に対する病状報告の指示，院外作業療法・院外散歩を行う際の看護者への具体的指示などを行

わなければならない。

　もっとも，病院・医師のこのような義務は，開放病棟と閉鎖病棟とでは異なる判断がなされることがある。たとえば，自傷他害の用具となる器具の除去については，自殺する具体的な危険性のある患者の自殺を防止するために保護室に患者を隔離したにもかかわらず，保護室に無造作に放置された用法上の凶器によって患者が自殺した場合には，開放病棟の場合と比べて，病院・医師に義務違反が認められる可能性は高くなる。また，患者の管理の程度については，開放病棟の場合には，無断外出して自殺を遂げるなどの具体的に危険な徴候がみられない患者に外出防止措置をとるなどをしなくてもよいが，閉鎖病棟の場合には，患者の行動の自由を制限してでも，患者の医療と保護のために入院の強制が必要という医学的判断がなされた患者について，患者のプライバシー保護と抵触しないかぎりで，病院・医師は，外出防止措置をとらなければならない。

　なお，看護者の看護・看視義務については，医師の裁量と事故防止措置との調和を考慮しなくてもよいので，医師の指示に従って看護・看視が適切に行われなければ，病院に義務違反が認められる。

　(iv) 病院・医師の責任に関する法律構成　　精神障害者が自殺した場合や他者を殺傷した場合には，通院・入院先の病院・医師の責任が問題とされる。

　精神科病院に措置入院中の患者による自傷他害事故については，都道府県知事の入院措置自体と指定病院の管理者が行う精神障害者の入院・収容の継続および医療行為は「公権力の行使」にあたるので，病院・医師の義務違反について国家賠償法1条1項が適用される。他方，医療保護入院や任意入院の場合には，国公立病院であっても医療行為は「公権力の行使」にはあたらないので，患者の自傷

他害事故については，病院・医師の義務違反として民事上の責任規範で処理される。強制入院の一種であっても医療保護入院の場合には，家族等の同意を入院の要件とするので，一般医療で意思能力のない患者を親権者や配偶者が病院に入院させる場合と同様であり，家族等による第三者のためにする契約ないし代理契約と見なされるからである。

　医療保護入院の場合には，患者本人が同意する能力を欠いていることから，患者本人は契約締結の意思表示をすることはできない。そこで，患者の自殺や病院内での他の患者による殺傷事故については，病院内の安全に配慮すべき診療契約上の義務がある病院・医師の義務違反（民415条）の問題とされる。また，任意入院の場合にも，患者本人と病院との間に医療契約が有効に締結されるので，患者の自殺や病院内での他の患者による殺傷事故については，病院・医師の診療契約上の義務違反（民415条）の問題とされる。しかし，病院内での殺傷事故であっても被害者が病院・医師との契約上の関係にないときや病院外での殺傷事故については，医療保護入院であれ任意入院であれ，病院・医師の義務違反は不法行為（民709条ないし715条）の問題とされる。もっとも，病院・医師は民法714条2項の代理監督者にはあたらないので，病院・医師の責任の根拠を民法714条に求めることはできない。

精神障害者の他害事故と家族等の責任

　精神障害者による他害事故については，精神障害者本人に責任能力がある場合を除いて，精神障害者本人に対して不法行為責任（民709条）を追及することはできない。そこで，従来，精神保健福祉法上の保護者の精神障害者に対する自傷他害防止監督義務の規定を根拠に精神障害者の家族等がなる保護者を民法714条1項の法定監督

義務者と同視することで，保護者や後見人などが監督義務を怠った場合などには，被害者保護のために保護者や後見人に損害賠償責任を肯定してきた（仙台地判平 10・11・30 判時 1674・106，判タ 998・211）。もっとも，自傷他害防止監督義務の廃止（1999 年改正で削除）に加えて，2014 年 4 月より，精神保健福祉法の保護者に関する規定も削除されており，医療保護入院に関して同意をするに過ぎない家族等を直ちに民法 714 条 1 項の法定監督義務者とすることはできず，精神障害者による他害事故について家族等に民法 714 条が適用されるべきかは議論の余地がある。

　そうした状況において，認知症の高齢者（認知症患者なども精神保健福祉法 5 条の精神障害者に該当する）が線路に立ち入り列車と衝突して鉄道会社に与えた損害について鉄道会社が死亡した認知症高齢者の家族に対して損害賠償を請求した JR 東海認知症事件（最三小判平 28・3・1 民集 70・3・681）が社会的に耳目を集めた。最高裁は，家族や後見人は民法 714 条 1 項にいう法定監督義務者には当たらないが，「法定の監督義務者に該当しない者であっても，責任無能力者との身分関係や日常生活における接触状況に照らし，第三者に対する加害行為の防止に向けてその者が当該責任無能力者の監督を現に行いその態様が単なる事実上の監督を超えているなどその監督義務を引き受けたとみるべき特段の事情が認められる場合には，法定の監督義務者に準ずべき者として，民法 714 条 1 項が類推適用される」とした上で，当該家族は監督義務を引き受けていたとみるべき特段の事情があったとはいえないから準監督義務者にあたらないとして請求を棄却した。しかし，この最高裁判決については，① 準監督義務者に該当するかを判断する特段の事情については被害者が立証しなければならず，被害者に困難を負担させることになりかねないとか，

② 特段の事情があれば準監督義務者と事後に判断されるのであれ
ば，献身的に介護する者ほど準監督義務者として損害賠償責任のリ
スクを負担することになりかねず，介護を引き受ける阻害要因とな
るなどの懸念が提出される。

CASEへの アプローチ　CASE では，「患者の治療，社会復帰が精神医療
の第一義的目標であり，他害のおそれという漠然
とした不安だけで患者の治療を拒否し，患者を社会復帰から遠ざけ
てはならない」が，病院・医師は，院外散歩中にAが無断離院をし
て他人に危害を及ぼすことを防止すべき注意義務を怠っており，ま
た無断離院と殺人事件との間の相当因果関係があるので，国家賠償
法1条1項にもとづいてX病院の設置者であるZ県は損害賠償責任
を負う（医事法百選（第2版）〔102〕）。

3 精神障害者の他害事故 ── 今後の展望

医療者側が他害事故の被害者となる場合

　精神科医療において患者の他害行為の被害者となるのは，病院内
外の他の患者や第三者だけには限られない。暴力行動が精神病の症
状行動の1つである以上，精神科医療において医療者が患者から暴
力を受けるリスクは当然に高くなる。しかし，医療者は，患者を
「保護すべき」対象とみる医療者の職業観ゆえに，たとえ患者が暴
力行為を働いても，患者を「加害者」とはみなさないで，患者の暴
力を医療上解決すべき問題としてとらえる傾向がある。まして，精
神科医療にかかわる医療者は，従来，加害者，あるいは患者の人権
を侵害する可能性のある者としてとらえられてきたため，医療者が
患者の暴力行為の被害者となるケースについては，ほとんど法的関

267

第22講　精神科医療と損害賠償

心は費やされてこず，今後，検討しなければならない重要な課題である。

　患者の暴力行為については，近時，暴力行為の後には，① 患者の刑事責任，② 患者の民事責任，そして③ 労災補償が，また，暴力行為以前には，暴力行為の発生の予防についての病院の開設者の安全配慮義務が検討されなければならない法的論点であると指摘される。医療者が実際に患者の暴力行為の被害者となった場合には，病院の開設者は，病院職員の身体・生命に危害が及ぶことを回避すべく最善を尽くすべき義務を負うので，病院職員に対する安全配慮義務（民415条・民623条）を怠ったとして損害賠償責任を認められる（大阪地判平12・12・22判タ1073・177 および福島地判平16・5・18判時1863・91，東京地判平25・2・19判時2203・118〔日本鋼管病院事件〕）。また，近時，医療者への患者の他害事故に備えて，医療者が患者から暴力を受けそうになった場合の対処マニュアル（国際看護師協会「職場における暴力対策ガイドライン（Guidelines on coping with violence in the workplace）」〔1999年発行，2007年改訂〕参照）も策定されている。

4　ステップ・アップ

　精神科医療では，治療方法の選択についての医学的判断は医師の裁量として許容されるが，治療行為の実施に際しては，他の医療領域と同様に，患者本人の同意の存在がしばしば問題となる。たとえば，精神病の治療のために大脳の前頭葉部分への外科手術であるロボトミーを，患者の家族の同意は得たが，患者本人の同意を得ないで施術し，患者に情意面全般にわたる人格水準低下と思考障害という後遺症が残った札幌ロボトミー事件（札幌地判昭53・9・29判時914・85，

判タ368・132：医事法百選（第2版）〔44〕）では，ロボトミーは患者本人の同意を得ないでなされた違法な治療行為であるとして医師の不法行為責任が肯定された。原則として，患者本人の同意は治療行為の適法性要件の一つであるため，患者の同意を欠く治療行為については，民事上の不法行為責任が認められるだけでなく，刑事上の責任が生じる場合もある。また，近時，治療行為について患者の同意を欠く場合には，違法性阻却の問題としてではなく，人格権や自己決定権の侵害として医師に不法行為責任が肯定されることもある。

　もっとも，精神科医療においては，患者の治療行為に対する判断能力や意思決定能力が不足することも多く，治療行為の適法性要件として患者本人の同意を厳格に求めると，患者は治療を受ける機会を失うというジレンマを生じる。そこで，精神科医療においては，治療行為の実施に際して同意を得るために第三者による一定の支援が必要となる。わが国では，実際には患者本人に代わって家族等が同意を行うことで処理されてはいるものの，医療行為に対する同意の規定は整備されておらず，家族等の代諾を法的にどう位置付けるべきかは議論の余地がある。精神科医療においては，治療行為への同意の取扱いについてはとりわけ慎重でなければならないが，患者の福祉を考慮しながら，成年後見制度とのかかわりで，患者本人の意思決定を補完するシステムを検討しなければならない（⇒**第4講**）。

　〈参考文献〉
　① 辻伸行「精神障害者による殺傷事故および自殺と損害賠償責任（1）〜（5・完）」判例評論444号（判例時報1549号）〔2頁〕〜判例評論448号（判例時報1561号）（1996）〔7頁〕
　② 辻伸行「精神障害者による他害事故と損害賠償責任」町野朔編『精神医療と心神喪失者等医療観察法』ジュリスト増刊（2004）〔190頁〕

③ 前田泰「精神分裂病者の他害行為と精神保健法の保護者の監督責任」年報医事法学 15 号（2000）〔137 頁〕

④ 木ノ元直樹「精神科における自殺事故と民事責任」精神神経学雑誌 110 巻 11 号（2008）〔1051 頁〕

⑤ 米村滋人「認知症患者の介護者の監督義務者責任」新美育文＝山本豊＝古笛恵子編『交通事故判例百選（第 5 版)』（有斐閣，2017）〔36 事件〕

⑥ 樋口範雄「病院での暴力とリスク・マネジメント」精神科治療学 21 巻 9 号（2006）〔981 頁〕

⑦ 夏井高人「病院内での殺人事件と設置管理者の安全配慮義務」判例地方自治 298 号（2008）〔86 頁〕

⑧ 三木明子＝友田尋子編『看護職が体験する患者からの暴力』（日本看護協会出版会，2010）

事 項 索 引

〔あ〕

愛知県がんセンター事件……67, 70, 77
アイデンティティー………………209
安全性確保義務…………………128
安全性確保義務論………………124
安全配慮義務……………………268
安楽死…………8, 27, 32, 134, 135,
　　　　　　　　142〜144, 149
安楽死等審査法…………………146
ES 細胞…………………211, 212
医学及び歯学の教育のための献体
　に関する法律…………………227
医学研究目的………………………44
医学水準……………………………73
医学的適応可能性…………………39
医学的適応性………59〜61, 63, 137, 238
医　業………………………………24
医業停止……………………………19
医業停止処分………………………14
生きる権利…………………………149
医行為………………24, 25, 29
意思決定の代行…………………157
医師裁量導入薬……………………79
医師の行政処分に関するガイドラ
　イン………………………………18
医師の裁量……184, 220, 263, 264, 268
医師の職業倫理………………18, 171
医師の説明義務………………61, 182
医師の治療義務……139, 144, 155, 162
　——の限界…………………154, 156
医師法…………3, 11, 15〜19, 21, 24,

25, 50, 110〜114, 118
医師法違反…………………………61
医事法………………3, 4, 6, 12, 205
　——の基本原理…………………214
　——の基本的視点…………………4
医事法学………………………………4
医師免許……………23, 58, 112
医師免許証……………………………15
慰謝料………………………61, 183
慰謝料請求…………………………183
医術的正当性……………59〜61, 67,
　　　　　　　　　79, 137, 238
「異状」死…………………………114
『異状』死ガイドライン…………114
異状死体……………………………111
　——の届出義務…………………25, 50
異状死体届出義務違反……………111
移植医療……………………………172
イスタンブール宣言………………174
遺族の承諾…………167, 168, 172, 173,
　　　　　　　176, 227, 232, 236
遺伝医療…………………………215, 222
遺伝学研究…………………………214
遺伝学的検査に関するガイドライ
　ン…………………………………216
遺伝子解析研究………………223, 226
遺伝子検査…55, 213, 215, 216, 218, 222
遺伝子工学…………………………55
遺伝子構造…………………………206
遺伝子診断…………………………237
遺伝子操作…………………………66
遺伝子多型…………………………214

271

事 項 索 引

遺伝子治療 ……………………………55, 215
遺伝子治療臨床研究に関する指針
………………………………………215
遺伝情報 ………………214, 215, 217,
　　　　　　　218, 220, 221, 223
遺伝子例外主義 ………………217〜219
遺伝性疾患 …………………………214, 219
遺伝相談 ………………………………182
遺伝的差別 ………………………………221
遺伝病 …………………………………180, 222
医道審議会 ………………………………17, 18
医と法の相互対話 …………………………7
医の倫理 …………………………………2
違法性阻却事由 …………………………51
違法性阻却説 ………………………………38
射水市民病院 …………………………152, 175
医薬品，医療機器等の品質，有効
　性及び安全性の確保等に関する
　法律 …………………………………3
医薬品の安全性確保義務 ……123, 124
医薬品の臨床試験 ………67, 75, 78, 80
医療・介護関係者における個人情
　報の適切な取扱いのためのガイ
　ドライン ………………………………48
医療過誤 ……7, 15, 16, 19, 21, 27, 59, 82〜
　　　　84, 90, 98, 100, 115, 116, 131
医療過誤法 ………………………………83
医療関係法規 ………………………………3, 25
医療観察法 ………………………………50
医療契約 …………………………………11, 59, 265
医療事故 ……15, 16, 21, 82〜84, 89, 94,
　　　　98, 101, 107, 110, 113〜118, 260
　——の届出 ……………………………110
　——の報告義務 ………………………115
医療事故訴訟 ……………………………85, 90

医療情報 ………8, 44, 45, 49, 54, 218
　——の第三者提供 ……………………49
　——の二次利用 ………………………52
医療水準 ………11, 19, 71, 77, 86〜
　　　　　　88, 90〜92, 263
医療水準論 ………………88, 91, 94
医療訴訟 …………………………………83
医療ネグレクト ………241, 244, 246
医療紛争 …………………………………83, 84
医療法 ………………………………………3
医療保護入院 ……251, 252, 254, 264, 265
　——の必要性の審査 …………………256
医療・保護の必要性 …………………254
医療倫理 ……………………………………4
因果関係 ……85, 89, 90, 93, 94, 99, 100,
　　　　108, 113, 121, 122, 128, 247, 267
院内製剤 …………………………………79, 80
インフォームド・コンセント ……3, 7,
　　　　10, 32, 60, 61, 63, 66, 67,
　　　　70, 71, 74, 77, 81, 88, 91,
　　　　148, 161, 214, 223, 228, 256
インフォームド・チョイス …………7
疑わしきは生命の利益に ………9, 155
宇都宮病院事件 …………………………251
エーザー，アルビン ……………………4
エイズ …………………………………125
エイズ発症 ………………………………126
HIV ……………………………………43, 125
HIV 感染 ……………………………44, 126
HIV 感染症 ………………………………51
栄養・水分補給 ………………………151
疫学的因果関係 ………………………122
疫学的手法 ………………………………122
延命医療 …………………………………160
　——の差控えや中止 …153, 154, 156,

事項索引

158, 161, 162
——の中止 …………………………175
応急入院 ………………………251, 252
応急病院指定精神科病院 …………252
オランダ ………………………146, 149

〔か〕

戒　告 …………………………………18
「戒告」処分 …………………………16
介護保険法に基づく指定基準 ………54
開示義務説 ……………………219〜221
開示特権説 ……………………220〜222
外出防止措置 ………………………264
開放化医療 …………………………260
開放処遇 ……………………………261
開放病棟 ……………………………264
カウンセリング ……………………186
覚せい剤取締法 …………………26, 43
角膜及び腎臓の移植に関する法律
　………………………………………167
過　失 …………………98, 99, 105, 106,
　　　　　　113, 181, 183, 187
——の競合 …………………………107
過失共同正犯 ………………………107
過失責任主義 ……………85, 95, 128
過失致死罪 …………………………248
過失致死傷罪 …………………………98
過失犯 ………………………………108
過剰な延命治療 ……………………159
家族計画 ……………………………182
家族性腫瘍 …………………………218
——における遺伝子診断の研究
　とこれを応用した診療に関す
　るガイドライン …………………218
家族性大腸がん ……………………223

家族性大腸ポリポーシス …………219
家族性乳がん ……………………213, 222
家族中心モデル …………………217, 220
家族の意思 ………………………145, 148
家庭裁判所 ……………189, 243, 244
カテーテル挿入 ……………………172
　灌流液注入用の—— ……………166
金沢大学附属病院「無断臨床試
　験」事件 ……………………………72
鎌状赤血球性貧血 …………………216
カルフォルニア州の自然死法 ……163
カルテの閲覧 …………………………20
カレン・クィンラン事件判決 ……162
川崎協同病院事件 ………………158, 175
川崎協同病院事件判決 ……139, 141,
　　　　　　　　146, 154, 155
がん告知 …………………………61, 222
患者の管理 …………………………264
患者の刑事責任 ……………………268
患者の権利 ……………4, 71, 251, 256
患者の自己決定（権）…7, 10, 34, 35, 60,
　　　　　61, 63, 139, 141, 154〜156
患者の自己決定法 …………………163
患者の指示書 ………………………148
患者の承諾 ……………32, 49, 59, 138
患者の推定的意思 …………………154
患者の同意 ………61, 72, 238, 269
患者の福祉 …………………………269
患者の暴力行為 ……………………268
患者の民事責任 ……………………268
間接的安楽死 …135, 136, 139, 140, 145
感染症法 …………………………46, 50
感染症予防のための入院措置 ……253
監督過失 ……………101〜103, 105, 106
監督義務 ……………………………101

273

事項索引

カントの命題 ……………… 5, 210
灌流液 ………………………… 166
規格外の薬剤 ………………… 80
危険責任 ……………………… 123
危険の引受け ……………… 75, 78
企行犯 ………………………… 207
キセナラミン事件 …………… 76
技能研修 ……………………… 19
キノホルム製剤 …… 120, 121, 127〜129
キメラ ……………… 5, 206, 210
救急救命士 …………………… 26
九州大学医学部生体解剖事件 …… 67
行政関係法規 ………………… 3
行政指導 ……………………… 19
行政処分 …… 15〜17, 19〜21, 30, 107
強制治療システム …………… 253
強制通院 ……………………… 257
強制入院 …… 250, 253〜255, 257, 265
強制入院制度の正当化根拠 …… 255
強制不妊手術（断種） ………… 6
行政便宜主義 ………………… 124
行政法 ……………………… 6, 115
共同不法行為 ………………… 61
共同不法行為責任 …………… 62
共謀共同正犯 ……………… 62, 116
業務 …………………………… 99
業務上過失傷害罪 …………… 110
業務上過失致死（罪）… 78, 106, 110, 112
業務上過失致死傷罪 … 27, 59, 80, 98, 99
業務上堕胎罪 ………………… 27
業務上の過失 ………………… 98
強要罪 ………………………… 11
虚偽診断書作成罪 …………… 27
虚偽有印公文書作成罪・同行使罪
………………………… 111, 116

緊急性 ………………………… 74
緊急措置入院 …………… 251, 252
緊急避難 …………………… 51, 140
具体的患者基準説 …………… 39
具体的予見可能性 …………… 80
苦痛緩和措置 …… 134, 136, 141, 142
クリニカルトライアル ……… 72
クローン技術 ………… 5, 203, 205,
                      206, 209〜211
クローン個体 ………………… 206
クロロキン事件 ……………… 121
クロロキン製剤 ……………… 130
軍事的・政策的人体実験 …… 68
経済的損害 …………………… 183
刑事医療過誤事件 ……… 106, 107
刑事規制 ………………… 206, 208
刑事訴訟法 …………………… 112
刑事法 ………………………… 3
刑　法 …… 3, 6, 8, 137, 180, 205, 235
　──の謙抑性 ……………… 6
結果回避可能性 ……………… 86
結果回避義務 ………… 38, 99, 125
結果回避義務違反 …… 100, 101, 128
結果回避措置 …………… 100, 128
結果予見可能性 ……………… 99
結果予見義務 ………………… 99
結果予見義務違反 …………… 101
検　案 ………………………… 112
研究計画 ……………………… 228
研究至上主義的人体実験 …… 68
研究の自由 …………………… 74
研究本位的人体実験 ……… 68, 73
健康保険法 …………………… 19
顕微授精 ……………………… 189
憲　法 … 3, 5, 73, 110, 113, 123, 250, 253

事項索引

後見人‥‥‥‥‥‥‥‥‥‥266
交雑個体‥‥‥‥‥‥‥‥‥206
公序良俗‥‥‥‥‥‥48, 50, 232
厚生省ルート‥‥‥‥‥125, 126
行動心理学‥‥‥‥‥‥‥‥66
合理的医師基準説‥‥‥‥‥39
合理的患者基準説‥‥‥‥‥39
告知する義務‥‥‥‥‥‥‥87
個人情報‥‥‥‥‥‥‥‥‥47
　──の開示・訂正・利用停止‥‥47
　──の取得・利用・第三者提供‥‥48
個人情報保護法‥‥‥44, 45, 47, 48, 207
個人的法益‥‥‥‥‥‥210, 226
国会附帯決議‥‥‥‥‥‥‥210
国家賠償法‥‥‥‥‥123, 264, 267
骨髄移植手術‥‥‥‥‥‥‥189
子どもの意見表明権‥‥‥‥240
子どもの医療‥‥‥‥‥239, 241
子の福祉‥‥‥191, 193, 194, 197, 198
個別行為責任‥‥‥‥‥‥‥101

〔さ〕

再教育‥‥‥‥‥‥‥‥‥‥20
罪刑法定主義‥‥‥‥80, 111, 114
財産管理権‥‥‥‥‥‥‥‥242
祭祀財産‥‥‥‥‥‥‥‥‥230
最善の注意義務‥‥‥‥‥‥86
最善の利益‥‥‥‥‥‥‥‥164
裁判外紛争解決（ADR）‥‥‥12
債務不履行‥‥‥47, 59, 77, 84, 116, 182
債務不履行責任‥‥‥‥‥70, 125
裁量権消極的濫用論‥‥‥‥124
詐欺罪‥‥‥‥‥‥‥‥‥‥210
作業療法‥‥‥‥‥‥‥‥‥260
殺人‥‥‥‥‥‥‥‥‥253, 267

殺人教唆罪‥‥‥‥‥‥‥‥145
殺人罪‥‥‥‥‥73, 98, 134, 135, 137,
　　　　　　139, 143, 144, 155
札幌ロボトミー事件‥‥‥‥‥73
サリドマイド事件‥‥‥121, 129, 130
GCP‥‥‥‥‥‥‥‥‥‥79, 80
歯科医師法‥‥‥‥‥‥‥‥‥3
慈恵医大付属青戸病院事件‥‥62
死後懐胎‥‥‥‥‥‥‥‥‥198
死後懐胎胎子‥‥‥‥‥197, 198
自己規律‥‥‥‥‥‥‥‥62, 63
自己決定‥‥‥‥8, 88, 90, 140, 169,
　　　　　　183, 186, 209, 215
自己決定権‥‥‥‥60, 71, 72, 149,
　　　　　　168, 214, 253
自己決定原則‥‥‥‥‥‥‥91
自己決定能力‥‥‥‥‥‥‥61
自己情報コントロール権‥8, 45, 219
自己処分権‥‥‥‥‥‥‥‥74
死後生殖‥‥‥‥‥190, 191, 196, 197
自己堕胎罪‥‥‥‥‥‥‥‥180
死後認知‥‥‥‥‥‥‥196, 197
自己負罪免責特権‥‥‥‥110, 112
自　殺‥‥‥‥‥‥‥‥260〜262
自殺企図‥‥‥‥‥‥‥261, 263
自殺念慮‥‥‥‥‥‥‥261, 263
自殺未遂‥‥‥‥‥‥‥‥‥261
自傷事故‥‥‥‥‥‥‥261, 263
自傷他害‥‥‥‥‥‥‥263, 264
　──のおそれ‥‥‥‥‥252, 253
　──の危険性‥‥‥‥‥261, 263
自傷他害事故‥‥‥‥‥263, 264
自傷他害防止監督義務‥‥‥265
自然生殖‥‥‥‥‥‥‥192, 198
事前の意思（表示）‥145, 148, 154, 156

275

事項索引

事前・包括型の規制 …………227
死　体 ………………………169
　　——の解剖 ………………226
死体解剖保存法 ……226, 227, 230
私宅監置 ……………………250
実親子関係 …………………193, 200
実験的治療 ……………………9
私的自治の原則 ……………34, 35
死と医療特別委員会報告 ………159
児童虐待 ……………………241, 247
児童虐待防止法（児童虐待の防止
　　等に関する法律）…50, 241, 246, 247
児童相談所 …………………241, 246
児童相談所長 ………………243, 244
児童の権利に関する条約 ………240
児童福祉法 …………………243
シドニー宣言 ………171, 175, 176
死に関する宣言（シドニー宣言）…171
死ぬ権利 ……………………149, 156
死亡概念の相対性 ……………198
死亡時刻 ……………………171
死亡診断書 …………………109, 111
市民的及び政治的権利に関する国
　　際規約（世界人権宣言Ｂ規約）…66
社会的相当性 …………………71
社会的相当行為 ………………140
社会的適応機能 ………………260
社会的法益 …………………210, 253
社会復帰 …………257, 258, 261, 265
社会防衛 ……………………258
修復的司法 …………………12, 118
終末期医療 …………9, 153, 160
終末期医療に関する提言（ガイド
　　ライン）…………………153
終末期医療の決定プロセスに関す

るガイドライン ……………147, 159
終末期医療の決定プロセスのあり
　　方に関する検討会 …………146
終末期患者 …………………175
終末期の医療における患者の意思
　　の尊重に関する法律案 ………161
受精卵 ………………………189
出産環境 ……………………209
出産選択利益 …………………182
出生届 ………………………189
出生前診断 …………………184〜186
術前措置 ……………172, 173, 175
出頭命令 ………………………52
守秘義務 ……………26, 45, 46, 220
守秘義務違反 ………26, 27, 49, 221
純粋安楽死 …………………135, 136
傷　害 ………………………253
傷害罪 …11, 27, 58, 59, 61, 62, 68, 73,
　　　　78, 80, 98, 135, 137, 145, 173
傷害致死罪 …………………78, 80
商業主義 ……………………12, 191
消極的安楽死 ………135, 137, 138, 144
証言拒絶権 …………………44, 51, 52
使用者責任 …………………10, 116
使用貸借 ……………………230
承諾権 ………………………169
承諾原則 ……………32〜34, 37, 40
　　——の一身専属性 ……………36
情報提供義務 …………………222
処遇改善 ……………………256
嘱託殺人罪 …………………142
嘱託・承諾殺人罪 ……………138
職務代行者 …………………244
助産師による届出義務違反 ………26
女性の自己決定（権）………187, 209

事項索引

女性の人権……………………209
処分取消等請求事件……………16
所有権……………229, 231, 232
知らないでいる権利………55, 216
自　律………………………214
自律モデル………214, 215, 217, 220,
　　　　　　　　　221, 223, 224
人格権…………………………7
　　──の尊重……………4, 5, 73
信義則………………………232
信義則上の義務…………………72
親　権………239, 240, 242, 247
親権喪失制度……………………243
親権停止制度……………………243
人工延命治療の中止……………152
人工呼吸器……151～153, 158, 162, 171
　　──の取外し………………175
人工受精……………………197
人工授精………………12, 198
人工生殖……………………197
人工的栄養・水分補給……152, 156,
　　　　　　　　　163, 164
人工妊娠中絶………27, 179, 180, 184
親告罪………………………46
真実解明義務…………………112
侵　襲………57, 58, 71, 137, 167,
　　　　　　　172, 173, 228
身上監護権……………………242
心神耗弱……………………257
心神喪失……………………257
心神喪失者等医療観察法…………257
人生の最終段階における医療の決
　定プロセスに関するガイドライ
　ン……………………………160
心臓死………………………171

腎臓摘出……………………167
腎臓の提供……………………166
腎臓バンク……………………166
人体実験………5, 7, 9, 60, 65～67, 70,
　　73～75, 78, 229, 232, 233, 235
　　──・臨床研究・臨床試験の適
　　法化要件……………………73
身体の一体性……………………34
信認関係………………………12
信頼の原則…………80, 102～104
診療契約………10, 11, 72, 125,
　　　　　　　182, 222, 265
診療情報………………………8
診療の補助…………………24, 29
診療放射線技師…………………26
診療報酬不正請求………………19
診療補助行為…………………103
推定(的)意思…139, 140, 145, 147, 161
スモン………………120, 127, 128
スモン事件…………121, 125, 129
政策的人体実験…………………73
精　子………………189, 199
精子提供者……………………197
生殖細胞……………………205, 215
生殖補助医療………5, 12, 189～191,
　　　　　　　　　196, 200
生殖補助医療技術………………209
精神医療審査会…………………256
精神衛生法……………………250
精神科医療（制度）……249～251, 255,
　　　　　　　257, 260～263, 267, 269
精神科病院…………………250～253
精神疾患（者）……………………250
精神障害（者）…………252～254, 265
精神病院設置義務………………250

277

事項索引

精神病院法 …………………………250
精神病患者 …………………………261
精神病者監護法 ……………………250
精神保健及び精神障害者福祉に関
　する法律 …………………………251
精神保健指定医 …………………253, 256
精神保健福祉法 …………4, 46, 50, 251,
　　　　　　　252, 256, 260, 265
精神保健法 …………………………251
製造物責任法 …………………123, 128
生存の価値なき生命の毀滅 ………67
正当化事由の競合 ………………74, 78
正当業務行為 …………58, 61, 137, 238
性と生殖に関する自己決定権 ……187
成年後見制度 …………………157, 269
生命維持装置 ………………………135
生命維持措置 ………………………138
生命維持治療 ………………………164
　──の中止 ………………………162
生命科学 ……………………………210
生命操作 ……………………………206
生命の選択 …………………………185
生命の発生 …………………………8, 9
生命倫理 …………………………4, 205
世界医師会 …………………………171
世界医師会宣言 ……………………66
舌がん手術事件判決 ………………7
積極的安楽死 …………135, 136, 140,
　　　　　　　143, 145, 146
説明義務 ………38, 71, 88, 91, 93, 218
説明義務違反 ………………………10
説明原則 …………………………33, 36, 40
説明と承諾 …………………………38
遷延性植物状態 …………151, 153, 158,
　　　　　　　162, 163

選択的妊娠中絶 …………179, 185, 187
専断的治療（行為）………11, 60, 145
先天性風疹症候群児 ………………183
躁うつ病 ……………………………261
臓器移植 …………166, 171, 175, 211
臓器移植法 …………167〜169, 174, 175
臓器提供 …………………………166, 167
臓器提供意思 ………………………173
臓器摘出 ………167, 168, 172, 173, 175
臓器の移植に関する法律 …………167
相当因果関係 …………………183, 187
「相当程度の可能性」の理論 ………90
贈　与 ………………………………230
速中性子線事件判決 ………………70
蘇生限界点 ………………171, 173, 175
措置入院 …………251, 254, 256, 257
ソリブジン事件 ………………129, 131
損害賠償 ………………47, 61, 74, 80,
　　　　　　　179, 183, 184, 213
損害賠償請求訴訟 ……………120, 127
損害賠償責任 …10, 38, 59, 116, 183, 267
尊厳死 …………………144, 151, 152,
　　　　　　　154, 155, 158, 159, 162
尊厳死法 ……………………………155
尊厳死法制化を考える議員連盟 ……161

〔た〕

第Ⅰ相 ………………………………76
第Ⅱ相 ……………………………65, 76
第Ⅲ相 ………………………………76
第Ⅳ相 ………………………………76
退　院 ………………………………256
退院・処遇改善請求の審査 ………256
退院請求の権利 ……………………256
退院制限 ……………………………251

事項索引

体外受精··············12, 189, 209
体外受精卵··············12, 212
代行意思決定··············157, 158
代行意思決定者··············157
代行判断··············153
体細胞クローン··············205
体細胞ヒト・クローン個体········210
胎児研究··············66
胎児診断··············186
胎児の障害··············179
代　諾··············35, 36
代諾権者··············36
代諾者··············223
大麻取締法··············26
代理懐胎··············189〜195, 199, 200
代理出産··············12, 63, 192, 194, 209
代理出産契約··············189, 194
代理母··············189, 195
多因子（遺伝）疾患··············218
ダウン症··············179, 184
ダウン症児··············181, 184
他害行為··············257
他害事故··············262
他害のおそれ··············267
他害の防止··············258
竹内基準··············173, 176
堕　胎··············180
堕胎罪··············180
立入調査··············20
単盲法··············77
チーム医療··············28, 100, 101, 104, 107
治験計画（→プロトコール）
治験担当医··············65, 80
治験薬··············65, 77, 78
乳房温存療法··············82, 87, 91, 93

嫡出子··············195, 198
嫡出の推定··············195, 196
注意義務·····7, 70, 80, 86, 89, 91, 93, 99,
　　　104, 122, 124, 126, 129, 182
注意義務違反··············19, 86, 263
注意義務説··············38
中　絶··············183
聴性脳幹反応··············166, 172
治療義務の限界··············155
治療拒否··············248
治療拒否権··············162
治療行為·····11, 27, 58〜61, 63, 67, 70,
　　　135, 137, 139, 172, 269
治療的クローン··············205, 211
治療的実験··············69, 70, 74, 76
通報義務··············51
帝京大ルート（判決）··············125
テーラーメイド医療··············214
適応事由··············180
テロメア仮説··············209
ドイツ··············146
同意拒否··············241, 246
同意殺人··············140
同意殺人罪··············8, 26, 73, 134, 140
同意堕胎··············180
統一末期病者権利法··············163
同意入院··············252, 254
同意能力··············75, 238〜241, 246
　　──のない者··············68
同意の撤回··············232
同意無能力··············73
東海大学病院（「安楽死」）事件判
　決········136, 138, 140〜144, 147, 154
東京スモン訴訟··············127
凍結保存··············189

279

事項索引

凍結保存精子 ……………189, 190, 198
統合的医事法学 …………………………4
統合失調症 ………………249, 260, 261
東大医科研病院事件 ……………60, 64
東大輸血梅毒事件 ………………86, 95
東大ルンバール事件 ……………88, 89
東北大学病院インシュリン・ブド
　ウ糖負荷試験事件 ……………………69
特定胚 ………………………………207
　──の取扱いに関する指針 ……207,
　　　　　　　　　　　　　　　　228
特定融合・集合技術 ………………206
特別養子縁組 ………………………200
特別養子制度 ………………………200
特　許 ………………………………236
届出義務 ……109, 110, 112〜114, 207
ドナー ………………………………174
トニー・ブランド事件（貴族院）
　判決 …………………………………163
取消処分 …………………………………19
都立広尾病院事件 ……………111, 115

〔な〕

内縁関係 ……………………………196
名古屋高裁判決 ………………141, 143
名古屋市乳児院収用児人体実験 ……68
ナンシー・クルーザン事件 ………162
新潟大学医学部恙虫（ツツガムシ）
　病人体実験 …………………………68
二重基準説 …………………………40
二重盲検法 …………………………77
日本外科学会ガイドライン ………114
日本産科婦人科学会 ………………186
日本法医学会 ………………………114
乳がん ……………………………213, 221

ニュージャージー州最高裁判所 ……162
乳腺摘出手術事件判決 ………………7
ニュルンベルク原則 …………………66
ニュルンベルク裁判 …………………66
任意入院 …………………251, 264, 265
人間の尊厳 ………5, 66, 191, 194, 210
妊娠中絶 …………………………181, 184
認　知 ………………………191, 196
　──の訴え ……………………………197
認知請求 ……………………………197
脳　死 …………166, 171, 175, 176
　──の選択 …………………………169
脳死後の延命治療 …………………175
脳死者 …………………………169, 173
脳死状態 ………………………172, 175
脳死選択権 …………………………168
脳死体 ………………………………173
脳死判定 ………166, 169, 172, 175
ノーフォールト・システム ………118
望まない障害児の出生 ……………179

〔は〕

胚 ……………………………………208
　──の提供 …………………………199
唄孝一（ばいこういち）……………5
胚性幹細胞 …………………………211
梅毒実験 ……………………………68
梅毒事例 ……………………………51
ハイブリッド ……………5, 206, 210
パターナリズム ……………8, 9, 254
罰金刑 …………………………………17
羽幌病院事件 ………………………152
伴性劣性遺伝 ………………………222
判断能力 ………………35, 238, 254
ハンチントン病 ………………218, 223

事項索引

PM 病 ………………………… 184, 222
被害者救済 ……………… 85, 109, 118
被害者の承諾 …………… 48, 78, 140
被害者妄想 ……………………… 260
比較試験 ………………………… 76
被検者 …………………………… 224
被験者 …………………………… 66
　　──の人権 …………………… 228
　　──の同意 …………………… 68
　　──の同意能力 ……………… 73
被験者保護 …………… 67, 71, 72, 77
被験者保護基本法 ……………… 78
被験者補償・保険 ……………… 78
非嫡出子 … 191, 192, 195, 196, 198
ヒト遺伝情報に関する国際宣言 … 218
ヒト・クローン技術等規制法 …… 205,
　　　　　　　　　　　　　　　210
人クローン個体 ………………… 206
人クローン胚 ………… 203, 207, 210
ヒトゲノム ……………………… 55, 214
ヒトゲノム・遺伝子解析研究に関
　する倫理指針 ………… 53, 223, 228
ヒトゲノム計画 ………………… 214
ヒト受精胚 ……………………… 12
ヒト性集合胚 …………………… 207
ヒト性融合胚 …………………… 207
ヒト動物交雑胚 ………………… 207
ヒトに関するクローン技術等の規
　制に関する法律 ……………… 205
人の尊厳 ……………… 206, 207, 210
ヒト胚 ………………………… 211, 212
　　──を用いた実験・研究 …… 66
ヒト由来物質 … 225〜227, 229〜236
ヒポクラテスの誓い …………… 136
秘密漏示 ………………………… 46

秘密漏示罪 ………………… 27, 46〜48
病院内臨床倫理委員会 ………… 242
病気腎移植 ……………………… 69
病理解剖 ………………… 225, 235
ヒーラ細胞 ……………… 226, 233
副作用被害救済制度 …………… 129
不作為による過失責任 ………… 126
不作為による殺人罪 …… 137, 247
父子関係 ………… 192, 195〜197
富士見産婦人科病院事件 …… 27, 62
不当利得にもとづく返還請求 …… 211
不妊手術 ………………………… 182
不法原因給付 …………………… 211
不法行為 ………… 46, 72, 77, 84, 89,
　　　　90, 116, 122, 172, 183, 265
不法行為責任 ………… 59, 70, 120,
　　　　　　　　122, 125, 269
プライバシー …… 46, 48, 231, 264
プライバシー権 ……… 8, 162, 219
プラセボ（プラシーボ）………… 77
不利益な供述強要の禁止 …… 110, 114
プロトコール（治療計画）… 65, 67, 72,
　　　75, 97, 98, 105, 106, 228
プロトコール違反 ……… 70, 71, 77
分娩主義 ………… 192, 195, 199
閉鎖病棟 ………… 250, 252, 264
ベルギー ………………………… 146
ヘルシンキ宣言 ………………… 66
返還請求権 ……………………… 211
暴　行 …………………………… 253
暴行罪 …………………………… 74
報償責任的原則 ………………… 95
法定監督義務者 ………………… 265
法定代理人 ……………………… 196
法に対するチェック …………… 5, 6

281

法によるチェック………………5, 6
法律行為………………………240
北大電気メス事件……………102
保健師助産師看護師法………3, 24
保護室…………………………263
保護者制度……………………252
保護責任者遺棄致死罪………247
保護法益………………207, 208, 210
母子関係………191, 194, 195, 199
補充性……………………………74
保助看法…………………………26
ポストシークエンス…………214
保存精子………………………197
母体外生命保続期間…………181
母体血清マーカー検査………186
母体保護法………16, 27, 50, 180,
181, 183, 185
ボーラム（Bolam）基準………164
本人の承諾……………………168

〔ま〕

麻薬取締法（麻薬及び向精神薬取
締法）…………………26, 50
未確立の療法……………88, 91, 93
未熟児網膜症訴訟………………86, 87
未成年者………………………239, 240
ミドリ十字ルート……………125, 126
身分法秩序……………………193, 195
民事法……………………………3
民　法…………3, 6, 192, 193, 195,
198, 229, 230, 266
――の特例……………………199
無過失責任……………………95, 128
無過失補償………………………85
無過失補償制度………………95, 118

無作為比較臨床試験……………72
無資格者診療補助の罪…………28
無資格診療………………………62
無診察治療………………………25
無精子症………………………189
無断離院………………260, 262, 267
明白かつ説得力がある証拠………163
メディカル・デュープロセス………9
――の法理……………………9, 75
メディカル・ネグレクト………241
メディカル・パターナリズム……7, 10
面会・通信……………………255
――の自由……………………256
免許取消………………16, 19, 21
免許剥奪（登録抹消）………19, 21
目的外使用禁止…………………80

〔や〕

薬　害…………………120, 129, 130
薬害エイズ（事件）………125, 129, 131
薬害事件………………………125
薬機法………4, 76, 79, 123, 124
薬剤師法…………………………3
薬事関係法規…………………4, 26
薬事法……………………76, 128
優越的利益の原則………………49
優生遺伝………………………213
優生思想………………………8, 9, 191
優生保護法……………6, 16, 180
輸血拒否………………………7, 241
輸血拒否権………………………63
羊水検査…………179, 181, 184, 185
予見可能性………86, 125, 221
予見義務違反……………………100
横浜市大患者取違え事件………104

事項索引

〔ら〕

ライツ ……………………………187
らい予防法 ………………………6
卵　子 ……………189, 194, 195, 199
卵子提供 …………………194, 195, 209
リスクとベネフィット ……………76
リスクとベネフィットの衡量…10, 74
リスボン宣言 ………………………66
リビングウィル ……151, 153, 158, 163
リプロダクティブ・ヘルス／ライ
　ツ ……………………………187, 209
両性生殖の原則 …………………209
療養上の世話 ……………………24
臨死介助 ………………………134

臨床研究 ……………9, 65, 68, 73, 74
臨床試験 ………………7, 9, 60, 65〜67,
　　　　　　69, 71, 73, 74, 76, 80
臨床薬理 ……………………………76
倫理委員会 …………10, 75, 78, 81
倫理規範 ……………………………2
倫理研修 ……………………………20
倫理審査委員会 …………………228
レーゲ・アルティス ………………74
レシピエント ………………………174
連邦医師会のガイドライン ………146
労災補償 ……………………………268
ロボトミー ………72, 250, 257, 268, 269
ロングフル・バース訴訟 ……179, 187
ロングフル・ライフ訴訟 …………187

283

〈編者紹介〉

甲斐克則（かい・かつのり）

　現　在　早稲田大学大学院法務研究科教授

Bridgebook Medical Law, 2nd ed.
ブリッジブック医事法〔第2版〕
〈ブリッジブックシリーズ〉

2008(平成20)年1月20日　第1版第1刷発行　2322-0101
2018(平成30)年3月30日　第2版第1刷発行　2355-0201

編　者　甲　斐　克　則
発行者　今　井　　　貴
発行所　信山社出版株式会社
〒113-0033　東京都文京区本郷6-2-9-102
電　話　03（3818）1019
ＦＡＸ　03（3818）0344

Printed in Japan

©甲斐克則，2018．　印刷／松澤印刷　製本／渋谷文泉閣
ISBN978-4-7972-2355-2　C3332　2322-0101-020-150-050
NDC 328.702 c032　医事法・テキスト

さあ，法律学を勉強しよう！

　サッカーの基本。ボールを運ぶドリブル，送るパス，受け取るトラッピング，あやつるリフティング。これがうまくできるようになって，チームプレーとしてのスルーパス，センタリング，ヘディングシュート，フォーメーションプレーが可能になる。プロにはさらに高度な「戦略的」アイディアや「独創性」のあるプレーが要求される。頭脳プレーの世界である。

　これからの社会のなかで職業人＝プロとして生きるためには基本の修得と応用能力の進化が常に要求される。高校までに学んできたことはサッカーの「基本の基本」のようなものだ。これから大学で学ぶ法律学は，プロの法律家や企業人からみればほんの「基本」にすぎない。しかし，この「基本」の修得が職業人の応用能力の基礎となる。応用能力の高さは基本能力の正確さに比例する。

　これから法学部で学ぶのは「理論」である。これには２つある。ひとつは「基礎理論」。これは，政治・経済・社会・世界の見方を与えてくれる。もうひとつは「解釈理論」。これは，社会問題の実践的な解決の方法を教えてくれる。いずれも正確で緻密な「理論」の世界だ。この「理論」は法律の「ことば」で組み立てられている。この「ことば」はたいへん柔軟かつ精密につくられているハイテク機器の部品のようなものだ。しかしこの部品は設計図＝理論の体系がわからなければ組み立てられない。

　この本は，法律の専門課程で学ぶ「理論」の基本部分を教えようとするものだ。いきなりスルーパスを修得はできない。努力が必要。高校までに学んだ「基本の基本」を法律学の「基本」に架橋（ブリッジ）しようというのがブリッジブックシリーズのねらいである。正確な基本技術を身につけた「周りがよく見える」プレーヤーになるための第一歩として，この本を読んでほしい。そして法律学のイメージをつかみとってほしい。

　さあ，21世紀のプロを目指して，法律学を勉強しよう！
　　2002年9月

　　　　　　　　　信山社『ブリッジブックシリーズ』編集室